应用型院校经济管理类核心基础课程规划教材

"互联网+"融媒体系列教材

资产评估
（第二版）

相福刚　刘佳昕　主　编
李慧颖　汪金燕　副主编

图书在版编目（CIP）数据

资产评估 / 相福刚，刘佳昕主编. -- 2 版. -- 上海：立信会计出版社，2024.11. -- ISBN 978-7-5429-7730-4
(2025.7重印)

Ⅰ．F20

中国国家版本馆 CIP 数据核字第 2024F46E26 号

策划编辑　郭　光
责任编辑　郭　光　张忠秀
美术编辑　吴博闻

资产评估（第二版）
ZICHAN PINGGU

出版发行	立信会计出版社
地　　址	上海市中山西路 2230 号　　邮政编码　200235
电　　话	(021)64411389　　传　真　(021)64411325
网　　址	www.lixinaph.com　　电子邮箱　lixinaph2019@126.com
网上书店	http://lixin.jd.com　　http://lxkjcbs.tmall.com
经　　销	各地新华书店
印　　刷	浙江天地海印刷有限公司
开　　本	787 毫米×1092 毫米　　1/16
印　　张	18
字　　数	394 千字
版　　次	2024 年 11 月第 2 版
印　　次	2025 年 7 月第 2 次
书　　号	ISBN 978-7-5429-7730-4/F
定　　价	49.80 元

如有印订差错，请与本社联系调换

第二版前言

随着我国市场经济的发展,社会对资产评估从业人员的需求更加广泛,培养资产评估人才的任务就变得十分紧迫。资产评估人才的培养要适应经济与社会的发展变化,尤其要适应建设社会主义市场经济的需要。

为贯彻党的二十大精神,提高应用型人才培养质量,着力培养新时代高技能人才,围绕资产评估人才培养目标,在借鉴资产评估相关教材的基础上,我们编写了本书,希望本书的出版,能在资产评估专业教育环节贡献绵薄之力。本书包含了资产评估基本理论、资产评估方法、资产评估程序、资产评估实务应用和资产评估管理等系统性教学内容,可以成为资产评估专业、财务管理专业以及其他经济、管理类专业的专业基础课程用书。

本书以应用型人才培养为出发点,突出资产评估的理论性、实践性和实用性,力求在理论前沿性、知识系统性、方法简捷性、学科全面性等方面做出努力。

本书主要有以下四个突出特点:

1. 引入前沿的理论体系。根据《中华人民共和国资产评估法》(全国人民代表大会常务委员会颁布)、《资产评估行业财政监督管理办法》(财政部制定)和新版《资产评估准则》(中国资产评估协会发布)等最新法律法规对资产评估学相关章节内容进行拓展和延伸,以反映资产评估相关的进展和变化。

2. 强调实用性。为让学生更好地走向社会从事实务工作,本书在强调基本概念和原理的基础以外,更注重培养学生的操作能力。本书强调理论结合实际,强调基本方法的运用和基本技能的掌握,穿插大量真实案例,突出案例教学。

3. 提供丰富的教学资源。本书为教师提供教学课件、教学日历、章节测试答案等教学资源,方便教师教学,以推动课堂教学与课后自学的有机结合。

4. 融入思政元素。为认真贯彻落实课程思政的核心理念,本书充分挖掘资产评估中的优秀思想养分,在不断提升学生资产评估专业技能的同时,树立其正确的世界观、人生观和价值观。

本书保持了上一版的结构体系,主要修改如下:

1. 对上一版的思政课堂案例全部进行更新，以体现时效性，紧跟时事。

2. 依据现行会计准则及资产评估相关准则的规定对陈旧内容进行修订。

3. 对上一版教材使用过程中老师教学中提出的问题进行梳理，将存在错误和歧义的地方进行更正。

本书由相福刚、刘佳昕、李慧颖、汪金燕、刘小英、孔令一、刘燕、李满林编写。在编写过程中，编者参考和借鉴了大量相关教材成果，也得到了立信会计出版社郭光老师的大力支持，在此表示诚挚谢意！

由于编者水平有限，本书如有不当之处，恳请广大读者提出改进意见，以便我们进一步修订与完善。

编者

2024年9月

目 录

第一章 总论 ... 1
- 第一节 资产评估的概念、特点及分类 ... 3
- 第二节 资产评估的假设与原则 ... 7
- 第三节 资产评估的作用与目的 ... 11
- 第四节 资产评估的价值类型 ... 15
- 第五节 资产评估的程序 ... 20
- 章节测试 ... 25

第二章 资产评估方法 ... 27
- 第一节 市场法 ... 28
- 第二节 收益法 ... 38
- 第三节 成本法 ... 47
- 第四节 资产评估方法的选择 ... 58
- 章节测试 ... 61

第三章 机器设备评估 ... 63
- 第一节 机器设备评估概述 ... 64
- 第二节 成本法在机器设备评估中的应用 ... 69
- 第三节 市场法在机器设备评估中的应用 ... 87
- 第四节 收益法在机器设备评估中的应用 ... 91
- 章节测试 ... 93

第四章 房地产评估 ... 95
- 第一节 房地产评估概述 ... 96
- 第二节 市场法在房地产评估中的应用 ... 105
- 第三节 收益法在房地产评估中的应用 ... 118
- 第四节 成本法在房地产评估中的应用 ... 127
- 第五节 其他评估技术方法在房地产评估中的应用 ... 133
- 章节测试 ... 139

第五章　无形资产评估 ··· 141
第一节　无形资产评估概述 ·· 142
第二节　收益法在无形资产评估中的应用 ···························· 150
第三节　成本法在无形资产评估中的应用 ···························· 156
第四节　市场法在无形资产评估中的应用 ···························· 163
章节测试 ··· 165

第六章　企业价值评估 ··· 167
第一节　企业价值评估概述 ·· 168
第二节　收益法在企业价值评估中的应用 ···························· 177
第三节　市场法在企业价值评估中的应用 ···························· 188
第四节　成本法在企业价值评估中的应用 ···························· 192
章节测试 ··· 213

第七章　资产评估报告 ··· 215
第一节　资产评估报告概述 ·· 216
第二节　资产评估报告的编制 ·· 226
第三节　资产评估报告的使用 ·· 237
章节测试 ··· 241

第八章　资产评估主体与行业管理 ······································ 243
第一节　资产评估主体及其分类 ······································ 244
第二节　资产评估师职业资格制度和资产评估机构执业资格制度 ········ 245
第三节　资产评估行业规范体系 ······································ 247
第四节　我国资产评估行业的管理 ···································· 254
章节测试 ··· 257

第九章　资产评估管理制度的国际比较 ·································· 259
第一节　资产评估管理体制的国际比较 ································ 260
第二节　资产评估行业规范的国际比较 ································ 264
第三节　资产评估法律规范的国内外比较 ······························ 277
章节测试 ··· 279

第一章 总 论

知识导航

```
                              ┌─ 资产评估的概念
          资产评估的概念、特点及分类 ┤── 资产评估的特点
                              └─ 资产评估的分类

          资产评估的假设与原则 ┤── 资产评估的假设
                           └─ 资产评估的原则

          资产评估的作用与目的 ┤── 资产评估的作用
                           └─ 资产评估的目的
   总论 ┤
                          ┌─ 价值类型的概念与作用
                          │── 价值类型的分类
          资产评估的价值类型 ┤── 市场价值
                          │── 市场价值以外的价值
                          └─ 影响价值类型选择的资产评估条件

                       ┌─ 资产评估程序的含义
          资产评估的程序 ┤── 资产评估程序的重要性
                       └─ 资产评估程序的具体内容
```

学习目标

1. 理解资产评估的概念。
2. 熟悉资产评估的特点。
3. 熟悉资产评估的假设。
4. 熟悉资产评估的原则。
5. 了解资产评估的目的。
6. 熟悉资产评估的价值类型。
7. 了解资产评估的程序。

思政课堂

中央统战部和财政部召开注册会计师行业和资产评估行业统战工作座谈会

2023年2月22日,中央统战部和财政部以线上线下相结合的方式,召开注册会计师行业和资产评估行业统战工作座谈会,深入学习贯彻党的二十大精神和中央统战工作会议精神,总结推广各地各有关部门贯彻落实中央统战部、财政部党组《关于加强注册会计师行业和资产评估行业统战工作的意见》的经验做法,持续推动行业统战工作高质量发展。

会议强调,党的二十大对做好新时代统一战线工作作出了新的部署,习近平总书记关于做好新时代党的统一战线工作的重要思想,是党的统一战线百年发展史的智慧结晶,是习近平新时代中国特色社会主义思想的重要组成部分,为巩固和发展新时代爱国统一战线提供了强大思想武器和行动指南。要把深入学习贯彻党的二十大精神作为首要政治任务,认真学习、深刻理解习近平总书记关于做好新时代党的统一战线工作的重要思想,不断增强做好新时代统战工作的政治自觉、思想自觉和行动自觉,广泛凝聚注册会计师行业和资产评估行业各方面智慧和力量,把广大行业从业人员更加紧密地团结在党的周围,努力构建最大同心圆,为实现新时代新征程党的中心任务而团结奋斗。

会议指出,包括注册会计师行业和资产评估行业从业人员在内的新的社会阶层人士,是我国社会主义现代化进程中一支正在蓬勃发展、充满创新活力的积极力量,也是建设中国特色社会主义事业的重要力量,做好新的社会阶层人士统战工作责任重大、意义重要。近年来,各地各有关部门全面贯彻落实党中央关于新的社会阶层人士统战工作的决策部署,深化对注册会计师行业和资产评估行业统战工作规律的认识,不断完善制度体系,扎实推进代表人士队伍建设,积极创新平台载体,充分发挥代表人士作用,初步形成上下联动、齐抓共管的行业统战工作格局,推动行业统战工作取得积极成效。

会议要求,要认真贯彻关于加强行业统战工作的文件精神,进一步加强党对行业统战工作的全面领导,牢固树立"一盘棋"思想,注重统筹协调,细化工作责任,建立健全体系更加完善、衔接更加有序、运行更加有效的工作机制,形成上下一齐动手、内外协同联动的工作局面。要突出强化思想政治引领这条主线,着力抓好开展主题教育活动、加强代表人士队伍建设、创新工作载体方法、支持发挥优势作用等重点任务,通过重点工作的推进,带动整个行业统战工作的开展。要加强行业党组织自身建设,配齐配强统战工作力量,同时加大组织培养力度,加强行业代表人士队伍建设,团结和带动更多行业从业人员共同为推动行业高质量发展、推进中国式现代化而努力奋斗。

资料来源:中国资产评估协会,2023-02-24,《中央统战部和财政部召开注册会计师行

业和资产评估行业统战工作座谈会》,http://www.cas.org.cn/pub/cas/xwbd/xyyw/46ab3a224b87442397a203f06b25ca1a.htm,有删改。

思考与讨论:

为什么新时代背景下加强注册会计师行业和资产评估行业的统战工作具有重要意义?

第一节 资产评估的概念、特点及分类

一、资产评估的概念

资产评估是对资产价值形态的评估。具体来讲,资产评估是专业机构和人员,按照国家法律法规和资产评估准则,根据特定目的,遵循评估原则,依照相关程序,选择适当的价值类型,运用科学方法,对资产价值进行分析、估算并发表专业意见的行为和过程。

通常情况下资产评估包括十个要素,即评估主体、评估客体、评估目的、评估假设、评估原则、评估程序、价值类型、评估方法、评估基准日、评估结论。

(1) 评估主体。评估主体是指由谁进行资产评估。资产评估的主体是从事资产评估的专门机构和人员。他们是资产评估工作的主导者,即具有资产评估资格的中介机构和资产评估专业人员。

(2) 评估客体。评估客体也称评估对象,是指资产评估的具体标的物。作为资产评估对象的资产,是指特定权利主体拥有或控制的并能给特定权利主体带来未来经济利益的经济资源,而其外延包括了具有内在经济价值以及市场交换价值的所有实物和无形的权利。按资产的存在形态分类,资产可分为有形资产和无形资产;按资产的构成和是否具有综合获利能力分类,资产可分为单项资产和整体资产;按资产能否独立存在分类,资产可分为可确指资产和不可确指资产;按资产与生产经营过程的关系分类,资产可分为经营性资产和非经营性资产。

(3) 评估目的。评估目的是指资产评估业务引发的经济行为对资产评估结果的要求,或资产评估结果的具体用途。它直接或间接地决定和制约资产评估的条件与价值类型的选择。

(4) 评估假设。评估假设是指对资产评估过程中某些未被确切认识的事物,根据客观的正常情况或发展趋势所作的合乎情理的推断。评估假设既是资产评估设定的假定前提,也是资产评估结论成立的前提条件。

(5) 评估原则。评估原则是指资产评估工作的行为规范和技术规范。它是调节评估当事人各方关系、处理评估业务的行为准则。

(6) 评估程序。评估程序是指资产评估具体进行的环节、步骤,体现评估机构按照相应的要求开展评估工作所必须遵循的评估顺序。

(7) 价值类型。价值类型是对评估结果按照其合理性指向所作的分类。它是对资产评估价值质的规定,对评估参数的选择具有约束性。

(8) 评估方法。评估方法是指在资产评估时运用的符合国家规定的各种专门技术方法。它是分析和判断资产评估价值的手段。

(9) 评估基准日。评估基准日是指资产评估依据的时间基点和资产评估结论对应的时点。评估基准日可以是现在的时点,也可以是过去或者未来的时点。

(10) 评估结论。评估结论是指资产评估结果,一般采用货币金额表示。

二、资产评估的特点

理解和把握资产评估的特点,有利于进一步认识资产评估的实质,对于做好资产评估工作、提高资产评估质量具有重要意义。一般来说,资产评估具有以下特点。

(一) 市场性

资产评估是适应市场经济需求发展起来的专业中介服务活动,是市场经济的产物。资产评估的整个运作过程就是通过模拟市场,由评估人员根据资产业务的性质和服务目标,对资产价值做出经得起市场检验的评估报告。

(二) 公正性

公正性是指资产评估行为是服务于资产业务的需要,而不是服务于资产业务当事人的任何一方的需要。公正性的表现有两点:第一,资产评估应遵循法定的评估原则、依照规定的评估程序、运用科学的评估方法,这是公正性的技术基础;第二,评估人员是与资产业务相关当事人没有利害关系的第三者,这是公正性的组织基础。

(三) 专业性

资产评估是一种专业中介服务活动,由专业的机构和专业的人员进行。一方面,资产评估机构进行专业化分工,使得评估活动专业化;另一方面,评估机构及其评估人员对资产价值的估计判断,也都是建立在专业技术知识和经验的基础上。

(四) 社会性

从专业的角度看,资产评估和财务会计的关联度很高,两者的业务属性基本相同,都是对资产进行价值计量。但两者的社会属性不同,财务会计服务于企业或者单位,主要职能是核算与监督,不具有社会性,而资产评估服务于市场,具有独立性、客观性、公正性。

(五) 咨询性

咨询性是指资产评估结论为资产业务提供专业化估值意见。评估结论本身并无强制执行的效力。资产评估专业人员只对评估结论的客观性负责,而不对资产业务定价决策负责。

评估价值是为资产业务提供的一个价值参考,最终的成交价格取决于资产业务当事人的讨价还价能力。

(六) 时点性

时点性是指资产评估是对评估对象在某一时点的价值的估算。这一时点是所评估价值的适用日期,也是提供价值评估基础的市场供求条件及资产状况的日期,这一时点称为评估基准日。具体的评估基准日需要根据客户的资产业务要求,与客户协商确定,或者由客户指定。由于资产评估结果所反映的是在评估基准日这一时点的资产市场供求状况和资产自身状况下的资产价值,因而评估结果具有较强的时效性。

(七) 动态性

在对资产进行价值计量方面,资产评估需要估算交易时点所显现的资产价值,而资产价值因其交易环境、要素配置条件的不同而不断变化,因此,资产评估的资产价值计量是动态的。

三、资产评估的分类

资产种类的多样化和资产业务的差异性,以及资产评估委托方及其相关当事人对资产评估内容及其报告需求的多样性,使得资产评估也相应出现了多种类别,主要的分类方式如下。

(一) 按照资产评估的工作内容分类

从资产评估的工作内容的角度,资产评估可以分为一般评估、评估复核和评估咨询。

1. 一般评估

一般评估,类似于目前广泛进行的为产权变动和交易服务的资产评估。它一般服务于产权变动主体,是评估专业人员遵循科学的程序对具体资产的价值进行具体分析和专业判断的过程。评估结果通过规范的评估报告呈现,评估专业人员及其机构要对其真实性和合理性负责。

2. 评估复核

评估复核是指评估机构对其他评估机构出具的评估报告进行的评判分析和再评估。它服务于特定的当事人,对某个评估报告的真实性和合理性做出判断和评价,并出具符合相应规范的评估报告。

3. 评估咨询

评估咨询是一个较为宽泛的术语。它既可以是评估专业人员对特定资产的价值提出咨询意见,也可以是评估专业人员对评估对象的利用价值、利用方式或者利用效果的分析和研究,以及与此相关的市场分析、可行性研究等。评估咨询通常没有统一的报告规范,评估咨询主体可以根据客户要求出具个性化的咨询报告,评估咨询主体要对其出具的咨询意见承担相应的责任。

（二）按照资产评估面临的条件、遵循评估准则的程度以及对评估报告披露的程度分类

从资产评估面临的条件、遵循资产评估准则的程度以及对评估报告披露的程度的角度，资产评估可分为完全资产评估和限制性资产评估。

1. 完全资产评估

完全资产评估一般是指严格遵守资产评估准则，按照资产评估准则的各项条款的要求，在执业过程中没有违背资产评估准则的规定所进行的资产评估。

2. 限制性资产评估

限制性资产评估一般是指评估机构及其评估专业人员由于评估条件的限制不能完全按照资产评估准则的要求进行执业，或在允许的前提下未完全按照评估准则的规定进行的资产评估。

完全资产评估和限制性资产评估对评估结果的披露程度和要求是不同的，限制性资产评估需要作更为详尽的说明和披露。

（三）按照资产评估对象的构成和获利能力分类

从资产评估对象的构成和获利能力的角度，资产评估可分为单项资产评估和整体资产评估。

1. 单项资产评估

单项资产评估是以单项可确指的资产为对象的评估，如机器设备评估、土地使用权评估、建筑物评估以及可确指无形资产评估等。

2. 整体资产评估

整体资产评估是对若干单项资产组成的资产综合体所具有的整体生产能力或获利能力的评估。最为典型的整体资产评估是以企业全部资产为评估对象的企业价值评估。

（四）按照评估基准日与评估报告日的相互关系分类

从评估基准日与评估报告日的相互关系的角度，资产评估可分为追溯性资产评估、现时性资产评估以及预测性资产评估。

1. 追溯性资产评估

评估基准日在评估报告日之前时，是追溯性资产评估。通常情况下它是在资产纳税、司法诉讼等情况下需经常进行的资产评估类型。

2. 现时性资产评估

评估基准日与报告日是同一时期时，是现时性资产评估。大多数资产评估都要求对资产目前的价值进行判断。

3. 预测性资产评估

评估基准日在评估报告日之后时，是预测性资产评估。

综上,资产评估的综合分类如图1-1所示。

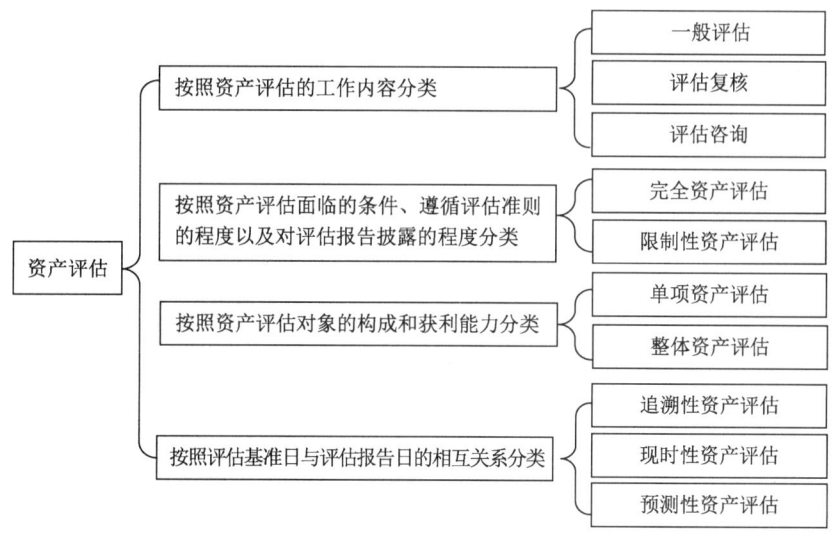

图1-1 资产评估的综合分类

第二节 资产评估的假设与原则

一、资产评估的假设

资产评估假设是指对资产评估过程中某些未被确切认识的事物,根据客观的正常情况或发展趋势所作的合乎情理的推断。资产评估假设也是资产评估结论成立的前提条件。同一资产在不同的假设条件下,其价值实现受到的约束不同,因而会产生不同的评估价值。

(一)交易假设

交易假设是资产评估得以进行的一个最基本的前提假设。交易假设是假定所有待评估资产已经处在交易过程中,评估专业人员根据待评估资产的交易条件等模拟市场进行估值。

资产评估其实是在资产交易之前进行的一项专业服务活动,而资产评估的最终结果又属于资产的交换价值范畴。为了发挥资产评估为委托人提供资产交易底价的专家判断的作用,同时又能够使资产评估得以进行,利用交易假设将被评估资产置于"交易"当中,模拟市场进行评估就是十分必要的。

交易假设一方面为资产评估得以进行"创造"了条件;另一方面它明确限定了资产评估外部环境,即资产是被置于市场交易之中的。资产评估不能脱离市场条件而孤立地进行。

(二)公开市场假设

公开市场假设是对资产拟进入的市场的条件以及资产在这样的市场条件下接受何种影

响的一种假定说明或限定。公开市场假设的关键在于认识和把握公开市场的实质和内涵。公开市场是指充分发达与完善的市场条件,指一个有大量的自愿的买者和卖者的竞争性市场。在这个市场上,买者和卖者的地位是平等的,彼此都有获取足够市场信息的机会和时间;买卖双方的交易行为都是在自愿的、理智的,而非强制或受限制的条件下进行的。

由于公开市场假设假定市场是一个充分竞争的市场,资产在公开市场上实现的交换价值隐含着市场对该资产在当时条件下有效使用的社会认同。当然,在资产评估中,市场是有范围的,它可以是地区性市场,也可以是国内市场,还可以是国际市场。关于资产在公开市场上实现的交换价值所隐含的对资产效用有效发挥的社会认同也是有范围的,它可以是区域性的、全国性的,也可以是国际性的。

公开市场假设旨在说明一种充分竞争的市场条件。在这种条件下,资产的交换价值受市场机制的制约并由市场行情决定,而不是由个别交易决定的。

公开市场假设是资产评估中的一个重要假设,其他假设都是以公开市场假设为基本参照的。公开市场假设也是资产评估中使用频率较高的一种假设。凡是能在公开市场上交易、用途较为广泛或通用性较强的资产,都可以考虑按公开市场假设前提进行评估。

(三) 持续使用假设

持续使用假设是对资产存续状态的一种假定性描述或说明。首先,该假设设定被评估资产处于正在使用的状态。其次,根据有关数据和信息,推断这些处于使用状态的资产还将继续使用下去。

资产的持续使用通常有以下三种方式:①在用续用,即处于使用中的被评估资产在产权发生变动或资产业务发生后,将按其现行正在使用的用途及方式继续使用下去。②转用续用,即被评估资产将在产权发生变动后或资产业务发生后,改变资产现时的使用用途,调换新的用途继续使用下去。③移地续用,即被评估资产将在产权发生变动后或资产业务发生后,改变资产现在的空间位置,转移到其他空间位置上继续使用。

由于持续使用假设是在一定市场条件下对被评估资产使用状态的一种假定说明,在持续使用假设前提下的资产评估及其结果的适用范围常常是有限制的。在许多场合下,评估结果并没有充分考虑资产用途的改变,它只对特定的买者和卖者是公平合理的。

(四) 清算假设

清算假设是对资产拟进入的市场条件的一种假定说明或限定。具体而言,它是对资产在非公开市场条件下被迫出售或快速变现条件的假定说明。清算假设首先是基于被评估资产面临清算或具有潜在的被清算的事实或可能性,再根据相关数据资料推定被评估资产处于被迫出售或快速变现的状态。由于清算假设假定被评估资产处于被迫出售或快速变现条件件之下,被评估资产的评估值通常要低于在公开市场假设前提下或持续使用假设前提下同样资产的评估值。因此,在清算假设前提下的资产评估结果的适用范围是非常有限的。当然,清算假设本身的使用也是较为特殊的。

二、资产评估的原则

资产评估原则是规范评估行为和业务的准则。规定评估原则是为了确保不同的评估人员在遵循规定的评估程序,采用适宜的评估方法和正确的处理方式的前提下,对同一评估对象的评估结果能具有一致性。资产评估原则包括工作原则和经济技术原则。

(一) 资产评估的工作原则

资产评估工作的性质决定了资产评估机构及其资产评估专业人员在执业过程中应坚持独立性、客观公正性和科学性等工作原则。

1. 独立性原则

独立性原则是指评估机构和资产评估专业人员在执业过程中,不受利害关系影响、不受外界干扰的执业原则。评估主体在资产评估过程中处于中立地位,应当不受任何权势、金钱、亲情等外界因素的影响,以确保评估结果的公正性。资产评估中的独立性原则包含两层含义:一是评估机构本身应该是一个独立的、不依附于他人的社会公正性中介组织,在利益及利害关系上与资产业务各当事人没有任何联系;二是评估机构及其评估专业人员在执业过程中应始终坚持独立的第三者地位,评估工作不受委托人及外界的意图及压力的影响,进行独立公正的评估。影响独立性的情形通常是评估机构、资产评估专业人员或者其亲属,与委托方或者相关当事方之间存在经济利益关联、人员关联或者业务关联。

2. 客观公正性原则

客观公正性原则要求资产评估工作实事求是,尊重客观实际。资产评估机构及其评估专业人员在评估工作中必须以实际材料为基础,以确凿的事实和事物发展的内在规律为依据,以求实的态度为指针,实事求是地得出评估结果,而不可以自己的好恶或其他个人的情感进行评估。资产评估结果是评估人员认真调查研究,通过合乎逻辑的分析、推理得出的具有客观公正性的评估结论。

3. 科学性原则

科学性原则要求资产评估机构和评估专业人员必须遵循科学的评估标准,以科学的态度制订评估方案,并采用科学的评估方法进行资产评估。在整个评估工作中必须把主观评价与客观测算、静态分析与动态分析、定性分析与定量分析有机结合起来,使评估工作做到科学合理,真实可信。

(二) 资产评估的经济技术原则

资产评估的经济技术原则是指在资产评估执业过程中的一些技术规范和业务准则。它们为评估人员在执业过程中的专业判断提供技术依据和保证。从本质上讲,资产评估的经济技术原则,是对市场定价过程中适用的经济学原理和相关法则的抽象和概括。资产评估的经济技术原则主要包括:

1. 预期收益原则

预期收益原则是以技术原则的形式概括出资产及其资产价值的最基本的决定因素。资产之所以有价值,是因为它能为其拥有者或控制者带来未来经济利益。资产价值的高低主要取决于它能为其所有者或控制者带来的预期收益的多少。预期收益原则是评估人员判断资产价值的一个最基本的依据。

2. 供求原则

供求原则是经济学中关于供求关系影响商品价格原理的概括。假定在其他条件不变的前提下,商品的价格随着需求的增长而上升,随着供给的增加而下降。尽管商品价格随供求变化并不成固定比例变化,但变化的方向都带有规律性。供求规律对商品价格形成的作用力同样适用于资产价值的评估。

3. 贡献原则

贡献原则是预期收益原则的一种具体化原则。也就是说,资产价值的高低要由该资产的贡献来决定。贡献原则主要适用于构成某整体资产的各组成要素资产的贡献,或者是当整体资产缺少该项要素资产时将蒙受的损失。

4. 替代原则

作为一种市场规律,在同一市场上,具有相同使用价值和质量的商品,应有大致相同的交换价值。如果具有相同使用价值和质量的商品具有不同的交换价值或价格,买者会选择价格较低者。当然,作为卖者,如果可以将商品卖到更高的价格水平上,他将会在较高的价位上出售商品。因此,在市场竞争的作用下,同质商品的价格最终将趋于一致。据此原理,资产评估中的替代原则是指被评估资产的价值应接近于同类资产的市场价格。

5. 评估时点原则

市场是变化的,资产的价值会随着市场条件的变化而不断改变。为了使资产评估得以操作,同时,又能保证资产评估结果可以被市场检验,在资产评估时,必须假定市场条件固定在某一时点。这一时点就是评估基准日,它为资产评估提供了一个时间基准。资产评估的评估时点原则要求资产评估必须有评估基准日,而且评估值就是评估基准日的资产价值。

6. 最高最佳使用原则

最高最佳使用原则依据价值理论原理,强调商品在交换时,应以最佳用途及利用方式实现其价值。由于资产的使用会受到市场条件的制约,其最佳用途的确定一般要考虑法律上允许、技术上可能、经济上可行,即考虑该项资产使用的法律限制、技术可能、使用该资产能否产生足够的权益或现金流量,从而补偿资产用于该用途所发生的成本后,仍然能够满足市场参与者所要求的投资回报。

7. 外在性原则

资产评估中的外在性原则是指,"外在性"会对相关权利主体带来自身因素之外的额外收益或损失,从而影响资产的价值,并对资产的交易价格产生直接的影响。例如,在对房屋建筑物进行评估时,优良的环境会对房屋使用功能产生溢出效应,增加房屋的转让价值或使用收益。

综上,资产评估原则的内容如图1-2所示。

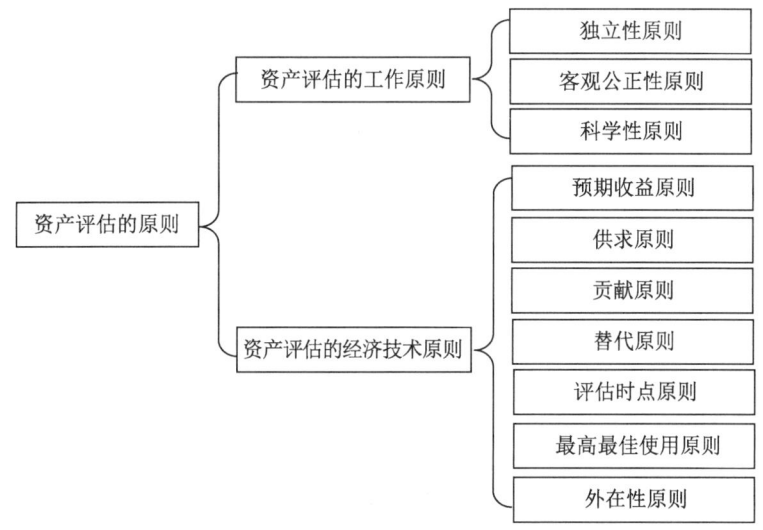

图1-2 资产评估原则的内容

第三节 资产评估的作用与目的

一、资产评估的作用

评价和估值是资产评估具有的最基本的内在功能。随着人们对在各种条件下了解资产价值的需求不断增加,资产评估也在不断发展,其评价和估值的功能也得到不断完善。资产评估的评价和估值功能是通过对评估客体的价值发现、价值衡量和价值揭示三个专业技术环节实现的,因此,也有学者将价值发现、价值衡量和价值揭示定为资产评估的功能。资产评估正是通过价值发现、价值衡量和价值揭示为各类权利主体提供与价值判断有关的专业服务。

随着资产评估范围的不断扩大,以及开展资产评估活动的社会经济环境的改变,虽然资产评估的基本功能并未发生实质性改变,但其作用却呈现多样性的特点。

(一)价值咨询

资产评估的价值咨询作用,是指资产评估结论是为资产业务提供专业化估值意见。该意见本身并无强制执行的效力,它只是给资产业务当事人提供的有关资产价值的专业判断或专家意见,资产评估不能也不应该取代资产交易当事人的交易决策。

(二)价值鉴证

鉴证由鉴别和举证两个部分组成,鉴别是专家依据专业原则对经济活动及其结果做出的独立判断;而举证则是为该判断提供理论和事实支撑,使之做到言之有理,持之有据。需要强调指出的是,资产评估从事的是价值鉴证,而不是权属鉴证。

(三) 价值管理

资产评估的价值管理作用,是指在以公有制为基础的社会主义市场经济初级阶段,国家或政府在利用资产评估过程中所发挥的特殊作用。在社会主义市场经济初级阶段的某历史时期,作为国有资产所有者代表的国家,不仅把资产评估视为提供专业服务的中介行业,而且还将其作为维护国有资产、促使国有资产保值增值的工具和手段。在资产评估开展初期,国家通过制定申请立项、资产清查、评定估算和验证确认的国有资产评估管理程序,使得资产评估具有了管理的作用。但是,资产评估的管理作用并不是资产评估与生俱来的。它只是国有资产评估在特定历史时期的特定作用。它会随着国家在国有资产评估管理体制方面的变化而变化。

二、资产评估的目的

资产评估的目的是资产评估所要达到的目标,从一般意义上来讲,评估目的主要指评估结果的用途,它回答的是为什么要进行资产评估,是资产评估业务的基础,较大程度上决定了资产评估的价值类型和方法。资产评估的目的包括一般目的和特定目的。

(一) 资产评估的一般目的

资产评估的一般目的泛指所有资产评估活动共同的目的或目标,即忽略所有个别引起资产评估经济事项的特殊性,剔除所有个别经济事项对资产评估的特殊条件要求,只保留进行资产评估所要实现的最基本的目标和要求。资产评估的一般目的是由资产评估的性质及其基本功能决定的。资产评估作为评估专业人员对特定时点及特定条件约束下资产价值的估计和判断的社会中介活动,一经产生就具有了为委托人以及资产业务当事人提供合理的资产价值咨询意见的功能。

资产评估的一般目的是站在客户总体的角度和立场上,认识和看待评估报告及评估结论的目的和用途。资产评估的一般目的应该被理解为:在符合法律法规、评估规范及社会公共利益的前提下,评估报告和评估结论应当满足客户进行经济事项对资产评估结论的用途需要和目标要求。

(二) 资产评估的特定目的

资产评估的特定目的是每项资产评估所要实现的具体目标,是每一个引起资产评估的经济事项对资产评估的具体条件要求和目标要求。从这个意义上讲,资产评估的一般目的包含了资产评估的特定目的,而资产评估的特定目的则是一般目的的具体化。

资产评估的特定目的是站在特定客户的角度和立场上,认识和看待评估报告及评估结论的目的和用途。资产评估的特定目的应该被理解为:在符合法律法规、评估规范及社会公共利益的前提下,评估报告和评估结论应当满足特定客户进行某个具体经济事项对资产评估结论的用途需要和目标要求。

由于资产评估活动都是具体的,在资产评估实践中直接发挥作用的主要是资产评估的特定目的。为了很好地理解资产评估的特定目的并能切实实现评估特定目的对评估全过程的约束和影响,就需要全面理解引起资产评估的经济事项、资产评估报告的预期用途和资产评估报告的预期使用者三者间的关系及作用方式。

1. 引起资产评估的经济事项

资产评估作为资产估值活动,总是为满足特定资产业务的需要而进行的。特定资产业务是指引起资产评估的经济事项。通常把特定资产业务对评估结果用途的具体要求称为资产评估的特定目的。从我国资产评估的实际情况来看,引起资产评估的经济事项主要有以下两类:一是相关法律法规要求需要有资产评估鉴证或价值咨询意见才可以开展的经济活动或事项;二是市场主体自主要求需要资产评估提供价值鉴证或咨询服务支持才能开展的经济活动或事项等。

我国资产评估实践表明,特定资产业务主要有:资产转让,企业兼并,企业出售,企业联营,股份经营,中外合资、合作,企业清算,担保,企业租赁,债务重组,财产保险,财产纳税以及财务报告披露等,如表1-1所示。

表1-1　　　　　　　　　　引起资产评估的经济事项

经济事项名称	经济事项内容
资产转让	资产转让是指资产拥有单位有偿转让其拥有的资产,通常是指转让非整体性资产的经济行为
企业兼并	企业兼并是指一个企业以承担债务、购买、股份化和控股等形式有偿接收其他企业的产权,使被兼并方丧失法人资格或改变法人实体的经济行为
企业出售	企业出售是指独立核算的企业或企业内部的分厂、车间及其他整体资产产权出售行为
企业联营	企业联营是指国内企业、单位之间以固定资产、流动资产、无形资产及其他资产投入组成各种形式的联合经营实体的行为
股份经营	股份经营是指资产占有单位实行股份制经营方式的行为,包括法人持股、内部职工持股、向社会发行不上市股票和上市股票等
中外合资、合作	中外合资、合作是指我国的企业和其他经济组织与外国企业和其他经济组织或个人在我国境内举办合资或合作经营企业的行为
企业清算	企业清算包括破产清算、终止清算和结算清算
担保	担保是指资产占有单位,以本企业的资产为其他单位的经济行为担保,并承担连带责任的行为。担保通常包括抵押、质押以及保证等
企业租赁	企业租赁是指资产占有单位在一定期限内,以收取租金的形式,将企业全部或部分资产的经营使用权转让给其他经营使用者的行为
债务重组	债务重组是指债权人按照其与债务人达成的协议或法院的裁决同意债务人修改债务条件的行为

(续表)

经济事项名称	经济事项内容
财产保险	企业或个人为了补偿自然灾害或意外事故所造成的经济损失,往往办理资产保险。资产评估既是计算交纳保费的依据,也是将来确定保险公司理赔的重要依据
财产纳税	以税收为目的,以相应的税法为依据,确定财产应纳税额的评估
财务报告披露	基于企业会计准则和相关会计核算、披露要求,运用评估技术,对财务报告中的各类资产和负债的公允价值或特定价值进行估算

2. 资产评估报告的预期用途

资产评估报告的预期用途泛指站在特定客户的角度和立场上,把特定资产业务对评估报告的用途预期作为资产评估报告的预期用途。在资产评估实践中,资产评估报告的预期用途应该是指评估专业人员及评估机构承接业务时,在考虑特定资产业务对评估报告的用途预期要求并与客户充分沟通的基础上,通过评估业务委托合同所确定的评估报告的使用用途。

资产评估作为一种资产价值判断活动,总是为满足特定资产业务的需要而进行的。引起资产评估的经济事项既是资产评估的起因和条件约束,同时又对资产评估报告的预期用途具有极强的约束。引起资产评估的经济事项与因此而做的资产评估报告的预期用途存在着十分紧密的联系。资产评估实务界把引起资产评估的经济事项对资产评估报告和评估结论的条件约束和目标约束称为资产评估的特定目的。

3. 资产评估报告的预期使用者

资产评估报告的预期使用者首先是泛指引起资产评估的经济事项预期发生时涉及的相关的当事人。在资产评估实践中,资产评估报告的预期使用者应该是指评估专业人员及评估机构承接业务时,在考虑引起资产评估的经济事项预期发生时涉及的直接或相关的当事人的基础上,结合相关法律法规和制度的要求并与客户充分沟通的基础上,通过评估业务委托合同所确定的评估报告的使用者。

引起资产评估的经济事项是多种多样的,其执行或操作主体也不同。因此,不同经济事项引发的资产评估报告的预期使用者也是不同的。这些不同的评估报告预期使用者既有政府相关部门、法律执行机关或经济监管部门,也有企业组织或个人。由于评估报告预期使用者的地位及使用评估报告的目的不同,他们对评估活动本身及评估报告的要求等也存在着差异。这样一来,评估报告的预期使用者就不是简单的同质客户整体,需要根据引起资产评估的经济事项相关的评估报告预期使用者的具体情况,考虑不同的评估报告预期使用者对于相应的评估项目,在评估过程、评估依据、价值类型以及参数选择等方面进行不同的要求和规范。

通过引起资产评估的经济事项明确评估报告及结论的具体用途,以及评估报告及结论的具体使用者,并根据以上要素明确具体评估项目的条件约束和目标约束,是评估人员在进行资产评估过程中必须做到的工作。

第四节 资产评估的价值类型

一、价值类型的概念与作用

(一) 价值类型的概念

资产评估中的价值类型是指资产评估结果的价值属性及其表现形式的归类。不同的价值类型从不同的角度反映资产的评估价值及其特征。不同属性的价值类型所代表的资产评估价值不仅在性质上存在差别,在数量上往往也存在差异。

(二) 价值类型的作用

对资产价值进行合理分类主要有两个作用:

(1) 为评估专业人员科学合理地进行资产评估提供指引。资产评估的一般目的就是要给出资产在各种条件下的合理价值或公允价值,因为资产的公允价值始终是一个相对的概念,即相对于评估时点评估对象自身的条件和市场条件而言是合理和公平的。市场价值是一种理想条件下的资产的公允价值,或者说是典型的公允价值。市场价值就可以作为公允价值的坐标或标志,人们就可以根据评估时的具体条件与市场价值成立的条件的比较来判断该种条件下的公允价值。

(2) 使资产评估报告使用者能正确理解并恰当使用资产评估结果。资产评估是评估专业人员向非专业人员提供的专业服务,保证资产评估报告和评估结论被正确理解和使用是资产评估的最终目的。资产评估价值类型就是要告诫评估人员,什么样的价值表现形式是作为资产公允价值的典型标志或正常条件下的资产公允价值,在资产评估所依据的市场范围内会得到整体市场的认同,而其他的价值表现形式则是一定特殊条件下的资产公允价值,在资产评估所依据的市场范围内,其合理性只能得到局部市场认同。

二、价值类型的分类

由于所处的角度不同以及对资产评估价值类型理解方面的差异,人们对资产评估的价值类型主要有以下几种分类:

(1) 以资产评估的估值标准形式划分,价值类型具体包括重置成本、收益现值、现行市价和清算价格。这种划分标准基本上是承袭了现代会计理论中关于资产计价标准的划分方法和标准,将资产评估与会计的资产计价紧密地联系在一起。

(2) 从资产评估假设的角度划分,价值类型具体包括持续使用价值、公开市场价值和清算价值等。这种划分方法有利于人们了解资产评估结果的假设前提条件,同时也强化了评估人员对评估假设前提条件的运用。

(3) 从资产评估的特定目的划分,价值类型具体包括抵押价值、保险价值、课税价值、投资价值、清算价值、转让价值、保全价值、交易价值、兼并价值、拍卖价值、租赁价值、补偿价值等。这种划分方法强调资产业务的重要性,认为有什么样的资产业务就应有什么样的资产价值类型。

(4) 以资产评估时所依据的市场条件以及被评估资产的使用状态划分,价值类型具体包括市场价值和市场价值以外的价值。这种划分方法不仅注重了资产评估结果适用范围与评估所依据的市场条件及资产使用状态的匹配,而且通过资产的市场价值概念的提出,树立了一个资产公允价值的坐标。资产的市场价值是资产公允价值的基本表现形式,而市场价值以外的价值则是资产公允价值的特殊表现形式。

从纯学术的角度来看,不同的价值类型划分并无优劣之分,只是划分标准和角度的差异,但是从资产评估的角度以及对资产评估实践具有理论指导意义和作用的角度来看,确实存在着是否适当以及最佳选择的问题。将资产评估价值划分为市场价值和市场价值以外的价值更有利于发挥资产评估价值类型的作用。

三、市场价值

根据我国 2017 年 10 月 1 日起施行的《资产评估价值类型指导意见》,市场价值是指自愿买方和自愿卖方在各自理性行事且未受任何强迫的情况下,评估对象在评估基准日进行正常公平交易的价值估计数额。

在《国际评估准则》中,市场价值定义如下:"自愿买方与自愿卖方在评估基准日进行正常的市场营销之后所达成的公平交易中,某项资产应当进行交易的价值的估计数额,当事人双方应当各自精明、谨慎行事,不受任何强迫压制。"

根据《国际评估准则》关于对市场价值的其他补充说明,将资产评估中的市场价值定义整理如下:资产评估中的市场价值是指资产在评估基准日公开市场上正常使用即最佳使用或最有可能使用条件下所能实现的交换价值的估计值。对于这一定义,可从以下几个方面理解:①市场价值是正常市场条件下的公允价值。②市场价值是资产正常使用状态下的价值。③市场价值是资产评估中最为典型的公允价值,发挥着公允价值的坐标作用。④市场价值既是一种价值类型,同时也是一种具体价值表现形式。

一般而言,在特定评估时点的公开市场上,市场价值相对于潜在的买者和卖者来说都是相对公平合理的。因此,根据公开市场的范围不同,市场价值具有区域性,同时,市场价值又是区域市场整体认同的公平合理的结果。

四、市场价值以外的价值

市场价值以外的价值也称非市场价值、其他价值,泛指所有不符合市场价值定义条件的其他价值的统称。从市场价值以外的价值的表述来看,市场价值以外的价值不是一种具体的资产评估价值存在形式,而是一系列不符合资产市场价值定义条件的价值形式的总称或组合,包括在用价值、投资价值、持续经营价值、保险价值、清算价值、课税价值、剩余价值、特殊价值等一系列具体价值表现形式。

在用价值是指作为企业组成部分的特定资产对其所属企业能够带来的价值估计值,而并不考虑该资产的最佳用途或资产变现所能实现的价值量。在用价值是特定资产在特定用途下对特定使用者的价值,因而是非市场性的。

投资价值是指资产对于具有明确投资目标的特定投资者或某一类投资者所具有的价值。投资价值是一个主观概念,将特定资产与具有明确投资目标、标准的特定投资者或者某一类投资者结合起来。资产的投资价值与投资性资产价值是两个不同的概念。投资性资产价值是指特定主体以投资获利为目的而持有的资产在公开市场上按其最佳用途实现。

持续经营价值是指企业作为一个整体按照目前正在使用的用途、方式继续经营下去所能表现出来的价值。由于企业的各个组成部分对该企业整体价值都有相应的贡献,可以将企业总的持续经营价值分配给企业的各个组成部分,即构成企业持续经营的各局部资产的在用价值。

保险价值是指保险合同当事人议定的保险标的价值,是确定保险金额的依据。我国财产保险价值的确定方式有:①按重建或重置价值估价,由按投保时重建或重置保险财产所需资金核定。②按折旧后的价值估价,即按投保时保险财产的重建或重置价值减去折旧费后的价值核定。③按投保时保险财产的市价,即投保时财产的实际价值核定。

清算价值是指资产处于清算、迫售或快速变现等非正常市场条件下所能实现的价值估计值。清算价值以清算假设为基础。

课税价值是指根据税法中规定的与财产征税相关的价值标准所确定的资产价值。有的司法管辖当局可能会引用市场价值作为征税的基础,但所要求的评估方法可能会产生不同于市场价值定义的结果。

剩余价值是指假设在未进行特别修理或改进的情况下,将资产中所包含的各组成部分进行变卖处置的价值。

特殊价值是指资产价值量超出其市场价值的部分。特殊价值是由于该资产与其他资产存在物理性、功能性或经济性组合而产生的。特殊价值是针对特定的资产所有者或使用者的资产价值升值,而不是针对整个市场。

市场价值以外的价值是一个开放式的专业术语。除了上面提到的市场价值以外的价值的具体价值表现形式,肯定还有不符合或不满足市场价值定义条件的其他价值,例如残余价值等。

五、影响价值类型选择的资产评估条件

从纵向关系上看,资产评估中的价值类型是资产评估结果的属性及其表现形式。价值

类型的选择本来就应该受到评估目的等相关条件的制约,或者说价值类型是在评估目的等相关条件的基础上形成的。有什么样的评估条件基础就应该有与之相适应的评估结果属性及其表现形式。可以说,资产评估目的等相关条件构成了资产评估的价值基础。除资产评估的目的外,构成资产评估价值基础的相关条件还有两个方面:一是评估对象的自身条件;二是评估依据的市场条件。

(一) 资产评估的目的

不论是资产评估的委托人,还是与资产交易有关的当事人,需要的都是评估专业人员对资产在一定时间及一定条件约束下资产公允价值的判断。也就是说,不论因何原因引起,不论是什么样的评估对象,就资产评估的一般目的而言,资产评估结果及其价值类型或价值表现形式必须是公允的。资产评估的一般目的对价值类型的约束是一种原则性的约束。简言之,就是所有的价值类型都要公允。

资产评估的特定目的之所以作为资产评估价值基础的条件之一,是因为资产评估的特定目的不但决定着资产评估结果的具体用途,而且会直接或间接地在宏观层面上影响资产评估的过程及其运作条件,包括对评估对象的利用方式和使用状态的宏观约束以及对资产评估市场条件的宏观限定。相同的资产在不同的评估特定目的下可能会有不同的评估结果。资产评估特定目的对评估结果价值类型的影响,会通过资产评估特定目的对评估对象的使用方式、使用空间及使用状态体现出来。

当评估目的、评估对象等资产评估基本要素满足市场价值定义的要求时,执行资产评估业务者,一般选择市场价值作为评估结论的价值类型。资产评估专业人员选择市场价值作为价值类型,应当知晓同一资产在不同市场的价值可能存在差异。

当评估业务针对的是特定投资者或者某一类投资者,并在评估业务执行过程中充分考虑并使用了仅适用于特定投资者或者某一类投资者的特定评估资料和经济技术参数时,执行资产评估业务者,通常选择投资价值作为评估结论的价值类型。

当评估对象是企业或者整体资产中的要素资产,并在评估业务执行过程中只考虑了该要素资产正在使用的方式和贡献程度,没有考虑该资产作为独立资产所具有的效用及在公开市场上交易等对评估结论的影响时,执行资产评估业务者,通常选择在用价值作为评估结论的价值类型。

当评估对象面临被迫出售、快速变现或者评估对象具有潜在被迫出售、快速变现等情况时,执行资产评估业务者,通常选择清算价值作为评估结论的价值类型。

当评估对象无法使用或者不宜整体使用时,执行资产评估业务者,通常考虑评估对象的拆零变现,并选择残余价值作为评估结论的价值类型。

执行以抵(质)押为目的的资产评估业务,应当根据《中华人民共和国民法典》等相关法律、行政法规及金融监管机关的规定选择评估结论的价值类型;相关法律、行政法规及金融监管机关没有规定的,可以根据实际情况选择市场价值或者市场价值以外的价值类型作为抵(质)押物评估结论的价值类型。

执行以税收为目的的资产评估业务,应当根据税法等相关法律、行政法规规定选择评估结论的价值类型;相关法律、行政法规没有规定的,可以根据实际情况选择市场价值或者市场价值以外的价值类型作为课税对象评估结论的价值类型。

执行以保险为目的的资产评估业务,应当根据《中华人民共和国保险法》等相关法律、行政法规或者合同规定选择评估结论的价值类型;相关法律、行政法规或者合同没有规定的,可以根据实际情况选择市场价值或者市场价值以外的价值类型作为保险标的物评估结论的价值类型。

执行以财务报告为目的的资产评估业务,应当根据会计准则或者相关会计核算与披露的具体要求、评估对象等相关条件明确价值类型,会计准则规定的计量属性可以理解为相对应的资产评估价值类型。

(二) 评估对象的自身条件

评估对象自身的功能、使用方式和利用状态,是评估对象的自身条件。这是影响资产评估价值的内因。从某种意义上讲,评估对象的自身条件对其评估价值具有决定性的影响。不同功能的资产会有不同的评估结果。使用方式和利用状态不同的相同资产也会有不同的评估结果。

对于一些资产而言,如果作为独立的资产单独使用可能或可以得到最佳的使用效果,而另一些资产只有当它们作为整体资产中的局部资产使用时,才能发挥出其最佳效用。这就是说,对于不同类型的资产,其单独使用或作为局部资产使用将直接影响其效用的发挥,当然也就直接影响其评估值和价值类型。

资产的作用空间是指资产发挥作用的场所或作用的范围。资产在一个什么样的范围内发挥作用,对其效用的发挥影响也是不容忽视的。例如,一台通用设备可以是某家企业中的资产,也可以是公开市场上待售的资产。作为前者,该设备的作用空间就局限于那家企业,而它能否充分发挥效用完全取决于那家企业的生产规模大小、资产匹配是否合理等由企业决定的各种因素。作为后者,待售资产的作用空间可以理解为社会。作为待售资产,它的具体作用空间与作用方式都还属于未知数。对于未知因素只能依靠合理的假设加以限定。在通常情况下,对于在公开市场上的待售资产来说,一般是假定其作用空间是不受限制的。换句话说,其效用的发挥是不受限制的,即可以理解为其效用可以达到最佳状态。

对评估对象作用方式和作用空间的分析判断,并不可以凭主观想象去抽象地设定,它的作用方式与作用空间是由资产评估的特定目的和评估范围规范的。评估对象是单项资产、整体资产或整体资产中的局部资产就基本限定了资产的作用方式,而评估对象用于合资、合作,还是用于抵押担保,或用于公开出售,其本身就限定了评估对象的作用空间。从这个意义上讲,资产评估的特定目的不仅是资产评估的起点,还规定着资产评估结果的具体用途,同时也在宏观上规范了评估对象的作用空间。资产评估的特定目的对评估对象的作用方式,尤其是作用空间的规范,具体是通过资产评估的基本前提假设体现出来的。公开市场假设可以把以公开出售为目的的评估对象的作用空间明确到公开市场上,而在用续用假设则可以把以联营、合资合作等目的的评估对象的作用空间限定在联营企业及合资合作企业之中等。

(三) 评估依据的市场条件

评估时所面临的市场条件是资产评估的外部环境,是影响资产评估结果及其价值类型的外部因素。在不同的市场条件下或交易环境中,即使相同的资产也会有不同的评估结果和价值类型。

在资产评估实践中,资产评估依据的市场条件主要通过资产评估市场条件假设表现出来,其中最基本的市场条件假设有两个:公开市场假设和清算假设。

公开市场假设假定市场是一个充分竞争的市场,资产在公开市场上实现的交换价值隐含着市场对该资产在当时条件下有效使用的社会认同。在这种条件下,资产的交换价值受市场机制的制约并由市场行情决定,而不是由个别交易决定。凡是能在公开市场上交易、用途较为广泛或通用性较强的资产,都可以考虑按公开市场假设前提进行评估。公开市场假设是构成资产评估市场价值的基础。

清算假设基于被评估资产面临清算或具有潜在的被清算的事实或可能性,推定被评估资产处于被迫出售或快速变现的状态。由于清算假设假定被评估资产处于被迫出售或快速变现的条件之下,被评估资产的评估值通常要低于在公开市场假设前提下同样资产的评估值。清算假设是构成资产评估清算价值的基础。

资产评估目的作为资产评估结果的具体用途和对资产评估运作条件起宏观约束的因素,与决定资产评估价值的内因和外因的评估标的自身条件和评估时的市场条件共同构成了资产评估的价值基础。这三大因素的不同排列组合,便构成了不同价值类型的形成基础。

第五节 资产评估的程序

一、资产评估程序的含义

资产评估是一项对客观公正性和科学性要求较高的工作,资产评估机构和人员必须履行一系列系统性的工作步骤,方能完成资产评估工作,实现资产评估的目的。资产评估的法律法规、行业评估准则等都明确对资产评估的基本程序进行了规范。正确履行资产评估程序,对于规范资产评估机构及评估专业人员行为,提高资产评估业务质量,防范资产评估执业风险,都具有重要的意义。

资产评估程序是指评估机构和评估专业人员执行资产评估业务、形成资产评估结论所履行的一系列系统性工作步骤。资产评估程序有广义和狭义之分。狭义的资产评估程序始于评估机构和评估专业人员接受委托，终止于向委托人或相关当事人提交资产评估报告书。广义的资产评估程序始于承接资产评估业务前的明确资产评估业务基本事项环节，终止于资产评估报告书提交后的整理归集评估档案。

二、资产评估程序的重要性

资产评估程序的重要性表现在以下几个方面：

（1）资产评估程序是规范资产评估执业行为、提高资产评估业务质量和维护资产评估服务公信力的重要保证。资产评估机构和人员接受委托，不论执行何种资产类型、何种评估目的的资产评估业务，都应当履行必要的资产评估程序，按照工作步骤有计划地进行资产评估。这样做不仅有利于规范资产评估机构和人员的执业行为，而且能够有效地避免在执行具体资产评估业务中可能出现的程序上的重要疏漏，切实保证资产评估的业务质量。履行资产评估程序对于提高资产评估机构业务水平乃至资产评估行业整体业务水平都具有重要意义。另外，资产评估是一项中介服务工作，资产评估机构和人员履行严格的资产评估程序也是赢得客户和社会公众信任、提高资产评估行业社会公信力的重要保证。

（2）资产评估程序是评价资产评估机构和人员提供资产评估服务的重要依据。资产评估服务会引起许多相关当事方的关注，包括委托人、资产占有方、资产评估报告使用人、相关利益当事人、司法部门、证券监督及其他行政监督部门、资产评估行业主管协会以及社会公众、新闻媒体等。是否履行资产评估程序不仅是衡量资产评估机构和人员执行资产评估业务是否规范的重要标准，也为上述相关当事方提供了评价资产评估服务的依据，同时，也是委托人、司法和行政监管部门及资产评估行业协会监督资产评估机构和人员的主要依据。

（3）资产评估程序是资产评估机构和人员防范执业风险、保护自身合法权益、合理抗辩的重要手段。随着资产评估行业的发展，资产评估机构和人员与其他当事人之间就资产评估服务引起的纠纷和法律诉讼越来越多。资产评估机构和人员在履行必要资产评估程序方面是否存在疏漏，已经成为司法部门追究资产评估机构和人员责任的重要方面。因此，恰当地履行资产评估程序是资产评估机构和人员防范执业风险的主要手段，也是在产生资产评估纠纷或诉讼后，合理保护自身权益、合理抗辩的重要手段之一。

三、资产评估程序的具体内容

（一）明确业务基本事项

明确业务基本事项是资产评估程序的第一个环节，包括在订立资产评估业务委托合同以前的一系列基础性工作。

资产评估机构受理资产评估业务前，应当明确下列资产评估业务基本事项：①委托人、产权持有人和委托人以外的其他资产评估报告使用人。②评估目的。③评估对象和评估范围。④价值类型。⑤评估基准日。⑥资产评估项目所涉及的需要批准的经济行为的审批情况。⑦资产评估报告使用范围。⑧资产评估报告提交期限及方式。⑨评估服务费及支付方式。⑩委托人、其他相关当事人与资产评估机构及其资产评估专业人员工作配合和协助等需要明确的重要事项。

（二）订立业务委托合同

评估业务委托合同是指评估机构与委托方签订的，明确评估业务基本事项，约定评估机构和委托方权利、义务、违约责任和争议解决等内容的书面合同。

资产评估机构开展资产评估业务应当与委托人订立资产评估委托合同。

资产评估委托合同通常包括下列内容：①资产评估机构和委托人的名称、住所、联系人及联系方式。②评估目的。③评估对象和评估范围。④评估基准日。⑤评估报告使用范围。⑥评估报告提交期限和方式。⑦评估服务费总额或者支付标准、支付时间及支付方式。⑧资产评估机构和委托人的其他权利和义务。⑨违约责任和争议解决。⑩合同当事人签字或者盖章的时间。⑪合同当事人签字或者盖章的地点。

（三）编制资产评估计划

资产评估计划是评估机构及评估专业人员为完成评估业务委托而拟定的作业方案，是对资产评估工作步骤、工作时间和评估人员所作的规划和安排。在明确了资产评估基本事项的基础上，评估人员应对评估项目进行初步分析，根据所承接的评估项目的具体情况，编制合理的资产评估计划。

评估计划一般在评估项目开展前编制，为保证各种资源最有效地进行配置并合理利用，需要对未来可能进行的主要评估工作进行规划，依照评估工作程序的要求对现场调查、收集评估资料、评定估算、编制和提交评估报告等评估工作的各个具体环节进行规划，对评估步骤、工作进度安排、专业人员、时间、重点关注的事项等具体内容加以明确。

（四）进行评估现场调查

现场调查是资产评估人员亲临现场，实地查明评估对象的现实状况。现场调查应当在评估对象或评估业务涉及的主要资产所在地进行。评估人员应当深入现场，核实评估对象的存在性和完整性，勘查评估对象的品质和使用状况，查验评估对象的法律权属资料，了解评估对象的实际情况，取得相应的调查资料。通过现场调查，评估人员应当确信或证明评估对象是存在的、数量是正确的，对评估对象的技术状况和物理状况有充分的了解，对评估对象的运用或使用状况有充分的了解。

（五）收集整理评估资料

从资产评估的过程来看，资产评估实际上就是对被评估资产的信息进行搜集、分析判断并做出披露的过程。资料搜集工作是资产评估业务质量的重要保证，不同的项目、不同的评估目的、不同的资产类型对评估资料具有不同的需求。

由于评估对象及其所在行业的市场状况、信息化和公开化程度差别较大，相关资料的可获取程度也不同，因此，评估机构和评估专业人员的执业能力在一定程度上体现在其搜集、占有与所执行项目相关的信息资料的能力上。评估机构和评估专业人员在日常工作中就应当注重搜集信息资料及其来源，并根据所承接项目的情况确定搜集资料的深度和广度，尽可能全面、翔实地占有资料，并采取必要措施确信资料来源的可靠性。根据资产评估项目的进展情况，评估机构和评估专业人员还应当及时补充搜集所需要的资料。

评估机构和评估专业人员应当通过与委托人、资产占有方沟通并指导其对评估对象进行清查等方式，对评估对象或资产占有单位资料进行了解，同时也应当主动搜集与资产评估业务相关的评估对象资料及其他资产评估资料。搜集整理资料，一方面是为后面的资产评估准备素材和依据，另一方面也是评估机构建立评估工作档案的需要。

（六）评定估算形成结论

评估机构和评估专业人员在搜集整理相关资产评估资料的基础上，进入评定估算环节，即在充分分析资产评估资料的基础上，恰当选择并运用资产评估方法形成评估结论，再经综合分析及反复审核后确定合理评估结论。该环节大致要经历以下几个阶段：①分析资料。②选择评估方法。③运用评估方法评定估算资产价值。④审核评估结论并给出合理评估结论。

（七）编制出具评估报告

资产评估报告是指资产评估机构及其资产评估专业人员遵守法律、行政法规和资产评估准则，根据委托履行必要的资产评估程序后，由资产评估机构对评估对象在评估基准日特定目的下的价值出具的专业报告。

资产评估专业人员应当在评定、估算形成评估结论后，按有关资产评估报告的规范及委托方的要求编制初步资产评估报告。资产评估机构应当按照法律、行政法规、资产评估准则和资产评估机构内部质量控制制度，对初步资产评估报告进行内部审核。同时，资产评估机构在不影响对评估结论进行独立判断的前提下，可以与委托人或者委托人同意的其他相关当事人就资产评估报告有关内容进行沟通，对沟通情况进行独立分析，并决定是否对资产评估报告进行调整。资产评估机构及其资产评估专业人员完成上述资产评估程序后，由资产评估机构出具并提交正式资产评估报告。

（八）整理归集评估档案

资产评估档案是指资产评估机构开展资产评估业务形成的，反映资产评估程序实施情况、支持评估结论的工作底稿、资产评估报告及其他相关资料。纳入资产评估档案的资产评估报告应当包括初步资产评估报告和正式资产评估报告。

工作底稿可以是纸质文档、电子文档或者其他介质形式的文档。工作底稿通常分为管理类工作底稿和操作类工作底稿。管理类工作底稿是指在执行资产评估业务过程中，为受理、计划、控制和管理资产评估业务所形成的工作记录及相关资料。操作类工作底稿是指在履行现场调查、收集评估资料和评定估算程序时所形成的工作记录及相关资料。

资产评估专业人员通常应当在资产评估报告日后 90 日内将工作底稿、资产评估报告及其他相关资料归集形成资产评估档案,并在归档目录中注明文档介质形式。重大或者特殊项目的归档时限为评估结论使用有效期届满后 30 日内。

　　资产评估机构应当在法定保存期内妥善保存资产评估档案,保证资产评估档案安全和持续使用。资产评估档案自资产评估报告日起保存期限不少于 15 年;属于法定资产评估业务的,不少于 30 年。《中华人民共和国资产评估法》(以下简称《资产评估法》)规定的评估档案保管期限,是法定最低期限。各评估机构可以结合自身的实际情况,确定本机构的具体保管期限,但不得低于法律规定的期限要求。资产评估档案应当由资产评估机构集中统一管理,不得由原制作人单独分散保存。资产评估档案的管理应当严格执行保密制度。除下列情形外,资产评估档案不得对外提供:①国家机关依法调阅的。②资产评估协会依法依规调阅的。③其他依法依规查阅的。

章节测试

班级_____ 姓名_____ 学号_____ 日期_____ 平时分_____

一、单项选择题(每小题 5 分,共 30 分)

1. 资产评估交易假设设立的目的在于把评估对象(　　)。
   A. 与正在交易的情况相一致　　　B. 与拟交易的情况相一致
   C. 与以后交易的情况相一致　　　D. 人为置于"交易中"

2. 资产评估假设最基本的作用之一是(　　)。
   A. 设定资产评估的作用　　　　　B. 设定资产评估面临的条件
   C. 设定资产评估的性质　　　　　D. 设定资产评估的价值类型

3. 将资产划分为可确指资产和不可确指资产的分类标准是(　　)。
   A. 资产的存在形态　　　　　　　B. 资产的综合获利能力
   C. 资产是否独立存在　　　　　　D. 资产的价值高低

4. 资产评估中的完全资产评估和限制性资产评估是按照(　　)划分的。
   A. 评估时收集资料的数量　　　　B. 评估人员的水平
   C. 评估时遵守准则和报告披露的要求　D. 评估经历的时间

5. 资产评估中的市场价值类型所适用的基本假设前提是(　　)。
   A. 在用续用假设　　　　　　　　B. 公开市场假设
   C. 清算假设　　　　　　　　　　D. 会计主体假设

6. 下列经济行为中,属于以产权变动为评估目的的经济行为是(　　)。
   A. 资产抵押　　B. 财产纳税　　C. 企业兼并　　D. 财产担保

二、多项选择题(每小题 8 分,共 40 分)

1. 资产评估的特点主要有(　　)。
   A. 市场性　　　B. 强制性　　　C. 公正性　　　D. 咨询性

2. 资产评估的市场性主要体现在(　　)。
   A. 资产评估是市场经济的产物
   B. 资产评估结论是市场上资产交易的价格

注:每章章节测试设置为撕页式,便于保存。既可用作检验学生对知识点掌握情况,也可作为课堂点名,记入平时成绩。

C. 资产评估的运作是评估人员模拟市场完成的
D. 资产评估结果最终要能经得起市场的检验

3. 资产的持续使用方式通常包括（　　）。
   A. 拆零续用　　B. 在用续用　　C. 移地续用　　D. 转用续用

4. 资产评估的经济技术原则包括（　　）。
   A. 贡献原则　　B. 预期收益原则　　C. 替代原则　　D. 供求原则

5. 以资产评估时所依据的市场条件、被评估资产的使用状态以及评估结论的适用范围来划分资产评估结果的价值类型，具体包括（　　）。
   A. 清算价值　　　　　　　　　　B. 市场变现价值
   C. 市场价值　　　　　　　　　　D. 市场价值以外的价值

三、判断题（每小题 5 分，共 30 分）

1. 资产评估通常是在资产产权发生变动时，由专门的人员对资产的交易价格进行确定的活动。（　）

2. 公正性是资产评估存在和立足的根本。（　）

3. 资产评估是对资产特定时点及特定市场条件下的客观价值的估计和判断。（　）

4. 资产评估结论是专家的专业判断和意见，因此具有强制执行的效力。资产评估结论应该直接成为资产交易的价格。（　）

5. 资产评估是指对资产一定时期内的价值进行的评定估算。（　）

6. 对于同一资产而言，不同的价值类型的选择不会影响其评估价值。（　）

第二章　资产评估方法

知识导航

资产评估方法
- 市场法
  - 市场法的基本含义
  - 运用市场法的基本前提
  - 市场法的基本程序
  - 市场法中涉及的相关因素
  - 市场法的分类
- 收益法
  - 收益法的基本含义
  - 运用收益法的基本前提
  - 收益法的基本程序
  - 收益法的基本参数
  - 收益法的分类
- 成本法
  - 成本法的基本含义
  - 运用成本法的基本前提
  - 成本法的基本要素
  - 成本法的分类
- 资产评估方法的选择
  - 资产评估方法之间的联系与区别
  - 资产评估方法的选择
  - 可以运用一种评估方法的情形
  - 评估方法选择的披露

学习目标

1. 熟悉市场法的基本思路及应用。
2. 熟悉收益法的基本思路及应用。
3. 熟悉成本法的基本思路及应用。
4. 了解资产评估方法的选择。

思政课堂

2023年7月7日上午,中国财政科学研究院与中国资产评估协会共同举办"数字财务论坛——暨2023会计改革与发展学术研讨会",论坛主题为"加快财务数字化转型、推动经济高质量发展"。中国资产评估协会(以下简称中评协)党委书记、副会长、秘书长张更华出席了论坛并致辞。

张更华在开幕致辞中表示,积极贯彻"不断做强做优做大我国数字经济"的精神,推动数据资产建设,加强数据资产评估工作。中评协将会加强数据资产的计量评估工作、适时发布指导意见、不断提升人才素质,推动经济高质量发展。北京公信评估有限公司总经理郭正伟发表了题为"数据资产价值评估"的主旨演讲,包括数据资产的定义、性质和评估方法等方面。他指出,明确数据资产的定义对于数据资产的价值评估具有至关重要的意义,数据资产呈现多样性、非实体性、可加工性、价值易变性等,现有的数据资产机制评估方法包括成本法、收益法、市场法三种方法及其衍生方法。

资料来源:中华财政研究院,2023-07-11,《数字财务论坛——暨2023会计改革与发展学术研讨会在京举行》,http://www.mof.gov.cn/zhengwuxinxi/caizhengxinwen/202307/t20230711_3895594.htm,有删改。

思考与讨论:
此次大会提及数据资产价值的评估,为什么数据资产的价值评估具有至关重要的意义?

第一节 市 场 法

一、市场法的基本含义

市场法是指利用市场上同样或类似资产的近期交易价格或价值比率,经过直接比较或类比分析来估测资产价值的各种评估技术方法的总称。

市场法是资产评估方法的一种,是根据替代原则,采用比较和类比的思路及其方法判断资产价值的评估技术手段。因为任何一个正常的投资者在购置某项资产时,他所愿意支付的价格不会高于市场上具有相同用途的替代品的现行市价。运用市场法要求充分利用类似资产成交价格信息,并以此为基础判断和估测被评估资产的价值。运用已被市场检验了的结论来评估资产价值,显然是容易被资产业务当事人接受的。因此,市场法是最为直接、最具说服力的资产评估方法之一。

二、运用市场法的基本前提

运用市场法进行资产评估需要满足两个最基本的前提条件:一是要有一个活跃的公开

市场;二是公开市场上要有可比的资产及其交易活动。

公开市场是一个充分竞争的市场,市场上有大量的自愿买者和卖者,在交易信息充分交换,或者交易信息公开的前提下,有相对宽裕的时间,买卖双方进行平等理性的交易,排除了个别交易的偶然性,市场成交价格基本上可以反映市场行情。在公开市场中交易行为发生得越频繁,与评估对象相同或类似的资产价格越容易获得,按市场行情估测评估对象价值,评估结果会更贴近市场,更容易被资产业务当事人接受。

资产及其交易活动的可比性是指选择的可比资产及其交易活动在近期公开市场上已经发生过,且与评估对象及资产业务相同或相似。这些已经完成交易的资产就可以作为评估对象的参照物,其交易数据是进行比较分析的主要依据。资产及其交易活动的可比性具体体现在以下几个方面:①参照物与评估对象在功能上具有可比性,包括用途、性能上的相同或相似。②参照物与评估对象面临的市场条件具有可比性,包括市场供求关系、竞争状况和交易条件等。③参照物成交时间与评估基准日间隔时间不能过长,应在一个适度时间范围内。同时,这个时间因素对资产价值的影响是可以调整的。

参照物与评估对象的可比性是运用市场法评估资产价值的重要前提,把握住参照物与评估对象功能上的一致性,可以避免张冠李戴;把握住参照物与评估对象所面临的市场条件,可以为明确评估结果的价值类型创造条件;选择近期交易的参照物可以减少调整时间因素对资产价值影响的难度。

三、市场法的基本程序

运用市场法进行资产评估大体上要经历以下程序。

(一) 选择参照物

不论评估对象是单项资产还是整体资产,运用市场法评估资产时都需选择参照物。对参照物的要求关键是一个可比性问题,包括功能、市场条件及成交时间等。另外就是参照物的数量问题。不论参照物与评估对象如何相似,通常参照物应选择三个以上。因为运用市场法评估资产价值,评估对象的评估值高低在很大程度上取决于参照物成交价格水平,而参照物成交价不仅仅是参照物功能自身的市场体现,还受买卖双方交易地位、交易动机、交易时限等因素的影响。为了避免某个参照物个别交易中的特殊因素和偶然因素对成交价格的影响,运用市场法评估资产时应尽可能选择多个参照物。

(二) 在评估对象与参照物之间选择比较因素

资产评估中,需要对搜集到的信息资料进行筛选,确定具有可比性的交易实例作为与评估对象对比分析、评估量化的比较参照物。从理论上讲,影响资产价值的基本因素大致相同,如资产性质、市场条件等。但具体到每一种资产时,影响资产价值的因素又各有侧重,如影响房地产价值的主要是地理位置、环境状况等因素;而技术水平则在机器设备评估中起主导作用;盈利水平、企业规模等因素在企业价值评估中相对更突出。所以,运用市场法时应根据不同种类资产价值形成的特点和影响价值的主要因素,选择对资产价值形成影响较大的因素作为对比指标,形成综合反映参照物和评估对象之间价值对照关系的比较参数体系,从多方面形成对比,使影响价值的主要因素能够得以全面反映。

(三) 指标对比和量化差异

根据选定的对比指标体系,评估专业人员在参照物及被评估资产之间进行参数指标的比较,并将两者的差异进行量化。对比主要体现在交易价格的真实性、交易情形、参照物与评估对象可替代性的差异等方面。例如,资产功能指标,尽管参照物与评估对象功能相同或相似,但在生产能力、产品质量,以及在资产运营过程中的能耗、料耗和工耗等方面都可能有不同程度的差异。运用市场法的一个重要环节就是将参照物与评估对象对比指标之间的上述差异数量化和货币化。

(四) 在各参照物成交价格的基础上调整已经量化的对比指标差异

市场法是以参照物的成交价格作为评定估算评估对象价值的基础。在这个基础上将已经量化的参照物与评估对象对比指标差异进行调增或调减,就可以得到以每个参照物为基础的评估对象的初步评估结果。初步评估结果与所选择的参照物个数密切相关。

(五) 综合分析确定评估结果

按照一般要求,运用市场法通常应选择三个以上的参照物。所以,在一般情况下,运用市场法评估的初步结果也在三个以上。根据资产评估的一般惯例,正式的评估结果只能有一个,这就需要评估人员对若干评估初步结果进行综合分析,以确定最终的评估值。这个环节没有什么硬性规定,主要是取决于评估人员对参照物的把握和对评估对象的认识。当然,如果参照物与评估对象可比性都很好,评估过程中没有明显的遗漏或疏忽,采用加权平均的办法或算术平均的办法将初步结果转换成最终评估结果也是可以的。

四、市场法中涉及的相关因素

市场法中涉及的相关因素主要有参照物和可比指标。

参照物是运用市场法的必备条件,没有参照物就不宜选用市场法。找到参照物的同时还要保证参照物与评估对象具有良好的可比性和参照物的数量。

参照物与评估对象的可比性是通过参照物与评估对象之间的可比指标体现出来的。由于评估对象的差异,参照物与评估对象之间的可比指标并不是一成不变的,它会随评估对象的不同而不同。

运用市场法评估单项资产应考虑的可比因素主要有:

(1) 资产的功能。资产的功能是资产使用价值的主体,是影响资产价值的重要因素之一。在资产评估中强调资产的使用价值或功能,并不是从纯粹抽象意义上去讲的,而是从资产的功能并结合社会需求,从资产实际发挥效用的角度来考虑的。也就是说,在社会需要的前提下,资产的功能越好,其价值越高,反之亦然。

(2) 资产的实体特征和质量。资产的实体特征主要是指资产的外观、结构以及规格型号等。资产的质量主要是指资产本身的建造或制造工艺水平。

(3) 市场条件。这主要是要考虑参照物成交时与评估基准日的市场条件及供求关系的变化情况。在一般情况下,供不应求时,价格偏高;供过于求时,价格偏低。市场条件上的差异对资产价值的影响应引起评估人员足够的关注。

(4) 交易条件。交易条件主要包括交易批量、交易动机、交易时间等。交易批量不同,交易对象的价格就可能不同。交易动机也对资产交易价格有影响。在不同时间交易,资产的交易价格也会有差别。

五、市场法的分类

市场法实际上是在一种评估思路下的若干具体评估方法的集合,它是由若干个具体评估方法组成的。这些具体评估方法按照参照物与评估对象的差异程度,以及需调整的范围,又可以划分为直接比较法、类比调整法以及价值比率法。

(一) 直接比较法

直接比较法是指利用参照物的交易价格,以评估对象的某一特征与参照物的某一特征直接进行比较,得到两者的特征修正系数,在参照物交易价格的基础上进行修正从而得到评估对象价值的方法。其计算公式为:

$$评估对象价值 = 参照物成交价格 \times \frac{评估对象 A 特征}{参照物 A 特征}$$

直接比较法直观简捷,便于操作,但通常对参照物与评估对象之间的可比性要求较高。参照物与评估对象要达到相同或基本相同的程度,或参照物与评估对象的差异主要体现在某一明显的因素上,例如新旧程度或交易时间等。直接比较法主要包括现行市价法、市价折扣法、功能价值类比法、价格指数调整法和成新率价格调整法等。

1. 现行市价法

当评估对象本身具有现行市价或与评估对象基本相同的参照物具有现行市价时,可以直接利用评估对象或参照物在评估基准日的现行市价作为评估对象的评估值。例如,上市流通的股票和债券可按其在评估基准日的收盘价作为评估值;批量生产的设备、汽车等可按同品牌、同型号、同规格、同厂家、同批量的设备、汽车等的现行市场价格作为评估值。

2. 市价折扣法

市价折扣法是以参照物成交价格为基础,考虑到评估对象在销售条件、销售时限等方面的不利因素,凭评估人员的经验或有关部门的规定,设定一个价格折扣率来估算评估对象价值的方法。其计算公式为:

$$资产评估价值 = 参照物成交价格 \times (1 - 价格折扣率)$$

此方法一般只适用于评估对象与参照物之间仅存在交易条件方面差异的情况。

【例 2-1】 评估某拟快速变现资产,在评估基准日与其完全相同的参照物的正常变现价为 60 万元,经评估专业人员综合分析,认为快速变现的折扣率应为 30%。

要求:评估该资产的价值。

解:根据题意,计算过程如下:

资产评估价值 = 60×(1−30%) = 42(万元)

3. 功能价值类比法

功能价值类比法是以参照物的成交价格为基础,考虑参照物与评估对象之间的功能差异进行调整来估算评估对象价值的方法。资产价值与其功能之间的关系分为线性关系和指数关系。

(1) 生产能力比例法。资产价值与其功能呈线性关系的情况,通常被称作生产能力比例法。其计算公式为:

$$资产评估价值 = 参照物成交价格 \times \frac{评估对象生产能力}{参照物生产能力}$$

当然,功能价值类比法不仅仅表现为资产的生产能力这一项指标上,它还可以通过对参照物与评估对象的其他功能指标的对比,利用参照物成交价格推算出评估对象价值。

【例 2-2】 被评估资产年生产能力为 90 吨,参照资产的年生产能力为 120 吨,评估基准日参照资产的市场价格为 20 万元。

要求:计算资产评估价值。

解:根据题意,计算过程如下:

$$资产评估价值 = 20 \times \frac{90}{120} = 15(万元)$$

(2) 规模经济效益指数法。资产价值与其功能呈指数关系的情况,通常被称作规模经济效益指数法。其计算公式为:

$$资产评估价值 = 参照物成交价格 \times \left(\frac{评估对象生产能力}{参照物生产能力}\right)^x$$

式中:x 表示各类资产的功能价值指数。

【例 2-3】 被评估资产年生产能力为 90 吨,参照资产的年生产能力为 120 吨,评估时点参照资产的市场价格为 10 万元,该类资产的功能价值指数为 0.7。

要求:计算资产评估价值。

解:根据题意,计算过程如下:

$$资产评估价值 = 10 \times \left(\frac{90}{120}\right)^{0.7} = 8.18(万元)$$

4. 价格指数调整法

价格指数调整法是以参照物成交价格为基础,考虑参照物的成交时间与评估对象的评

估基准日之间的时间间隔对资产价值的影响,利用价格指数调整参照物成交价从而得到评估对象价值的方法。其计算公式为:

$$资产评估价值 = 参照物成交价格 \times (1 + 物价变动指数)$$
$$资产评估价值 = 参照物成交价格 \times 价格指数$$

此方法一般只运用于评估对象与参照物之间仅有时间因素存在差异的情况,且时间差异不能过长。

【例 2-4】 与评估对象完全相同的参照资产 6 个月前的成交价格为 10 万元,半年间该类资产的价格上升了 5%。

要求:计算被评估资产的价值。

解:根据题意,计算过程如下:

$$资产评估价值 = 10 \times (1 + 5\%) = 10.5 (万元)$$

由于价格指数分为定基价格指数和环比价格指数,因此,价格指数调整法分为定基价格指数调整法和环比价格指数调整法。

(1) 定基价格指数调整法。如果能够获得参照物和评估对象的定基价格指数,可以运用定基价格指数调整法。其计算公式为:

$$资产评估价值 = 参照物成交价格 \times \frac{评估基准日资产定基价格指数}{参照物交易日资产定基价格指数}$$

【例 2-5】 被评估房地产于 2022 年 6 月 30 日进行评估,该类房地产 2022 年上半年各月月末的价格同 2021 年年底相比,分别上涨了 2.5%、3.2%、3.6%、4.3%、5.1% 和 5.8%。其中参照房地产在 2022 年 3 月底的正常成交价格为 9 800 元/平方米。

要求:计算被评估房地产于 2022 年 6 月 30 日的价值。

解:根据题意,计算过程如下:

$$被评估房地产的价值 = 9\,800 \times \frac{1 + 5.8\%}{1 + 3.6\%} = 10\,008.11 (元/平方米)$$

(2) 环比价格指数调整法。如果能够获得参照物和评估对象的环比价格指数,可以运用环比价格指数调整法。其计算公式为:

$$资产价值评估 = 参照物成交价格 \times 参照物交易日至评估基准日各期环比价格指数乘积$$

【例 2-6】 已知某参照物在 2022 年 1 月初的正常交易价格为 400 万元,该种资产已不再生产,该类资产的价格变化情形如下:2022 年 1~4 月的环比价格指数分别为 102.4%、97.2%、102.8% 和 104.1%。

要求:计算被评估资产于 2022 年 4 月底的价值。

解：根据题意，计算过程如下：

被评估资产的价值 = 400 × 102.4% × 97.2% × 102.8% × 104.1% = 426.06(万元)

5. 成新率价格调整法

成新率价格调整法是以参照物的成交价格为基础，考虑参照物与评估对象新旧程度上的差异，通过成新率调整估算出评估对象价值的方法。其计算公式为：

$$资产评估价值 = 参照物成交价格 \times \frac{评估对象成新率}{参照物成新率}$$

$$资产的成新率 = \frac{资产的尚可使用年限}{资产的已使用年限 + 资产的尚可使用年限} \times 100\%$$

此方法一般只运用于评估对象与参照物之间仅有成新程度差异的情况。当然此方法略加改造也可以作为估测评估对象与参照物成新程度差异调整率和差异调整值的方法。

由于直接比较法对参照物与评估对象的可比性要求较高，在具体评估过程中寻找参照物可能会受到局限。因而，直接比较法的使用也相对受到一定制约。

(二) 类比调整法

类比调整法是市场法中最基本的评估方法。该方法并不要求参照物与评估对象必须一样或者基本一样，只要参照物与评估对象在大的方面基本相同或相似。该方法通过对比分析调整参照物与评估对象之间的差异，在参照物成交价格的基础上调整估算评估对象的价值。

类比调整法具有适用性强、应用广泛的特点。但该方法对信息资料的数量和质量要求较高，而且要求评估专业人员要有较丰富的评估经验、市场阅历和评估技巧。由于类比调整法可能要对参照物与评估对象的若干可比因素进行对比分析和差异调整，在没有足够的数据资料和充分地了解市场行情和资产功能的情况下，很难准确地评定估算出评估对象的价值。

在具体操作过程中，类比调整法主要表现为市场售价类比法。市场售价类比法是以参照物的成交价格为基础，考虑参照物与评估对象在功能、市场条件和销售时间等方面的差异，通过对比分析和量化差异，调整估算出评估对象价值的方法。其计算公式为：

资产评估价值 = 参照物售价 + 功能差异值 + 时间差异值 + ⋯ + 交易情况差异值

资产评估价值 = 参照物售价 × 功能差异修正系数 × ⋯ × 时间差异修正系数

【例 2-7】

1. 评估对象概况

待估地块为城市规划上属于住宅区的一块空地，面积为 600 平方米，地形为长方形。

2. 评估要求

评估该地块 2022 年 10 月 10 日的市场价值。

3. 评估过程

(1) 选择评估方法。该类型的土地有较多交易实例,故采用市场法进行评估。

(2) 收集有关的评估资料。①收集待估土地资料。②收集交易实例资料。选择四个交易实例作为参照物,具体情况如表2-1所示。

表2-1　　　　　　　　　　　交易实例情况表

项目	交易实例A	交易实例B	交易实例C	交易实例D	估价对象
坐落位置	略	略	略	略	略
所处地区	临近	类似	类似	类似	一般市区
用地性质	住宅	住宅	住宅	住宅	住宅
土地类型	空地	空地	空地	空地	空地
交易日期	2022年4月	2022年3月	2021年10月	2021年12月	2022年10月
价格(总价)	19.6万元	31.2万元	27.4万元	37.8万元	
价格(单价)	870元/平方米	820元/平方米	855元/平方米	840元/平方米	
面积	225平方米	380平方米	320平方米	450平方米	600平方米
形状	长方形	长方形	长方形	略正方形	长方形
地势	平坦	平坦	平坦	平坦	平坦
地质	普通	普通	普通	普通	普通
基础设施	较好	完备	较好	很好	很好
交通状况	很好	较好	较好	较好	很好
正面路宽	8米	6米	8米	8米	8米
容积率	6	5	6	6	6
剩余使用年限	35年	30年	35年	30年	30年

(3) 进行交易情况修正。经分析,交易实例A、D为正常买卖,无须进行交易情况修正;交易实例B较正常买卖价格偏低2%;交易实例C较正常买卖价格偏低3%。

则各交易实例的交易情况修正率为:

交易实例A:0;交易实例B:2%;交易实例C:3%;交易实例D:0。

(4) 进行交易日期修正。根据调查,2021年10月以来土地价格平均每月上涨1%,则各参照物交易实例的交易日期修正率为:

交易实例A:6%;交易实例B:7%;交易实例C:12%;交易实例D:10%。

(5) 进行区域因素修正。交易实例A与待估土地处于同一地区,无须作区域因素修正。交易实例B、C、D的区域因素修正情况可参照表2-2判断。

本次评估设定待估地块的区域因素值为100,则根据表2-2各种区域因素的对比分析,经综合判定打分,交易实例B所属地区为88,交易实例C所属地区为108,交易实例D所属地区为100。

表 2-2　　　　　　　　　　　区域因素比较表

区域因素	交易实例 B	交易实例 C	交易实例 D
自然条件	相同(10)	相同(10)	相同(10)
社会环境	稍差(7)	相同(10)	相同(10)
街道条件	相同(10)	相同(10)	相同(10)
交通便捷度	稍差(8)	稍好(12)	相同(10)
离交通车站点距离	稍远(7)	稍近(12)	相同(10)
离市中心距离	相同(10)	稍近(12)	相同(10)
基础设施状况	稍差(8)	相同(10)	稍好(12)
公共设施完备状况	相同(10)	稍好(12)	相同(10)
水、大气、噪声污染状况	相同(10)	相同(10)	相同(10)
周围环境及景观	稍差(8)	相同(10)	稍差(8)
综合打分	88	108	100

(6) 进行个别因素修正。①经比较分析,待估土地的面积较大,有利于充分利用,另外环境条件也比较好,故判定比各交易实例土地价格高2%。②土地使用年限因素的修正。交易实例B、D与待估土地的剩余使用年限相同,无须修正。交易实例A、C均需作使用年限因素的调整,其调整系数测算如下(假定折现率为8%):

$$年限修正系数 = \left[1 - \frac{1}{(1+8\%)^{30}}\right] \div \left[1 - \frac{1}{(1+8\%)^{35}}\right]$$
$$= (1 - 0.0994) \div (1 - 0.0676)$$
$$= 0.9006 \div 0.9324$$
$$= 0.9659$$

(7) 计算待估土地的初步价格。

交易实例 A 修正后的单价为:

$$870 \times \frac{100}{100} \times \frac{106}{100} \times \frac{100}{100} \times \frac{102}{100} \times 0.9659 = 909(元/平方米)$$

交易实例 B 修正后的单价为:

$$820 \times \frac{100}{98} \times \frac{107}{100} \times \frac{100}{88} \times \frac{102}{100} = 1038(元/平方米)$$

交易实例 C 修正后的单价为:

$$855 \times \frac{100}{97} \times \frac{112}{100} \times \frac{100}{108} \times \frac{102}{100} \times 0.9659 = 901(元/平方米)$$

交易实例 D 修正后的单价为：

$$840 \times \frac{100}{100} \times \frac{110}{100} \times \frac{100}{100} \times \frac{102}{100} = 942(元/平方米)$$

(8) 采用简单算术平均法求取评估结果。

土地评估单价 $= (909 + 1\,038 + 901 + 942) \div 4 = 948(元/平方米)$

土地评估总价 $= 600 \times 948 = 568\,800(元)$

(三) 价值比率法

价值比率法是指利用参照物的市场价格，与其某一财务参数或财务指标相比较形成的价值比率作为乘数或倍数，乘以评估对象的同一财务参数或财务指标，从而得到评估对象价值的评估技术方法。价值比率法通常被用作企业价值评估。其计算公式为：

$$V_1 = X_1 \times \frac{V_2}{X_2}$$

式中：V_1 表示被评估企业价值；

V_2 表示可比参照企业价值；

X_1 表示被评估企业与企业价值相关的可比指标；

X_2 表示可比参照企业与企业价值相关的可比指标。

V_2/X_2 通常又称为可比价值倍数。式中 X 参数通常选用以下财务变量：①利息、折旧和税收前利润，即 $EBIDT$。②无负债的净现金流量。③净利润。④销售收入。⑤净资产账面价值。

1. 市净率乘数法

市净率是企业股票价格与企业每股净资产的比值。

市净率乘数法主要适用于整体企业价值的评估。市净率乘数法是以参照企业的市净率作为乘数，以此乘数与被评估企业的净资产账面价值相乘估算被评估企业价值的方法。其计算公式为：

被评估企业价值 = 参照企业市净率 × 被评估企业净资产账面价值

【例 2-8】 已知评估基准日同类企业平均市净率为 2，被评估企业的净资产账面价值为 2 000 万元。

要求：计算被评估企业的价值。

解：根据题意，计算过程如下：

被评估企业价值 $= 2\,000 \times 2 = 4\,000(万元)$

2. 市盈率乘数法

市盈率是企业股票价格与企业每股收益的比值。

市盈率乘数法主要适用于整体企业价值的评估。市盈率乘数法是以参照企业的市盈率作

为乘数,以此乘数与被评估企业的收益额相乘估算被评估企业价值的方法。其计算公式为:

$$被评估企业价值 = 参照企业市盈率 \times 被评估企业净利润$$

【例 2-9】 某被评估企业的年净利润为 1 000 万元,评估时点资产市场上同类企业平均市盈率为 20 倍。

要求:计算被评估企业的价值。

解:根据题意,计算过程如下:

被评估企业价值 = 1 000 × 20 = 20 000(万元)

总之,市场法中的具体方法包括直接比较法、类比调整法以及价值比率法。其中,直接比较法包括现行市价法、市价折扣法、功能价值类比法、价格指数调整法以及成新率价格调整法等;类比调整法主要表现为市场售价类比法;价值比率法包括市净率乘数法和市盈率乘数法等。市场法的分类如图 2-1 所示。

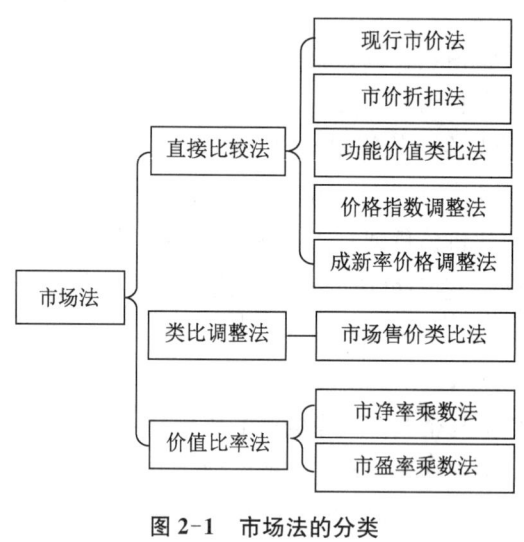

图 2-1 市场法的分类

第二节 收益法

一、收益法的基本含义

收益法是指通过估测被评估资产的预期收益的现值,来估算资产价值的各种评估技术方法的总称。

收益法是根据预期收益原则,利用投资回报和收益折现等技术手段,把评估对象的预期获利能力和获利风险作为两个相辅相成的关键指标,根据评估对象的预期收益及获利能力评估其价值,体现出资产价值的本质。所以,从理论上讲,收益法是资产评估中最为科学合理的评估方法之一。

收益法的理论依据是效用价值论。资产的效用越大,获利能力越强,其价值也就越大。收益法的立足点是站在投资者的角度分析判断评估对象的价值。投资者购置资产是为了获得预期收益。理智的投资者在购置某一资产时,愿意支付的货币数额不会高于该项资产的预期收益的折现值,这是资产售价的最高限制,同时也是投资者购置资产预期获利的最低要求。因此,与资产售价相等的未来预期收益的折现值是投资者进行投资的盈亏平衡点。

资产购买者不仅要求资本增值,而且还要补偿由于投资带来的其他方面的损失。这些损失主要有:①机会成本,即由于投资使资金失去了另做他用的机会,在这些其他用途中所能获得的最高收益就是该项投资的机会成本。②灵活偏好成本,即由于投资使资金丧失因持有现金而可以自由使用的机会。③交易成本,即投资所增加的有关投资业务处理成本,如谈判、申请登记、产权转让等。④风险成本,即投资增加了投资者的风险,因为资本可能亏损甚至完全丧失。因此,在用收益法评估资产价值时,必须认真考虑上述有关因素,并将这些因素在未来收益的折现率和资本化率等指标中体现出来,否则会导致对资产价值的高估。

二、运用收益法的基本前提

收益法是依据资产未来预期收益折现或资本化处理来估测资产价值的,涉及三个基本要素:①评估对象的预期收益。②折现率或资本化率。③评估对象的收益期限。因此,能否清晰地把握上述三要素就成为能否恰当运用收益法的基本前提。从这个意义上讲,运用收益法必须具备的前提条件有:①评估对象的预期收益可以预测并可以用货币衡量。②资产拥有者获得预期收益所承担的风险可以预测并可以用货币衡量。③评估对象的收益期限可以预测。

上述前提条件表明:首先,评估对象的预期收益必须能被较为合理地估测。这就要求评估对象与其预期收益之间存在着较为稳定的比例关系。同时,影响资产预期收益的主要因素包括主观因素和客观因素也应是比较明确的,评估人员可以据此分析和测算出评估对象的预期收益。其次,评估对象所具有的行业风险、地区风险及企业风险是可以比较和测算的,这是测算折现率或资本化率的基本参数之一。评估对象所处的行业差异、地区差异和企业差别都会不同程度地体现在资产拥有者的获利风险上。对于投资者来说,风险大的投资,要求的投资报酬率就高;风险小的投资,要求的投资报酬率就低。最后,评估对象的收益期限,即评估对象的经济寿命是可以预测的,它也是影响其价值的重要因素。

三、收益法的基本程序

从收益法的概念可以看出,资产未来的预期收益和风险的量化是收益法运用的主要工作。因此,运用收益法进行资产评估的基本程序如下:①收集并验证与评估对象未来预期收益有关的数据资料,包括经营前景、财务状况、市场形势以及经营风险等。②分析测算评估对象的预期收益。③分析测算折现率或资本化率。④分析估测评估对象收益期限。⑤用折现率或资本化率将评估对象的预期收益折算成现值。⑥分析确定评估结果。

四、收益法的基本参数

运用收益法进行评估涉及许多经济技术参数,其中最主要的参数有三个,它们是预期收益、折现率和收益期限。

(一)预期收益

预期收益是运用收益法评估资产价值的基本参数之一。在资产评估中,资产的预期收益是指根据投资回报的原理,资产在正常情况下所能得到的归产权主体的所得额。资产评估中的预期收益有两个比较明确的特点:①预期收益额是资产的未来收益额,而不是资产的历史收益额或现实收益额。②用于资产评估的预期收益通常是资产的客观收益,并不一定是资产的实际收益。预期收益的上述两个特点是非常重要的,评估人员在执业过程中应切实注意预期收益的特点,以便合理运用收益法来估测评估对象的价值。因资产种类较多,不同种类资产的预期收益表现形式亦不完全相同,如企业的预期收益通常表现为净利润或净现金流量,而房地产的预期收益则通常表现为纯收益等。关于预期收益的预测将在以后各章结合各类资产的具体情况分别介绍。

(二)折现率

从本质上讲,折现率是一种期望投资报酬率,是投资者在投资风险一定的情况下,对投资所期望的回报率。折现率就其构成而言,它是由无风险报酬率和风险报酬率组成。无风险报酬率一般可以参照短期政府债券利率。风险报酬率是指对投资风险给予的风险补偿,即超过无风险报酬率的风险补偿部分。在资产评估中,因资产的行业分布、种类、市场条件等的不同,其折现率亦不相同。

资本化率与折现率在本质上是相同的,都是将未来的预期收益折算成现值的比率,只是适用场合不同。折现率是将未来有限期的预期收益折算成现值的比率,资本化率是将未来无限期的预期收益折算成现值的比率。至于资本化率与折现率在量上是否相等,主要取决于同一资产在未来长短不同时期所面临的风险是否相同。

确定折现率,首先应该明确折现的内涵。折现作为一个时间优先的概念,认为将来的收益低于现在的等量收益,并且随着收益时间向将来推迟的程度而有序地降低价值。同时,折现作为一个算术过程,是把一个特定比率应用于一个预期的收益流,从而得出当前的价值的过程。

在收益法运用中,折现率的确定十分关键,确定折现率的方法有加和法、资本资产定价模型、资本成本加权法以及市场法等。

1. 加和法

加和法是以折现率包含无风险报酬率与风险报酬率两部分为计算基础的,通过分别求取每一部分的数值,然后相加即得到折现率的方法。其计算公式为:

折现率 = 无风险报酬率 + 风险报酬率

无风险报酬率的确定比较容易,短期政府债券利率常被用作测量无风险报酬率的替代值。通常认为短期政府债券是最没有风险的投资对象。

折现率的风险报酬率部分反映两种风险:一是市场风险,二是与特定的被评估资产或企业相联系的风险。风险报酬率确定过程中需要考虑的主要因素如表 2-3 所示。

表 2-3　　　　　　　风险报酬率确定过程中需要考虑的主要因素

与市场相关的风险	与被评估资产相联系的风险
行业的总体状况	产品或服务的类型
宏观经济状况	企业规模
资本市场状况	财务状况
地区经济状况	管理水平
市场竞争状况	资产状况
法律或法规约束	收益数量及质量
国家产业政策	实物权益、区位

考虑表 2-3 中的因素后就会发现,风险报酬率的量化实际上是相当困难的,且对于每一个潜在的投资者而言都会有所不同,在资产评估实践中风险报酬率的确定方法有多种,需根据评估对象的具体状况选择。

2. 资本资产定价模型

资本资产定价模型是通过 β 系数来量化折现率中的风险报酬率部分的常用方法。其计算公式为:

$$R = R_f + \beta(R_m - R_f)$$

式中:R 表示折现率;

R_f 表示无风险报酬率;

β 表示风险系数;

R_m 表示市场平均收益率。

$(R_m - R_f)$ 表示市场平均风险报酬率,又称为系统性市场风险报酬率。它的本质是进行股权投资预期获得的超过无风险报酬率的收益率。

β 系数是通过对单只股票价格变动和大盘变动的历史数据统计分析得出的,是股票与大盘之间的联动性的体现。它所反映的是某只股票的股价变动相对于大盘的表现情形,体现其收益变化幅度相对于大盘的变化幅度;绝对值越小,显示其变化幅度相对于大盘越小。如果是负值,则显示其变化的方向与大盘的变化方向相反,体现出该只股票的投资风险与大盘变动呈负相关性。

3. 资本成本加权法

资本成本加权法是以企业的各种长期资本在企业全部长期资本中所占的比重为权数,对各种长期资本的资本成本加权平均计算出企业的加权资本成本,以此作为折现率的方法。

当我们从长期负债和所有者权益两个方面来认识资产,长期负债和所有者权益所表现出的利息率和投资报酬率必然影响折现率的计算。对于这一问题,可以采用加权平均法来处理。其计算公式为:

$$折现率 = 长期负债占资产总额比重 \times 长期负债利息率 \times (1-所得税税率) \\ + 所有者权益占资产总额的比重 \times 投资报酬率$$

4. 市场法

市场法是通过寻找与评估对象相类似的资产的市场价格以及该资产的收益来倒求折现率,而不像加和法那样由折现率的各组成部分相加得出。其计算公式为:

$$折现率 = \left(\sum_{i=1}^{n} \frac{样本资产收益}{样本资产价格}\right) \div n$$

样本资产是指与评估对象在行业、销售类型、收益水平、风险程度、流动性等方面相类似的资产。同时,市场法要求尽可能多的样本,否则不能准确反映市场对某项投资回报的普遍要求。市场法的具体运用需视具体评估对象而定。

(三) 收益期限

收益期限是指资产具有获利能力持续的时间,通常以年为时间单位。它由评估人员根据评估对象自身效能、未来的获利能力、损耗情形等相关条件以及有关法律、法规、契约、合同等加以确定。收益期限分为有限期和无限期。

如无特殊情形,资产使用比较正常且没有对资产的使用期限进行限定,或者这种限定是可以解除的,并可以通过延续方式永续使用,则可假定收益期为无限期。如果资产的收益期限受到法律、合同等规定的限制,则应以法律或合同规定的年限作为收益期限。当资产没有规定收益期限的,也可按其正常的经济寿命确定收益期限,即资产能够给其拥有者带来最大收益的年限。当继续持有资产对拥有者不再有利时,从经济上讲,该资产的寿命也就结束了。

五、收益法的分类

收益法实际上是在预期收益还原思路下若干具体方法的集合。从大的方面来看,收益法可以分为若干类:一是针对评估对象未来预期收益有无限期的情况划分,可分为有限期和无限期的评估方法;二是针对评估对象预期收益的情况划分,可分为等额收益评估方法、非等额收益方法等。为了便于学习收益法的分类,需先对各评估模型中所用的字符含义做统一的定义:

(1) P 表示评估值。

(2) t 表示年序号。

(3) P_t 表示未来第 t 年的评估值。

(4) R_t 表示未来第 t 年的预期收益。

(5) r 表示折现率或资本化率。

(6) n 表示收益年期有限。

(7) A 表示年金。

(一) 预期收益不变

1. 在收益永续、各因素不变的条件下

评估值的计算公式为：

$$P = \frac{A}{r}$$

其成立条件是：①预期收益每年不变。②资本化率固定且大于零。③收益年期无限。

【例 2-10】 被评估资产为专有技术，预计在未来无限期所产生的年收益为 20 万元，资本化率为 10%。

要求：计算该专有技术的评估值。

解：根据题意，计算过程如下：

$$P = \frac{A}{r} = \frac{20}{10\%} = 200(万元)$$

2. 在收益年期有限、折现率大于零的条件下

评估值的计算公式为：

$$P = A \cdot PVIFA_{r,n} = \frac{A}{r}\left[1 - \frac{1}{(1+r)^n}\right]$$

其成立条件是：①预期收益每年不变。②折现率固定且大于零。③收益年期有限为 n。

【例 2-11】 被评估资产为某一种饮料配方的使用权。根据许可方与被许可方所签订的合同，在评估基准日，该饮料配方使用权尚可使用年限为 6 年。根据以往的经营数据和消费者对该饮料口感的认可程度，预计其未来年预期收益将会维持在 300 万元。折现率假定为 10%。

要求：计算该饮料配方使用权价值。

解：根据题意，计算过程如下：

$$P = \frac{A}{r}\left[1 - \frac{1}{(1+r)^n}\right] = \frac{300}{10\%}\left[1 - \frac{1}{(1+10\%)^6}\right] = 1\,306.58(万元)$$

3. 在收益年期有限、折现率等于零的条件下

评估值的计算公式为：

$$P = A \cdot n$$

其成立条件是：①预期收益每年不变。②收益年期有限为 n。③折现率为零。

（二）预期收益在若干年后保持不变

1. 无限年期收益

评估值的计算公式为：

$$P = \sum_{t=1}^{n} \frac{R_t}{(1+r)^t} + \frac{A}{r} \cdot PVIF_{r,n} = \sum_{t=1}^{n} \frac{R_t}{(1+r)^t} + \frac{A}{r(1+r)^n}$$

其成立条件是：①预期收益在 n 年（含第 n 年）以前有变化。②预期收益在 n 年（不含第 n 年）以后保持不变。③收益年期无限。④ r 大于零。

【例 2-12】 某收益性资产预计未来 5 年收益额分别是 12 万元、15 万元、13 万元、11 万元和 14 万元。假定从第六年开始，以后各年收益均为 14 万元，确定的折现率和资本化率为 10%。

要求：计算该收益性资产在永续经营下的评估值。

解：根据题意，计算过程如下：

(1) 确定未来 5 年收益额的现值：

$$\text{现值总额} = \frac{12}{1+10\%} + \frac{15}{(1+10\%)^2} + \frac{13}{(1+10\%)^3} + \frac{11}{(1+10\%)^4} + \frac{14}{(1+10\%)^5}$$

$$= 12 \times 0.9091 + 15 \times 0.8264 + 13 \times 0.7513 + 11 \times 0.6830 + 14 \times 0.6209$$

$$= 49.28（万元）$$

(2) 将第 6 年以后的收益进行资本化处理：

收益 $= 14 \div 10\% = 140$（万元）

(3) 确定该企业评估值：

企业评估价值 $= 49.28 + 140 \times 0.6209 = 136.21$（万元）

2. 有限年期收益

评估值的计算公式为：

$$P = \sum_{t=1}^{m} \frac{R_t}{(1+r)^t} + A \cdot PVIFA_{r,n-m} \cdot PVIF_{r,m} = \sum_{t=1}^{m} \frac{R_t}{(1+r)^t} + \frac{A}{r(1+r)^m}\left[1 - \frac{1}{(1+r)^{n-m}}\right]$$

其成立条件是：①预期收益在 m 年（含第 m 年）以前有变化。②预期收益在 m 年（不含第 m 年）以后保持不变。③收益年期有限为 n。④ r 大于零。

【例 2-13】 某收益性资产预计未来 5 年预期收益额分别是 12 万元、15 万元、13 万元、11 万元和 14 万元。假定从第六年开始，以后各年预期收益均为 14 万元，确定的折现率为 10%，资产的收益年限为 50 年。

要求：计算该收益性资产的评估值。

解：根据题意，计算过程如下：

(1) 确定未来 5 年预期收益的现值之和：

$$\text{未来 5 年预期收益现值} = \frac{12}{1+10\%} + \frac{15}{(1+10\%)^2} + \frac{13}{(1+10\%)^3} + \frac{11}{(1+10\%)^4} + \frac{14}{(1+10\%)^5}$$

$$= 12 \times 0.9091 + 15 \times 0.8264 + 13 \times 0.7513 + 11 \times 0.6830 + 14 \times 0.6209$$

$$= 49.28 (万元)$$

(2) 将第 6 年以后的收益进行折现处理：

$$\text{后 45 年收益现值} = \frac{14}{10\% \times (1+10\%)^5} \times \left[1 - \frac{1}{(1+10\%)^{50-5}}\right]$$

$$= 140 \times 0.6209 \times (1 - 0.0137)$$

$$= 85.74 (万元)$$

(3) 确定该企业评估值：

企业评估价值 = 49.28 + 85.74 = 135.02（万元）

（三）预期收益按等差级数变化

1. 在预期收益按等差级数递增、收益年期无限的条件下

评估值的计算公式为：

$$P = \frac{A}{r} + \frac{B}{r^2}$$

其成立条件是：①预期收益按等差级数递增。②预期收益逐年递增额为 B。③收益年期无限。④ r 大于零。

2. 在预期收益按等差级数递增、收益年期有限的条件下

评估值的计算公式为：

$$P = \left(\frac{A}{r} + \frac{B}{r^2}\right)\left[1 - \frac{1}{(1+r)^n}\right] - \frac{B}{r} \cdot \frac{n}{(1+r)^n}$$

其成立条件是：①预期收益按等差级数递增。②预期收益逐年递增额为 B。③收益年期有限为 n。④ r 大于零。

3. 在预期收益按等差级数递减、收益年期无限的条件下

评估值的计算公式为：

$$P = \frac{A}{r} - \frac{B}{r^2}$$

其成立条件是：①预期收益按等差级数递减。②预期收益逐年递减额为 B。③收益递减到零为止。④ r 大于零。

4. 在预期收益按等差级数递减、收益年期有限的条件下

评估值的计算公式为：

$$P = \left(\frac{A}{r} - \frac{B}{r^2}\right)\left[1 - \frac{1}{(1+r)^n}\right] + \frac{B}{r} \cdot \frac{n}{(1+r)^n}$$

其成立条件是：①预期收益按等差级数递减。②预期收益逐年递减额为 B。③收益年期有限为 n。④ r 大于零。

(四) 预期收益按等比级数变化

1. 在预期收益按等比级数递增、收益年期无限的条件下

评估值的计算公式为：

$$P = \frac{A}{r-s}$$

其成立条件是：①预期收益按等比级数递增。②预期收益逐年递增比率为 s。③收益年期无限。④ r 大于零。⑤ $r > s > 0$。

【例 2-14】 假设某企业持续经营，经专家预测，评估年预期收益为 100 万元，预期收益按等比 3% 的速度递增，假设资本化率为 8%。

要求：计算该企业的评估值。

解：根据题意，计算过程如下：

$$P = \frac{A}{r-s} = \frac{100}{8\% - 3\%} = 2\,000 \text{（万元）}$$

2. 在预期收益按等比级数递增、收益年期有限的条件下

评估值的计算公式为：

$$P = \frac{A}{r-s}\left[1-\left(\frac{1+s}{1+r}\right)^n\right]$$

其成立条件是：①预期收益按等比级数递增。②预期收益逐年递增比率为 s。③收益年期有限为 n。④ r 大于零。⑤ $r > s > 0$。

3. 在预期收益按等比级数递减、收益年期无限的条件下

评估值的计算公式为：

$$P = \frac{A}{r+s}$$

其成立条件是：①预期收益按等比级数递减。②预期收益逐年递减比率为 s。③收益年期无限。④ r 大于零。⑤ $r > s > 0$。

4. 在预期收益按等比级数递减、收益年期有限的条件下

评估值的计算公式为：

$$P = \frac{A}{r+s}\left[1-\left(\frac{1-s}{1+r}\right)^n\right]$$

其成立条件是：①预期收益按等比级数递减。②预期收益逐年递减比率为 s。③收益年期有限为 n。④ r 大于零。⑤ $0 < s \leqslant 1$。

(五) 已知未来若干年后资产价格的条件下

评估值的计算公式为:

$$P = A \cdot PVIFA_{r,n} + P_n \cdot PVIF_{r,n} = \frac{A}{r}\left[1 - \frac{1}{(1+r)^n}\right] + \frac{P_n}{(1+r)^n}$$

其成立条件是:①预期收益在 n 年(含第 n 年)前保持不变。②预知第 n 年的价格 P_n。③ r 大于零。

【例 2-15】 假设某企业持续经营 3 年后终止,经专家预测,该企业年预期收益为 1 000 万元,终止时预计残值为 500 万元,假设折现率为 8%。

要求:计算该企业的评估值。

解:根据题意,计算过程如下:

$P = A \cdot PVIFA_{r,n} + P_n \cdot PVIF_{r,n}$
$= 1\,000 \times PVIFA_{8\%,3} + 500 \times PVIF_{8\%,3}$
$= 1\,000 \times 2.577\,1 + 500 \times 0.793\,8$
$= 2\,577.1 + 396.9$
$= 2\,974(万元)$

第三节 成 本 法

一、成本法的基本含义

成本法是指首先估测评估对象的重置成本,然后估测评估对象已存在的各种贬值因素,并从其重置成本中予以扣除贬值而得到评估对象价值的评估技术方法的总称。

成本法的理论依据是生产费用价值论。成本法始终贯穿着重建或重置评估对象的技术思路,在条件允许的情况下,任何一个潜在的投资者在决定投资某项资产时,他所愿意支付的价格不会超过购建该项资产的现行购建成本。如果投资对象并非全新,投资者所愿支付的价格会在投资对象全新的购建成本的基础上扣除资产的实体性贬值;如果评估对象存在功能和技术落后,投资者所愿支付的价格会在投资对象全新的购建成本的基础上扣除资产的功能性贬值;如果评估对象及其生产的产品面临市场困难和外力影响,投资者所愿支付的价格会在投资对象全新的购建成本的基础上扣除资产的经济性贬值。其计算公式为:

评估值 = 重置成本 - 实体性贬值 - 功能性贬值 - 经济性贬值

成本法是以再取得评估对象的重置成本为基础进行评估的一种技术方法。由于评估对象的再取得成本的有关数据和信息来源较广泛,并且资产重置成本与资产的现行市价及收益现值也存在着内在联系和替代关系。因而,在市场发育不完善、市场信息及其渠道不很通畅的条件下,成本法经常被广泛应用。

二、运用成本法的基本前提

成本法作为一种独立的资产评估方法,它是从再取得资产的角度来反映资产的交换价值的,即通过资产的重置成本反映资产的交换价值。从这个意义上讲,运用成本法必须具备的前提条件有:

(1) 评估对象处于继续使用状态或被假定处于继续使用状态。只有当评估对象处于继续使用状态下,再取得评估对象的全部费用才能构成其交换价值的内容。资产的继续使用不仅仅是一个物理上的概念,更是包含着其使用的有效性的经济意义。只有当资产能够继续使用并且在持续使用中为潜在所有者和控制者带来经济利益,资产的重置成本才能为潜在投资者和市场所承认和接受。从这个意义上讲,成本法主要适用于继续使用前提下的资产评估。资产的继续使用并不是决定成本法能否使用的唯一前提,但是,对于非继续使用前提下的资产,如果运用成本法进行评估,需对成本法的基本要素做必要的调整。从相对准确合理、减少风险和提高评估效率的角度,把继续使用作为运用成本法的前提是有积极意义的。

(2) 评估对象必须是可再生、可复制的资产。如果评估对象不具有再生性或可复制性,采用成本法从重建的角度计算成本则不具有理论上和现实上的意义。另外,如果资产不可再生,其价值也可能无法通过简单的重置成本来反映,比如包含了社会效应和文化效应的历史性不动产。

(3) 应当具备可利用的历史资料。成本法的应用是建立在历史资料基础上的,许多信息资料、指标需要通过历史资料获得。同时,现时资产与历史资产具有相同性或可比性。

运用成本法评估时应注意:

(1) 形成资产价值的耗费是必需的。耗费是形成资产价值的基础,但耗费包括有效耗费和无效耗费。运用成本法评估资产,首先要确定这些耗费是必需的,而且应体现社会或行业平均水平,而不应是某项资产的个别成本耗费。

(2) 最佳使用和快速变现情形。最佳使用是指市场参与者实现一项资产的价值最大化时该资产的用途。如果一项资产在法律允许、经济可行、技术可实现的条件下,有多种使用方式的选择,通常要求采用能使其价值最大化的用途。快速变现假设通常被用于由法院或者债权人等强制要求的情形。在这种情形下,资产变现的时间有限,因此,与正常的市场状况相比,快速变现前提下的资产价值通常较低。在实务中,对该前提下的资产进行评估通常会将正常市场条件下的资产价值乘以折扣比重,得到评估对象的价值。

三、成本法的基本要素

成本法的运用涉及四个基本要素,即重置成本、实体性贬值、功能性贬值以及经济性贬值。

(一) 重置成本

简单地说,重置成本就是资产的现行再取得成本。具体来说,重置成本又分为复原重置成本和更新重置成本两种。

复原重置成本是指采用与评估对象相同的材料、建筑或制造标准、设计、规格及技术等,以现时价格水平重新购建与评估对象相同的全新资产所发生的费用。

更新重置成本是指采用新型材料,现代建筑或制造标准,新型设计、规格和技术等,以现行价格水平购建与评估对象具有同等功能的全新资产所需的费用。

复原重置成本与更新重置成本既有联系又有区别。复原重置成本与更新重置成本都是按照现行市价重新购建全新资产所发生的费用。更新重置成本和复原重置成本采用的都是资产的现时价格。无论是更新重置成本还是复原重置成本,资产本身的功能不变。

但是,复原重置成本与更新重置成本支出的对象不同。复原重置成本支出的对象包括:运用与原来相同的材料、建筑或制造标准、设计、格式及技术等,以现时价格复原购建这项全新资产所发生的支出。更新重置成本支出的对象包括:新型材料、新工艺、新技术,以现时价格生产或建造具有同等功能的全新资产所需的成本。同时,复原重置成本与更新重置成本采用的标准不同。复原重置成本采用与被评估对象相同的材料、建筑或制造标准、设计、规格及技术等,以现时价格水平重新购建被评估对象相同的全新资产所发生的费用。更新重置成本采用现时的新型材料,建筑或制造标准,新型设计、规格及技术等。

选择重置成本时,在同时可获得复原重置成本和更新重置成本的情况下,应选择更新重置成本;在无更新重置成本时可采用复原重置成本。一般来说,复原重置成本大于更新重置成本。

(二) 实体性贬值

实体性贬值亦称有形损耗,是指资产由于使用及自然力的作用导致资产物理性能的下降而引起的资产价值损失。资产的实体性贬值通常采用相对数计量,即实体性贬值率。其计算公式为:

$$实体性贬值率 = \frac{资产实体性贬值额}{资产重置成本} \times 100\%$$

(三) 功能性贬值

功能性贬值是指由于技术进步引起的资产功能相对落后而造成的资产价值损失。功能性贬值可以体现在两个方面:

(1) 超额运营成本形成的功能性贬值。从运营成本角度看,在产出量相等的情形下,评估对象的运营成本要高于同类技术先进的资产而导致的功能性贬值。

(2) 超额投资成本形成的功能性贬值。从投资成本角度看,由于新工艺、新材料以及新技术的采用,使得制造相同的资产所需要的社会必要劳动时间减少,评估对象原来的建造成本大于目前技术先进资产的现行建造成本而导致的功能性贬值。

估算功能性贬值时,主要根据资产的效用、生产加工能力、工耗、物耗、能耗水平等功能方面的差异造成的成本增加或收益降低,相应确定功能性贬值额。同时,还要重视技术进步因素,注意替代设备、替代技术、替代产品的影响以及行业技术装备水平现状和资产更新换代速度。

(四)经济性贬值

经济性贬值是指由于外部条件的变化引起资产闲置、收益下降等造成的资产价值损失。就表现形式而言,资产的经济性贬值有两种:一是资产利用率下降,甚至闲置等;二是资产的运营收益减少。

需要注意的是,在资产评估实践中,也存在着资产的经济性溢价的情况。当外部环境更有利于资产发挥功能和效用时,资产也存在着经济性溢价。

四、成本法的分类

(一)重置成本的估算方法

1. 重置核算法

重置核算法亦称细节分析法、核算法等,是利用成本核算的原理,根据重新取得资产所需的费用项目,逐项计算然后累加得到资产的重置成本的方法。在实际测算过程又具体划分为两种类型,即购买型和自建型。

购买型是以购买资产的方式作为资产的重置过程,所以又称市场重置法。资产的重置成本具体是由资产的现行购买价格、运杂费、安装调试费以及其他必要费用构成,将上述取得资产的必需费用累加起来,便可计算出资产的重置成本。

自建型是把自建资产作为资产重置方式,根据重新建造资产所需的料、工、费及必要的资金成本和开发者的合理利润等分析和计算出资产的重置成本。

资产的重置成本应包括开发者的合理利润。一是重置成本是按在现行市场条件下重新购建一项全新资产所支付的全部货币总额,应该包括资产开发者的合理利润。二是资产评估旨在了解评估对象在模拟条件下的交易价格,一般情况下,价格都应该含有开发者的合理利润部分。资产重置成本中开发者的合理利润的确定,应以现行行业或社会平均资产收益水平为依据。

【例2-16】 重置购建设备一台,现行市场价格每台50 000元,运杂费1 000元,直接安装成本800元,其中原材料300元,人工成本500元。根据统计分析,计算求得安装成本中的间接成本为人工成本的80%。

要求:计算该机器设备的重置成本。

解:根据题意,计算过程如下:

(1)计算直接成本:

直接成本 = 50 000 + 1 000 + 800 = 51 800(元)

其中:买价	50 000元
运杂费	1 000元
安装成本	800元
其中:原材料	300元
人工	500元

(2) 计算间接成本：

间接成本 = 500 × 80% = 400(元)

(3) 确定重置成本：

重置成本 = 51 800 + 400 = 52 200(元)

2. 价格指数法

价格指数法是利用与资产有关的价格变动指数，将评估对象的历史成本调整为重置成本的一种方法。其计算公式为：

$$重置成本 = 历史成本 \times 价格指数$$

或：

$$重置成本 = 历史成本 \times (1 + 价格变动指数)$$

式中，价格指数可以是定基价格指数或环比价格指数。

(1) 定基价格指数。定基价格指数是评估时点的价格指数与资产购建时点的价格指数之比。其计算公式为：

$$定基价格指数 = \frac{评估时点定基价格指数}{资产购建时点定基价格指数} \times 100\%$$

此时，重置成本计算公式为：

$$重置成本 = 历史成本 \times \frac{评估时定基价格指数}{购置时定基价格指数} \times 100\%$$

【例 2-17】 某评估对象购建于 2022 年，账面原值为 5 万元，当时该类资产的定基价格指数为 95%，评估时该类资产的定基价格指数为 160%。

要求：计算评估对象的重置成本。

解：根据题意，计算过程如下：

$$重置成本 = 5 \times \frac{160\%}{95\%} \times 100\% = 8.42(万元)$$

(2) 环比价格指数。环比价格指数是指在一个价格指数数列中，每个指数都以计算期的前期为基期而计算的价格指数。其计算公式为：

$$X = a_1 \times a_2 \times a_3 \times \cdots \times a_n \times 100\%$$

式中：X 表示环比价格指数；

a_t 为第 t 年环比价格指数，$t = 1, 2, 3, \cdots, n$。

此时，重置成本计算公式为：

$$重置成本 = 历史成本 \times \prod_{t=1}^{n} 环比价格指数$$

【例 2-18】 某评估对象账面价值为 20 万元，2017 年建成，2021 年进行评估，经调查已知同类资产环比价格变动指数分别为：2018年为17%、2019年为12.5%、2020年为6.9%、2021年为4.8%。

要求：计算评估对象的重置成本。

解：根据题意，计算过程如下：

重置成本 = 20 × (1 + 17%) × (1 + 12.5%) × (1 + 6.9%) × (1 + 4.8%) × 100%
= 20 × 147.46%
= 29.49(万元)

价格指数法与重置核算法是重置成本估算较常用的方法，但二者具有明显的区别：首先，价格指数法估算的重置成本，仅考虑了价格变动因素，因而确定的是复原重置成本；而重置核算法既可以考虑价格因素，又可以考虑生产技术进步和劳动生产率的变化因素，因而既可以估算复原重置成本也可以估算更新重置成本。其次，价格指数法建立在不同时期的某一种或某一类甚至全部资产的物价变动水平上；重置核算法建立在现行价格水平与购建成本费用核算的基础上。

明确价格指数法和重置核算法的区别，有助于判断和选择重置成本的估算方法。一项科学技术进步较快的资产，采用价格指数法估算的重置成本往往会偏高。当然，价格指数法和重置核算法也有相同点，即都是建立在利用历史资料的基础上。因此，注意分析和判断资产评估时重置成本与委托方提供历史资料的口径差异是上述两种方法应用时需注意的共同问题。

3. 生产能力比例法

生产能力比例法，是指寻找与评估对象相同或相似的资产作为参照物，根据参照物的重置成本及参照物与评估对象生产能力的比例，估算评估对象的重置成本的方法。其计算公式为：

$$评估对象的重置成本 = 参照物的重置成本 \times \frac{评估对象的年产量}{参照物的年产量}$$

【例2-19】 某重置全新的一台机器设备价格30 000元，年产量为3 000件。现知评估对象年产量为5 000件。

要求：计算评估对象的重置成本。

解：根据题意，计算过程如下：

$$重置成本 = 30\,000 \times \frac{5\,000}{3\,000} = 50\,000(元)$$

生产能力比例法运用的前提条件和假设是资产的重置成本与其生产能力呈线性关系，生产能力越大，重置成本越高，而且是呈正比例变化的。运用生产能力比例法估算重置成本时，首先应分析资产重置成本与生产能力之间是否存在这种线性关系，如果不存在这种关系，这种方法就不可以采用。

4. 规模经济效益指数法

通过不同资产的重置成本与生产能力之间关系的分析可以发现，许多资产的重置成本与生产能力之间不存在线性关系,当资产 A 的生产能力比资产 B 的生产能力大一倍时,其重置成本却不一定大一倍,也就是说,资产重置成本和生产能力之间只呈同方向变化,而不是等比例变化,这是规模经济效益作用的结果。两项资产的重置成本和生产能力相比较,其关系可用下列公式表示:

$$\frac{评估对象的重置成本}{参照物的重置成本}=\left(\frac{评估对象的年产量}{参照物的年产量}\right)^x$$

推导可得:

$$评估对象的重置成本 = 参照物的重置成本 \times \left(\frac{评估对象的年产量}{参照物的年产量}\right)^x$$

公式中的 x 是一个经验数据,又被称为规模经济效益指数。在美国,这个经验数据一般在 0.4～1 之间,如加工工业一般为 0.7,房地产行业一般为 0.9。我国到目前为止尚未有统一的经验数据,评估过程中要谨慎使用这种方法。公式中参照物一般可选择同类资产中的标准资产。

上述四种方法均可用于确定重置成本。至于选用哪种方法应根据具体的评估对象和可以搜集到的资料确定。这些方法中,对某项资产可能同时都能用,有的则不然,运用时必须注意分析方法运用的前提条件,否则将会得出错误的结论。

5. 统计分析法

运用成本法对企业整体资产及某一相同类型资产进行评估时,为了简化评估业务,节省评估时间,还可以运用统计分析法确定某类资产重置成本,运用这种方法的步骤是:

第一,在核实资产数量的基础上,把全部资产按照适当标准划分为若干类别,如房屋建筑物按结构划分为钢结构、钢筋混凝土结构等;机器设备按有关规定划分为专用设备、通用设备、运输设备、仪器、仪表等。

第二,在各类资产中抽样选择适量具有代表性的资产,应用重置核算法、价格指数法、规模经济效益指数法等方法估算其重置成本。

第三,依据分类抽样估算资产的重置成本与历史成本,计算出分类资产的调整系数。其计算公式为:

$$K = \frac{R'}{R}$$

式中:K 表示资产重置成本与历史成本的调整系数;

R' 表示某类抽样资产的重置成本;

R 表示某类抽样资产的历史成本。

第四,根据调整系数 K 估算被评估资产的重置成本。其计算公式为:

$$被评估资产重置成本 = \sum 某类资产账面历史成本 \times K$$

某类资产账面历史成本可从会计记录中取得。

【例 2-20】 评估某企业某类通用设备。经抽样选择具有代表性的通用设备 5 台,估算其重置成本之和为 30 万元,而该 5 台具有代表性的通用设备的历史成本之和为 20 万元,该类通用设备账面历史成本之和为 500 万元。

要求:计算该类通用设备的重置成本。

解:根据题意,计算过程如下:

$$K = \frac{30}{20} = 1.5$$

重置成本 = 500 × 1.5 = 750(万元)

(二) 实体性贬值的估算方法

实体性贬值的估算一般可以选择以下几种方法。

1. 观测法

观测法,也称成新率法,是指由具有专业知识和丰富经验的工程技术人员对评估对象的实体各主要部位进行技术鉴定,并综合分析资产的设计、制造、使用、磨损、维护、修理、改造以及物理寿命等因素,将评估对象与其全新状态相比较,考察由使用磨损和自然损耗对资产的功能、使用效率带来的影响,判断评估对象的成新率,从而估算实体性贬值的方法。其计算公式为:

$$实体性贬值额 = 重置成本 \times 实体性贬值率$$

或:

$$实体性贬值额 = 重置成本 \times (1 - 实体性成新率)$$

2. 使用年限法

使用年限法是利用评估对象的实际已使用年限与其总使用年限的比值来判断其实体性贬值率,进而估测资产的实体性贬值额的方法。其计算公式为:

$$实体性贬值率 = \frac{实际已使用年限}{总使用年限} \times 100\%$$

$$实体性贬值额 = 重置成本 \times \frac{实际已使用年限}{总使用年限}$$

其中,总使用年限是指实际已使用年限与尚可使用年限之和;实际已使用年限等于名义已使用年限与资产利用率的乘积。其计算公式为:

$$总使用年限 = 实际已使用年限 + 尚可使用年限$$

$$实际已使用年限 = 名义已使用年限 \times 资产利用率$$

由于资产在使用中负荷程度的影响,必须将资产的名义已使用年限调整为实际已使用年限。名义已使用年限是指资产从购进使用到评估基准日的年限。名义已使用年限可以通过会计记录、资产登记簿以及登记卡片查询确定。实际已使用年限是指资产在使用中实际损耗的年限。实际已使用年限与名义已使用年限的差异,可以通过资产利用率来调整。资产利用率计算公式为：

$$资产利用率 = \frac{截至评估基准日资产累计实际利用时间}{截至评估基准日资产累计法定利用时间} \times 100\%$$

当资产利用率＞1时，表示资产超负荷运转，资产实际已使用年限大于名义已使用年限；

当资产利用率＝1时，表示资产满负荷运转，资产实际已使用年限等于名义已使用年限；

当资产利用率＜1时，表示资产开工不足，资产实际已使用年限小于名义已使用年限。

在实际评估过程中，由于企业基础管理工作较差，再加上资产运转中的复杂性，资产利用率的指标往往很难确定。评估人员应综合分析资产的运转状态，诸如资产开工情况、大修间隔期、原材料供应情况、电力供应情况以及是否属于季节性生产等各方面因素分析确定。

尚可使用年限是根据资产的有形损耗因素，预计资产的继续使用年限。

如果评估对象存在较大残值，那么需要将预计残值从资产的重置成本中扣除。预计残值是指被评估资产在清理报废时净收回的金额。在资产评估中，通常只考虑数额较大的残值，如残值数额较小可以忽略不计。

【例 2-21】 某资产2011年2月购进，2021年2月评估时，名义已使用年限是10年。根据该资产技术指标，正常使用情况下，每天应工作8小时，该资产实际每天工作6小时。

要求：计算资产利用率和实际已使用年限。

解：根据题意，计算过程如下：

$$资产利用率 = \frac{10 \times 360 \times 6}{10 \times 360 \times 8} \times 100\% = 75\%$$

实际已使用年限 $= 10 \times 75\% = 7.5$（年）

3. 修复金额法

修复金额法是根据修复资产的已损实体所需要支付的金额来判断资产的实体性贬值额的方法。此方法主要适用于具有特殊结构的可补偿性有形损耗的估测。可补偿性有形损耗是指技术上可修复且经济上合理的有形损耗。

（三）功能性贬值的估算方法

功能性贬值是由于技术相对落后造成的贬值。估算功能性贬值时，主要根据资产的效用、生产加工能力、工耗、物耗以及能耗等功能方面的差异造成的成本增加或收益降低，相应确定功能性贬值额。同时，还要重视技术进步因素，注意替代设备、替代技术、替代产品的影响，以及行业技术装备水平现状和资产更新换代速度。

通常情况下，功能性贬值的估算可以按下列步骤进行：①将评估对象的年运营成本与功能相同且广泛使用的主流资产的年运营成本进行比较。②计算二者的差异，确定净超额运营成本。由于企业支付的运营成本是在税前扣除的，企业支付的超额运营成本会引致税前利润额下降，所得税额降低，使得企业负担的运营成本低于其实际支付额。因此，净超额运营成本是超额运营成本扣除其抵减的所得税以后的余额。③估计评估对象的剩余寿命。④以适当的折现率将评估对象在剩余寿命内每年的净超额运营成本折现，这些折现值之和就是评估对象功能性贬值额。其计算公式为：

$$评估对象功能性贬值额 = \sum(评估对象年净超额运营成本 \times 折现系数)$$

【例 2-22】 某种机器设备，技术先进的设备比原有的陈旧设备生产效率高，节约工资费用，技术先进设备的单件工资为 0.80 元，技术陈旧设备的单件工资为 1.20 元，技术先进设备与技术陈旧设备的尚可使用年限均为 5 年，月生产量均为 10 000 件，所得税税率为 25%，假定折现率为 10%。

要求：计算技术陈旧设备的功能性贬值额。

解：根据题意，计算过程如下：

(1) 计算技术陈旧设备的月超额运营成本：

月超额运营成本 = 10 000 × (1.20 − 0.80) = 12 000 − 8 000 = 4 000(元)

(2) 计算技术陈旧设备的年超额运营成本：

年超额运营成本 = 4 000 × 12 = 48 000(元)

(3) 计算技术陈旧设备的年净超额运营成本：

年净超额运营成本 = 48 000 × (1 − 25%) = 36 000(元)

(4) 计算技术陈旧设备的功能性贬值额：

功能性贬值额 = 36 000 × $PVIFA_{10\%,5}$ = 36 000 × 3.790 8 = 136 469(元)

应当指出，新老技术设备的对比，除生产效率影响工资成本超额支出外，还可对原材料消耗、能源消耗以及产品质量等指标进行对比，计算其功能性贬值。

此外，由于技术进步造成被评估资产出现超额投资成本形成的功能性贬值，还可以通过超额投资成本的估算进行评估，即超额投资成本可视同为功能性贬值。其计算公式为：

$$功能性贬值 = 复原重置成本 - 更新重置成本$$

功能性贬值主要是由于技术相对落后造成的贬值，在资产评估实践中，并不排除由于资产功能过剩也会形成资产的功能性贬值。

(四) 经济性贬值的估算方法

就表现形式而言，资产的经济性贬值主要表现为运营过程中资产利用率下降，甚至闲置，并由此引起资产的运营收益减少。当有确实证据表明资产已经存在经济性贬值，可参考以下方法估测经济性贬值率或经济性贬值额。

(1) 当确定评估对象的功能与价值呈线性关系时：

$$经济性贬值率 = \left(1 - \frac{评估对象预计可被利用的生产能力}{评估对象原设计生产能力}\right) \times 100\%$$

$$经济性贬值额 = 资产的重置成本 \times 经济性贬值率$$

(2) 当确定评估对象的功能与价值呈指数关系时：

$$经济性贬值率 = \left[1 - \left(\frac{评估对象预计可被利用的生产能力}{评估对象原设计生产能力}\right)^x\right] \times 100\%$$

式中，x 为功能价值指数，实践中多采用经验数据，数值一般在 0.4~1 选取。

【例 2-23】 某被评估生产线设计生产能力为年产 20 000 台产品，因市场需求结构变化，在未来可使用年限内，每年产量估计要减少 6 000 台，功能价值指数取 0.6。

要求：计算该生产线的经济性贬值率。

解：根据题意，计算过程如下：

$$经济性贬值率 = \left[1 - \left(\frac{20\,000 - 6\,000}{20\,000}\right)^{0.6}\right] \times 100\% = (1 - 0.81) \times 100\% = 19\%$$

(3) 当确定评估对象持续存在收益损失时：

$$经济性贬值额 = 资产年收益损失额 \times (1 - 所得税税率) \times PVIFA_{r,n}$$

或：

$$经济性贬值额 = 资产年收益净损失额 \times PVIFA_{r,n}$$

【例 2-24】 某被评估生产线设计生产能力为年产 20 000 台产品，因市场需求结构变化，在未来可使用年限内，假定每年减少 6 000 台产品，每台产品利润 100 元，该生产线尚可继续使用 3 年，企业所在行业的投资回报率为 10%，所得税税率为 25%。

要求：计算该生产线的经济性贬值额。

解：根据题意，计算过程如下：

资产年收益净损失额 $= (6\,000 \times 100) \times (1 - 25\%) = 450\,000$（元）

经济性贬值额 $= 450\,000 \times PVIFA_{10\%,3} = 450\,000 \times 2.486\,9 = 1\,119\,105$（元）

综上所述，通过成本法评估资产的价值不可避免地要涉及评估对象的重置成本、实体性贬值、功能性贬值和经济性贬值四大参数。成本法中的各种具体技术方法实际上都是在成本法评估思路基础上，围绕着四大参数采用不同的方式方法测算形成的，如图 2-2 所示。

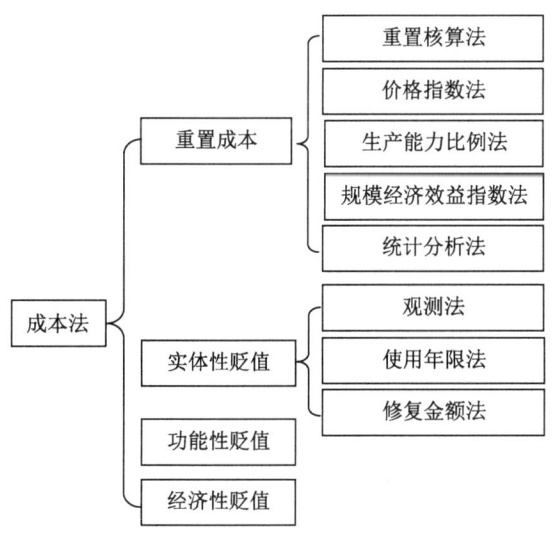

图 2-2 成本法的分类

第四节 资产评估方法的选择

一、资产评估方法之间的联系与区别

市场法、收益法和成本法三种基本方法及其衍生方法共同构成了资产评估的方法体系。资产评估的专业性质决定了构成资产评估方法体系的各种评估方法之间存在着的内在联系。而各种评估方法的独立存在又说明它们各有特点。正确认识资产评估方法之间的联系与区别,对于恰当地选择评估方法,高效地进行资产评估是十分重要的。

(一)资产评估方法之间的联系

评估方法是实现评估目的的手段。对于特定经济行为,在相同的市场条件下,对处在相同状态的同一资产进行评估,其评估值应该是客观的。这个客观的评估值不会因评估专业人员所选用的评估方法的不同而出现截然不同的结果。可以认为正是评估目的决定了评估方法之间的内在联系。而这种内在联系为评估专业人员运用多种评估方法评估同一条件下的同一资产,并作相互验证提供了理论根据。但需要指出的是,运用不同的评估方法评估同一资产,必须保证评估目的、评估前提、评估对象状态的一致性,以及运用不同评估方法所选择的经济技术参数的合理性。

由于资产评估工作基本目标的一致性,在同一资产的评估中可以运用多种方法,如果运用这些方法的前提条件同时具备,而且评估专业人员也具备相应的专业判断能力,那么,多种评估方法得出的结果应该趋同。如果运用多种评估方法得出的结果出现较大差异,可能的原因有:①某些评估方法的运用前提不具备。②分析过程有缺陷。③结构分析有问题。④某些支撑评估结果的信息依据出现失真。⑤评估专业人员的职业判断有误。建议评估专业人员为不同评估方法建立逻辑分析图,通过对比分析,有利于问题的发现。评估专业人员在发现问题的基础上,除了对评估方法做出取舍,还应该分析问题产生的原因,并据此研究解决问题的对策,以便最后确定评估价值。

(二)资产评估方法之间的区别

各种评估方法独立存在本身就说明各种评估方法之间存在差异。各种评估方法都是从不同的角度去表现资产的价值的。不论是通过与市场参照物比较获得评估对象的评估值,还是根据评估对象预期收益折现获得其评估值,抑或是按照资产的再取得途径寻求评估对象的评估值,都是对评估对象在一定条件下的价值的描述,它们之间是有内在联系并可相互替代的。但是,每一种评估方法都有其自成一体的运用过程,都要求具备相应的信息基础,评估结论也都是从某一角度反映资产的价值。因此,各种评估方法又是有区别的。

由于评估的特定目的的不同,评估时市场条件上的差别,以及评估时对评估对象使用状态设定的差异,需要评估的资产价值类型也是有区别的。评估方法由于自身的特点在评估不同类型的资产价值时,就有了效率上和直接程度上的差别,评估专业人员应具备选择最直

接且最有效率的评估方法完成评估任务的能力。

二、资产评估方法的选择

就评估方法选择本身而言,实际上包含了不同层面的选择过程,即三个层面的选择:一是关于资产评估技术思路层面的选择,即分析三种资产评估方法所依据的资产评估技术思路的适用性;二是在各种资产评估技术思路已经确定的基础上,选择实现各种评估技术思路的具体评估技术方法;三是在确定了资产评估具体技术方法的前提下,对运用各种具体技术评估方法所涉及的经济技术参数的选择。

恰当选择评估方法,既包含了对恰当选择评估技术思路,以及实现该技术思路的具体评估技术方法的要求,也包括了对在运用各种具体的评估方法时对所涉及的经济技术参数的恰当选择。选择恰当的评估技术思路与实现评估技术思路的具体方法同恰当选择经济技术参数共同构成了恰当选择资产评估方法的内容。片面地强调某一个方面而忽略另一个方面,都有可能会导致评估结果的失实和偏颇。

资产评估方法的多样性,为评估专业人员选择适当的评估方法,有效地完成评估任务提供了现实可能。为高效、简捷、合理地估测资产的价值,在评估方法的选择过程中应注意以下因素:

(1)评估方法的选择应当与评估目的和价值类型相适应。价值类型的确定首先取决于评估目的,评估目的是根本,资产评估方法作为获得特定资产价值的技术方法,需要与价值类型相适应。例如,对一项以成本模式进行后续计量的投资性房地产进行评估,为减值测试提供价值参考,评估目的为财务报告目的,价值类型为市场价值,评估方法首选市场法,在无法使用市场法的前提下,选用收益法,但是通常不适用成本法。

(2)评估方法的选择应当与评估对象的类型和现实状态相适应。不同的评估方法有不同的条件要求和程序要求,比如收益法主要适用于持续使用前提下的资产评估,并且评估对象具有预期获利能力,对于工艺比较特别且处在经营中的企业,可以优先考虑选择收益法;而市场法要求在公开市场上有可比的资产及交易活动,并且评估对象与参照物的价值影响因素差异可以合理比较和量化;对于既无市场参照物,又无经营记录的资产,只能选择成本法进行评估。这就要求资产评估专业人员充分分析评估对象的类型和现实状态,考虑各种评估方法的适用性和局限性,恰当选择评估方法,避免在评估对象不具备合理条件的情况下滥用评估方法。

(3)评估方法的选择应当与资料收集情况相适应。评估方法的运用会涉及特定的数据、参数,只有评估过程中所收集的资料和确定的依据可靠、合理、有效、充分,才能保证评估结果的合理性。在评估实践中,由于条件的制约往往会导致某种评估方法所需资料的数量和质量达不到要求,那么评估专业人员应当考虑运用其他替代的评估方法进行评估。

总之,在评估方法的选择过程中,应注意因地制宜和因事制宜,不可机械地按某种模式或某种顺序进行选择。但是,不论选择哪种评估方法进行评估,都应保证评估目的、评估时所依据的各种假设和条件与评估所使用的各种参数数据,及其评估结果在性质和逻辑上的一致。尤其是在运用多种评估方法评估同一评估对象时,更要保证每种评估方法运用中所依据的各种假设、前提条件、数据参数的可比性,以便能够确保运用不同评估方法所得到的评估结果的可比性和相互可验证性。

三、可以运用一种资产评估方法的情形

资产评估专业人员在评估实践中,当存在下列情形时,可以运用一种评估方法:

(1) 基于相关法律、行政法规、规章的要求或者限制而运用一种方法。

(2) 由于评估对象仅满足一种评估方法的适用条件而运用一种评估方法。例如,交易不活跃、无法单独产生收益的非标准工业建筑或专用设备等,一般选择成本法。

(3) 因操作条件限制而只能运用一种评估方法。因评估方法的适用性或操作限制导致无法运用两种以上评估方法进行评估的,资产评估专业人员可以运用一种方法进行评估,但需要在评估报告中说明理由。操作条件限制应当是资产评估行业通常的执业方式普遍无法排除的,而不应以个别资产评估机构或者个别资产评估专业人员的操作能力及条件作为判断标准。

依据资产评估执业准则,经分析现有评估方法的适用性,只能选择一种评估方法的,但应当在资产评估报告中说明理由。

四、资产评估方法选择的披露

资产评估专业人员应该在资产评估报告中对资产评估方法的选择及其理由进行披露。因适用性受限而选择一种评估方法的,应当在资产评估报告中披露其他基本评估方法不适用的原因;因操作条件受限而选择一种评估方法的,应当对所受的操作条件限制进行分析、说明和披露。

章节测试

班级_____ 姓名_____ 学号_____ 日期_____ 平时分_____

一、单项选择题(每小题 5 分,共 40 分)

1. 运用市场法评估资产价值的理论基础是( )。
   A. 预期收益原则　　　　　　　　B. 替代原则
   C. 供求原则　　　　　　　　　　D. 贡献原则

2. 运用市场法评估资产价值时,选择三个及三个以上参照物的目的是( )。
   A. 使参照物具有可比性　　　　　B. 便于计算
   C. 排除参照物个别交易的偶然性　D. 避免张冠李戴

3. 利用市场上同样或类似资产的近期交易价格,经过直接比较或类比分析以估算资产价值的各种评估技术方法指的是( )。
   A. 市场法　　　B. 直接比较法　　　C. 间接比较法　　　D. 账面价值法

4. 价值比率法中的市盈率倍数法主要适用于对( )的评估。
   A. 不动产　　　B. 无形资产　　　　C. 机器设备　　　　D. 企业价值

5. 由于技术进步引起的资产功能相对落后而造成的资产价值损失是指( )。
   A. 资产的重置成本　　　　　　　B. 资产的实体性贬值
   C. 资产的功能性贬值　　　　　　D. 资产的经济性贬值

6. 某资产年金收益额为 8 500 元,剩余使用年限为 20 年,假定折现率为 10%,其评估值最接近于( )元。
   A. 85 000　　　B. 72 366　　　　　C. 12 631　　　　　D. 12 369

7. 采用收益法评估资产时,收益法中的各个经济参数存在的关系是( )。
   A. 资本化率越高,收益现值越低　　B. 资本化率越高,收益现值越高
   C. 资产未来收益期对收益现值没有影响　D. 资本化率和收益现值无关

8. 在成本法下,资产的评估价值为( )。
   A. 资产的重置成本
   B. 资产的重置成本－资产的实体性贬值－资产的功能性贬值－资产的经济性贬值
   C. 资产的重置成本－资产的实体性贬值
   D. 资产的重置成本－资产的实体性贬值－资产的功能性贬值

二、多项选择题（每小题 8 分，共 40 分）

1. 应用市场法进行资产评估必须具备的前提条件有（   ）。
   A. 需要有一个充分发育且活跃的资产市场
   B. 必须具有足够数量的参照物
   C. 可以收集到被评估资产与参照物可比较的指标和技术参数
   D. 市场上的参照物与被评估资产的功能相同或相似

2. 运用市场法评估任何单项资产都应考虑的可比因素有（   ）。
   A. 资产的功能   B. 市场条件
   C. 交易条件   D. 资产的实体特征和质量

3. 从理论上讲，折现率的基本构成包括（   ）。
   A. 超额收益率   B. 无风险报酬率
   C. 风险报酬率   D. 平均收益率

4. 从理论上讲，成本法涉及的基本要素包括（   ）。
   A. 资产的重置成本   B. 资产的实体性贬值
   C. 资产的功能性贬值   D. 资产的经济性贬值

5. 一般情况下，资产的成新率的估测方法通常有（   ）。
   A. 使用年限法   B. 修复费用法
   C. 观察法   D. 价格指数法

三、判断题（每小题 4 分，共 20 分）

1. 一般情况下，在收益法运用过程中，折现率的口径应与收益额的口径保持一致。（   ）

2. 一般情况下，运用收益法评估资产的价值，所确定的收益额应该是资产实际收益额。
（   ）

3. 被评估土地被企业不合理使用，其收益水平很低，因此，土地使用权的市场价值也一定很低。
（   ）

4. 购置一年后的资产，如果还处于全新状态下，其重置成本和历史成本应该是相等的。
（   ）

5. 采用成本法进行资产评估时，资产的贬值因素与会计上的折旧应该是一样的。（   ）

第三章　机器设备评估

知识导航

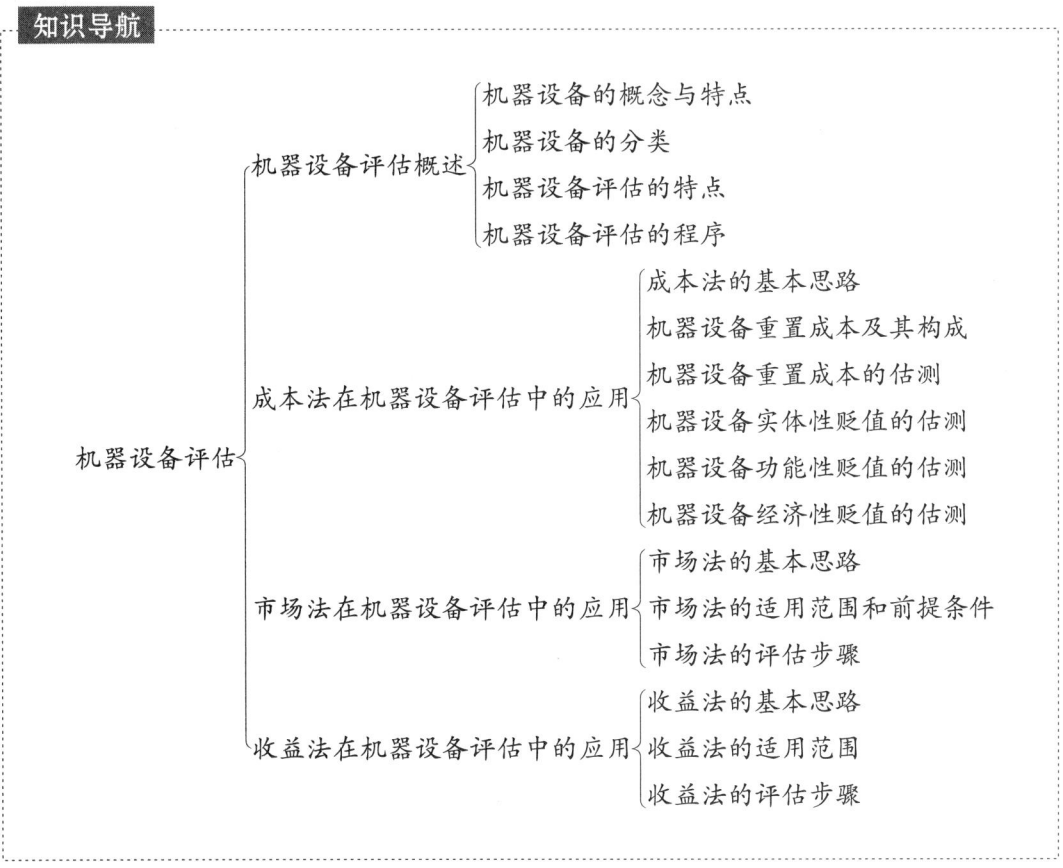

学习目标

1. 了解机器设备的概念。
2. 理解机器设备评估的特点。
3. 掌握成本法在机器设备评估中的应用。
4. 掌握市场法在机器设备评估中的应用。
5. 掌握收益法在机器设备评估中的应用。

思政课堂

推动中央企业布局优化和结构调整,更好适应国资国企改革发展新形势,国务院国资委近日印发了《关于优化中央企业资产评估管理有关事项的通知》(国资发产权规〔2024〕8号，以下简称《通知》)。《通知》在现行制度的原则和框架下，集中解决了一批中央企业资产评估管理工作面临的实际问题，主要包括但不限于以下内容：

一是加强重大资产评估项目管理。《通知》首次提出中央企业应当对资产评估项目实施分类管理，要求中央企业确定重大资产评估项目划分标准，对重大资产评估项目管理提出一系列有针对性的管控要求。明确中央企业备案重大资产评估项目过程中如遇到难点问题，可以书面向国务院国资委申请推荐专家参与论证，必要时国务院国资委将加强对项目的业务指导。

二是明确8类可以不进行资产评估的情形。《通知》坚持问题导向和需求导向，对散落在现行制度文件中可以不进行资产评估的情形做了统一归拢，便于企业查阅执行。针对企业反映比较集中的无法正常履行资产评估程序的参股股权退出，处置成本较高、账面原值较低(低于500万元)的资产处置，以及能够通过公开市场获取市场价格的房产出售或租赁等情形，《通知》以推动企业改革发展、解决企业实际问题为出发点，明确上述情形可以不进行资产评估，同时要求必须通过公开挂牌方式进行交易，借助公开市场发现买方、实现价值，既有效维护国有资产权益，又合理降低企业改革重组成本。

资料来源：中国资产评估协会，2024-01-31，《关于优化中央企业资产评估管理有关事项的通知》，http://www.cas.org.cn/pub/cas/xwbd/xyyw/1a641bf796fe4719887e907fa671edec.htm，有删改。

思考与讨论：
该政策对中央企业改革发展的重要意义。

第一节 机器设备评估概述

一、机器设备的概念与特点

(一) 机器设备的基本概念

机器设备，广义上是指利用机械原理制造的装置，将机械能或非机械能转换成便于人们利用的机械能，或利用机械能来做一定工作的装备或器具。在资产评估领域，一般从自然属性和资产属性两个方面对机器设备进行定义，即机器设备是指人类利用机械原理以及其他科学原理制造的、特定主体拥有或者控制的有形资产，包括机器、仪器、器械、装置、附属的特殊建筑物等。

(二) 机器设备的特点

与其他资产相比较，机器设备的特点可以表现为以下几个方面。

1. 单位价值大，使用寿命长

机器设备是一类可以长期使用的劳动手段，具有单位价值大、使用寿命长的特点。在我国经济核算中凡列为固定资产的机器设备必须同时具备两个条件：一是单位价值在规定标准以上，二是使用年限在一年以上。不同时具备以上两个条件的一般列为低值易耗品。资产评估中的机器设备只是指作为劳动手段的部分，不包括作为生产物或产品的机器设备。由于机器设备使用年限较长，其评估价值不仅受到实体性损耗的影响，还会受到功能性贬值及经济性贬值的影响。

2. 价值补偿和实物更新不一致

机器设备价值补偿是在机器设备发挥功能的期间通过折旧形式逐渐实现的，而实物更新一般是在机器设备寿命终结时一次性完成的。由于机器设备是以折旧的形式进行价值补偿的，而企业折旧要受到企业会计政策和政府的税收制度的制约和影响。因而，机器设备的会计折旧并不一定能够客观地反映出机器设备的价值损失和价值转移。机器设备的价值补偿与实物更新的非同步性，使机器设备评估具有较大的复杂性。

3. 涉及专业门类多，工程技术性强

机器设备存在于各行各业，各专业门类的机器设备千差万别。而机器设备又是工程技术性很强的一类资产，许多机器设备的价值是由其技术性决定的。因此，评估时应注意把握不同门类机器设备的技术特点，并且要注意与企业设备管理和技术装备部门在评估中的密切合作。

二、机器设备的分类

机器设备种类繁多，分类方法十分复杂。按不同的分类方式，机器设备可以被分成不同的类别。在资产评估中，对机器设备一般按下列标准进行分类。

（一）按会计核算标准分类

按会计核算标准，机器设备可分为：生产经营用机器设备、非生产经营用机器设备、租出机器设备以及未使用机器设备等。

生产经营用机器设备是指直接用于生产经营服务的机器设备，包括生产工艺设备、辅助生产设备、动力能源设备等。

非生产经营用机器设备是指在企业所属的福利部门、教育部门等非生产部门使用的设备。

租出机器设备是指企业出租给其他单位使用的机器设备。

未使用机器设备是指企业尚未投入使用的新设备、库存的正常周转用设备、正在修理改造尚未投入使用的机器设备等。

（二）按国家固定资产分类标准分类

按国家固定资产分类标准，机器设备可分为：通用设备、专用设备、交通运输设备、电气设备、电子及通信设备、仪器仪表、计量标准器具等。

通用设备是指产品或加工对象不确定,具有综合加工能力的设备,或没有专门用途,可适用于多个国民经济部门的设备。它具体包括计算机设备及软件、办公设备、车辆、图书档案设备、机械设备、电气设备、雷达及无线电和卫星导航设备、通信设备、广播及电视和电影设备、仪器仪表、电子和通信测量仪器、计量标准器具及量具和衡器等。

专用设备是指专门对一种或一类产品具有生产、加工能力的设备,或专用于国民经济某一部门的设备。它具体包括探矿、采矿、选矿和造块设备,石油天然气开采专用设备,石油和化学工业专用设备,炼焦和金属冶炼轧制设备,电力工业专用设备,非金属矿物制品工业专用设备,核工业专用设备,航空航天工业专用设备等。

(三) 按机器设备的组合方式和程度分类

机器设备在使用中通常将不同功能的设备进行分配组合,以完成某种生产工艺活动。机器设备按其组合方式和程度划分,可分为单台设备(独立设备)、机组(如组合机床)以及成套设备(包括生产线)等。成套设备是指由若干不同设备按生产工艺过程,依次排序联结,形成一个完整或主要生产过程的机器体系,如合成氨成套设备、胶合板生产线等。

(四) 按机器设备的来源分类

机器设备按来源划分,通常可分为自制设备和外购设备两种,外购设备又有国内购置设备和国外引进设备之分。

机器设备还有许多分类方式,在此不一一列举。值得注意的是,上述分类并不是独立的,分类之间可以有不同程度的关联。例如,外购设备可能是通用设备,也可能是专用设备,还可能是进口通用设备或进口专用设备。成套设备中可能部分是外购的,部分是自制的。资产评估中可以根据委托单位的生产技术特点、评估目的、采用的评估操作方法、评估操作人员的专业特长等,按不同分类进行操作,最后按评估结果汇总要求进行统计。

三、机器设备评估的特点

(一) 以单台(件)设备为评估对象

由于机器设备单位价值大、规格型号多、情况差异大,为了保证评估结果的真实性和准确性,通常要对机器设备逐台逐件进行评估。当然,对数量多、单位价值相对低的同类机器设备,可选择合理的分类标准,按分类进行评估,但也必须逐台、逐件核实数量。

(二) 以技术检测为评估基础

机器设备本身就是一类技术含量很高的资产,机器设备自身的技术含量多少就直接决定了机器设备评估价值的高低,技术检测是确定机器设备技术含量的重要手段。此外,由于机器设备使用时间长,工程技术性强,又处于不断磨损过程中,其磨损程度的大小,因机器设备使用、维修保养等状况不同而存在一定的差异。通过技术检测来判断机器设备的磨损状况,也是判断机器设备评估价值的重要方面。因此,在机器设备评估时必须进行技术检测,以此评定机器设备的技术水平、损耗程度、实物状况和评估价值。

四、机器设备评估的程序

机器设备评估程序是指机器设备评估的具体工作步骤，主要包括明确基本事项、签订业务约定书、制订评估工作计划、现场调查评估对象、搜集评估资料、估算机器设备价值、编制评估报告工作。

（一）明确基本事项

评估人员在完成机器设备评估的业务接洽之后，首先应明确评估的基本事项，主要包括明确评估目的、评估对象、评估价值类型和评估基准日等。

1. 明确评估目的

机器设备评估大体可分为两种情形，一种是机器设备作为独立的评估对象评估，另一种是机器设备与企业的其他资产一起评估。机器设备单独评估的评估目的有：机器设备转让（包括出售、继承、赠与、抵债等），机器设备抵押，机器设备保险，机器设备投资，处理机器设备纠纷和有关法律诉讼等。机器设备与企业的其他资产一起评估的评估目的有：企业合资、合作，企业兼并、分立，企业出售，企业租赁经营，企业承包经营，企业改制，企业上市，企业破产清算等。因此，在受理机器设备评估业务时，必须了解评估目的并明确地写进资产评估委托协议中和资产评估报告中。

2. 明确评估对象

明确评估对象主要是明确评估对象机器设备的类别和范围。由于机器设备的种类繁多，涉及的专业领域比较广，工程技术性强，评估时必须明确评估对象的类别，以便有效地收集评估资料和合理安排评估人员。在资产评估中可根据需要选择不同的标准对机器设备进行分类。资产评估时除明确评估对象的类别外，还需根据评估的特定目的，明确评估对象的具体范围，如评估对象中是否包含租出和租入机器设备，是否包含作为房地产组成部分的机器设备，是否包含含有技术类无形资产的机器设备等，以避免重复评估或者遗漏。

3. 明确评估价值类型

机器设备评估的价值类型一般分为市场价值和市场价值以外的价值两类。机器设备评估的价值类型的选择通常考虑机器设备评估目的、评估时的市场条件、评估对象自身的性质和状况。如果将机器设备作为房地产的有机组成部分（如电梯、锅炉等）评估，其价值类型应与房地产评估的价值类型相一致，如果机器设备与企业整体资产一起评估，其价值类型应与企业价值评估的价值类型相一致。

4. 明确评估基准日

机器设备评估基准日通常由委托方实现特定资产业务的需要确定。如果机器设备作为单独的评估对象评估，评估基准日通常选择现在的某个日期，个别情况下评估基准日也可选择在过去或将来的某个日期。机器设备评估基准日的确定应根据评估的特定目的，遵循与评估目的实现日相接近的原则。如果将机器设备作为房地产的有机组成部分评估或者与企业整体资产一起评估,其评估基准日应与房地产或者企业价值评估的评估基准日相一致。

(二)签订业务约定书

机器设备评估业务约定书的主要内容包括机器设备评估目的、评估对象和评估范围、评估价值类型、评估基准日、评估收费、评估报告提交日期等内容。

(三)制订评估工作计划

机器设备评估工作计划主要包括评估人员安排计划、评估工作进度计划和评估作业经费计划等内容。其中,重点是做好评估人员安排计划,由于机器设备种类多,工程技术复杂,评估时需要多种类型的专业技术人员,如果评估机构不能满足,应聘请专家协助评估人员进行工作。

(四)现场调查评估对象

现场调查评估对象的主要任务是清查核实评估对象,对机器设备进行勘察和技术鉴定,以测定机器设备的各种技术参数。

1. 清查核实评估对象

清查核实评估对象应根据委托方提供的机器设备评估申报明细表,通过核对企业的账面记录和盘点实物两个方面对评估对象机器设备进行核对,要尽可能对所有申报评估的机器设备逐台核实。对数量较多的成批同型号设备可采用抽查的办法,以落实评估对象。要特别注意对未进账的机器设备、已摊销完设备、租入和租出设备、建筑附属设备的清查核实,避免重复评估或者漏评。

2. 对机器设备进行勘察和技术鉴定

对机器设备进行勘察和技术鉴定是机器设备评估现场工作的核心。勘察鉴定的内容包括:

(1)对机器设备所在整个生产系统、生产环境、生产强度以及生产系统的产品结构、产品市场需求状况进行总体鉴定和评价。以此为单台(件)机器设备的技术鉴定提供背景资料。

(2)对机器设备的使用状况,包括机器设备的购建时间、已使用年限、利用率及运行负荷的大小、完好率、技术改造、大修理情况进行勘察和鉴定。

(3)对机器设备的技术状况,包括设备的类别、规格型号、制造厂家、生产能力、加工精度、设备实际所处状况等进行分析和鉴定。对机器设备进行勘察和技术鉴定时,应注意向操作工人、技术人员、维修管理人员调查了解设备的使用、维护、修理情况,向财务人员了解资金发生和使用情况。对于大型、复杂、高精尖设备,应由多名专业技术人员组成专家组进行勘察鉴定。

(五)搜集评估资料

机器设备评估所需的资料主要有委托方提供和评估人员有针对性地搜集两种渠道来源。

首先,评估人员要求委托方对委托评估的机器设备进行自查,查实机器设备的数量,并在此基础上,填写机械设备评估申报明细表,提供租出及租赁机器设备的合同、证明,提供新购设备、重点设备的购货合同、发票及运输安装调试费用的收据,以及提供其他必要的经济技术资料。其次,评估人员还要广泛地搜集与评估工作有关的数据资料,包括机器设备的成本资料、市场价格资料、技术资料,对机器设备价格产生影响的利率、税率、汇率等资料,这对于提高评估工作的效率是非常重要的。

(六) 估算机器设备价值

根据机器设备评估的目的、评估对象的状况、市场状况以及资料的搜集情况,选择合适的方法对机器设备的价值进行分析和估算。机器设备评估常用的方法是成本法,运用成本法评估时,要注意分析机器设备是否存在功能性贬值和经济性贬值,并采用合适的方法进行估算;运用市场法评估时,应注意参照物的可比性以及可比因素的确定和差异量化;运用收益法评估时,应注意收益法所适用的评估对象,合理估算预期收益和折现率。

(七) 编制评估报告

评估专业人员应按照评估报告准则的要求编制机器设备评估报告。如果是单独的机器设备评估项目,应按照评估报告规范的格式和内容编制完整的报告,如果机器设备评估作为评估项目中的一部分内容,应编写机器设备评估说明,而不必编制完整的评估报告。

第二节 成本法在机器设备评估中的应用

一、成本法的基本思路

成本法是机器设备评估的一种重要思路,成本法中包含的各种具体方法是机器设备评估的技术手段。机器设备评估的成本法是首先估测被评估机器设备的重置成本,然后再判定和估测机器设备的实体性贬值、功能性贬值和经济性贬值,最后用机器设备的重置成本扣减各种贬值来测定被评估机器设备价值的评估技术思路。

成本法的评估公式为:

$$机器设备评估值 = 重置成本 - 实体性贬值 - 功能性贬值 - 经济性贬值$$
$$= 重置成本 \times 成新率 - 功能性贬值 - 经济性贬值$$

机器设备评估中的成本法适用范围比较广,对于市场狭窄、没有市场交易案例和不具有现实收益或潜在收益的机器设备一般都可以运用成本法进行评估。

二、机器设备重置成本及其构成

运用成本法评估机器设备价值时,首先应估测机器设备的重置成本。资产评估中机器设备的重置成本不是一般意义上成本的概念,是指购置或购建设备所发生的必要的、合理的直接成本、间接成本和因资金占用所发生的资金成本。设备的直接成本一般包括设备本体重置成本、运杂费、安装费、基础费及其他合理成本。设备的间接成本一般包括管理费用、设计费、工程监理费、保险费等。直接成本与每一台设备有直接对应关系；间接成本和资金成本有时不能对应到每一台设备上，是为整个项目发生的，在计算每一台设备的重置成本时一般按比例分摊。

（一）机器设备重置成本

机器设备的重置成本通常是指按现行价格水平购建与被评估机器设备相同的全新设备所需的成本。机器设备的重置成本中的现行价格水平是指评估时的价格水平；与被评估机器设备相同的设备包括两种情形，一是与被评估设备完全相同，二是指与被评估机器设备在功能上相同。

机器设备的重置成本通常分为复原重置成本和更新重置成本两种。复原重置成本，一般用于评估机器设备的制造工艺、材料等与原来完全相同的情况，评估时设备重置成本的变化主要是由物价水平变化引起的。在这种情况下，只需要将设备历史成本中的人工费、机械费、材料费调整到目前的价格水平，即复原重置成本。由于技术的进步，设备的制造工艺、材料在不断发展，有时按复原重置的方式计算复原重置成本是困难的，或是不合理的。例如，有些设备原来使用的材料已淘汰，目前的市场无法得到这些材料，也没有办法确定它的成本；有些设备尽管可以进行复原重置，但是其成本要高于更新重置成本，而性能却低于更新重置建造的设备。

复原重置成本和更新重置成本虽然都属于重置成本范畴，但二者在成本构成因素上是有差别的。复原重置成本基本上是在不考虑技术条件、材料替代、制造标准等因素的变化的前提下，仅考虑物价因素对成本的影响，即将资产的历史成本按照价格变动指数或趋势转换成重置成本或现行成本。更新重置成本是在充分考虑了技术条件、制造标准、材料替代，以及物价变动等因素变化的前提下所确定的重置成本或现行成本。两种重置成本在成本构成要素上的差别，要求评估人员在运用成本法对机器设备估价时，准确把握所使用的重置成本的确切含义，特别注意两种重置成本对机器设备功能性贬值及成新率可能产生的不同影响。

（二）机器设备重置成本的构成

机器设备的重置成本一般包括设备自身购置价格、运杂费、安装费、基础费及其他合理成本。作为评估对象的机器设备包括外购国产设备、进口设备以及自制设备等，由于机器设备的取得方式不同，其成本构成项目也不一致。

（1）外购国产设备重置成本主要包括：设备自身购置价格、运杂费、安装费、基础费、其他费用等。

（2）进口设备重置成本主要包括：设备自身购置价格（通常为离岸价）、国外运输费、国外运输保险费、进口关税、增值税、银行财务费用、外贸手续费、国内运杂费、安装费、基础费、其他费用等。

在这里需要指出的是，离岸价(free on board, FOB)的意思是装运港船上交货，是指在装运港,当货物越过船舷时,卖方即完成交货。买方负责订立从启运地至目的地的运输契约,并支付运输费用,负责办理货物保险,支付相应保险费,货物灭失或损坏的一切风险由买方承担。到岸价(cost insurance and freight,CIF)的意思是成本、保险加运费,是指在装运港当货物越过船舷时卖方即完成交货,卖方要负责订立从启运地至目的地的运输契约,并支付正常的运输费用,负责办理货物保险,支付相应保险费,但卖方不承担保证把货送到约定目的港的义务,货物灭失或损坏的一切风险由买方承担。其中,设备离岸价(FOB)、国外运输费、国外运输保险费三者之和即为设备到岸价(CIF)。

(3) 自制设备重置成本主要包括:生产成本(包括直接材料、直接人工、燃料及动力和制造费用)、利润、税金、安装费、基础费、其他费用等。

三、机器设备重置成本的估测

机器设备重置成本的估测可以按照机器设备重置成本的构成分别估测设备的自身购置价格、运杂费、安装费、基础费和其他成本费用,然后将各部分的数额相加得到机器设备的重置成本。

(一) 设备自身购置价格的估测

对外购的国产或进口设备的自身购置价格进行估测时,可以采用市场询价法、功能价值法、价格指数法等估测方法;对于自制的设备自身购置价格进行估测时通常采用重置核算法。

1. 市场询价法

市场询价法是通过市场调查,从生产厂家、销售部门或其他途径获得设备销售价格,在认真分析的基础上确定设备自身购置价格的方法,该方法主要适用于评估时市场上有被评估设备销售的情况。对大多数有公开市场价格资料的机器设备,可以通过市场询价直接确定设备的现行价格,即资产评估专业人员直接从市场了解相同产品的现行市场销售价格。对于机器设备的市场价格而言,制造商与销售商,或者不同的销售商之间的售价可能是不同的,根据替代性原则,在同等条件下,评估专业人员应该选择可能获得的最低售价。

一些专用设备和特殊设备,由于只有少数厂家生产,市场交易也少,一般没有公开的市场价格,由于市场透明度较差,确定这些设备的现行市场价格,需要直接向生产厂家询价,此时所得到的价格称为报价。生产厂家的报价和实际成交价往往存在较大的差异。评估专业人员应特别慎重地对待这种报价,不可以直接使用。一般应向近期购买该厂同类产品的其他客户了解实际成交价。对于进口设备评估,可以从国外生产厂家、销售商、外贸进出口公司、海关等单位获得设备的离岸价或到岸价。由于进口渠道不同,进口设备的市场价格也存在不同,评估人员应充分调查和认真分析后确定其价格。

【例3-1】 评估某企业的一台机床时,生产厂家的产品目录和价格表标示的价格为65 000元,当地经销商的报价为64 800元。评估人员调查了解到该机床如果直接从生产厂家购买可以打98折,但运费需500元;如果从当地经销商处购买没有折扣,但可以赠送一套价值 300 元的备件。

要求：确定被评估机床的自身重置价格。

解：根据题意，计算过程如下：

直接从生产厂家购买成本 = 65 000 × 98% + 500 = 64 200(元)

从经销商处购买成本 = 64 800 − 300 = 64 500(元)

经综合分析，确定被评估机床的自身重置价格为 64 200 元。

2. 功能价值法

功能价值法是通过市场调查获得同类全新设备的市场价格，然后以同类设备的市场价格为基础，并根据被评估设备功能与同类设备功能的比较，调整后得到被评估设备自身购置价格的方法。

功能价值法中的同类设备是指与被评估设备类型相同，但规格型号或加工能力不同的设备（如普通车床）。同类设备必须是新的，同类设备的市场价格可以根据市场询价法获得。对于进口设备评估，所选择的同类设备也应该是进口的设备，而不宜是国产设备。

采用功能价值法应重点对被评估设备与类似设备之间的功能与购置价格之间的关系进行分析，根据不同的情况采取不同的计算公式。

当设备的功能与购置价格之间呈线性关系时，评估计算公式为：

$$设备自身购置价格 = 同类设备市场价格 \times \frac{被评估设备功能}{同类设备功能}$$

当设备的功能与购置价格之间呈指数关系时，评估计算公式为：

$$设备自身购置价格 = 同类设备市场价格 \times \left(\frac{被评估设备功能}{同类设备功能}\right)^x$$

其中，x 为功能价值指数，或称规模效益指数，它是用来反映价格与功能之间指数关系的具体指标。在国外经过大量数据的测算，取得的经验数据是：指数 x 的取值范围为 0.4～1.2，在机器设备评估中一般取值范围为 0.6～0.7。

【例 3-2】 被评估设备的年生产能力为 90 吨，同类全新设备的年生产能力为 120 吨，同类设备的市场价格为 100 000 元，经分析该类设备的功能与价格之间呈线性关系。

要求：确定被评估设备的自身购置价格。

解：根据题意，计算过程如下：

$$设备自身购置价格 = 100\,000 \times \frac{90}{120} = 75\,000(元)$$

【例 3-3】 对某公司年产 6 000 吨产品的设备进行评估时得知，该设备 3 年前的购置价格为 150 万元，但无法获得该型号设备在评估时的市场销售价格。同时，年产 8 000 吨产品的同类型设备当前的市场价格为 300 万元，经测算，该类设备的功能价值指数为 0.7。

要求：确定被评估设备的自身购置价格。

解：根据题意，计算过程如下：

$$设备自身购置价格 = 300 \times \left(\frac{6\,000}{8\,000}\right)^{0.7} = 245（万元）$$

3. 价格指数法

价格指数法是以被评估设备的原购置价格为基础，利用同类设备的价格指数将被评估设备的原购置价格调整为评估时购置价格的方法。

价格指数法中被评估设备的原购置价格是指被评估设备购买时的市场价格，不包括运费、安装费等其他费用；同类设备的价格指数是指被评估设备所属设备类别的价格指数，如金属切削设备类、金属压力加工设备类、起重设备类等；价格指数有年价格指数和月份价格指数之分，评估时最好选择月份价格指数，没有月份价格指数可以选择年价格指数；对于进口设备，应选择设备生产国（出口国）的同类设备价格指数。价格指数法通常适用于技术进步速度不快，技术进步因素对价格影响不大的设备自身购置价格的估测。

在运用价格指数法时，可根据获得价格指数的情况，采用定基价格指数或环比价格指数进行调整。

（1）运用定基价格指数修正时要注意，定基指数是以某一固定时期作为基期，按时间顺序编制的各个时期（年、月）的指数，价格指数用百分比表示。定基价格指数是反映报告期价格总水平的指数，与之相对应的还有定基价格变动指数，定基价格变动指数是反映报告期价格变动情况的指数。定基价格指数等于1加上定基价格变动指数。

运用定基价格指数计算被评估设备自身购置价格的公式为：

$$设备自身购置价格 = 设备原购置价格 \times \frac{评估时定基价格指数}{购置时定基价格指数}$$

【例3-4】某被评估设备购置于2020年，当时的购置价格为65 000元，2020年该类设备的定基价格指数为106％，2022年进行评估时，该类设备的定基价格指数为125％。

要求：计算被评估设备的自身购置价格。

解：根据题意，计算过程如下：

$$被评估设备自身购置价格 = 65\,000 \times \frac{125\%}{106\%} = 76\,651（元）$$

【例3-5】某被评估设备是2020年从美国进口的，当时的购置价格（离岸价）为125 300美元，2022年对该设备进行评估。经调查，2022年时该类设备在美国的价格比2020年下降了3％，评估时美元与人民币的比价为1∶6.14。

要求：计算被评估设备的自身购置价格（离岸价）。

解：根据题意，计算过程如下：

$$设备购置价格 = 125\,300 \times \frac{1-3\%}{100\%} \times 6.14 = 746\,262(元)$$

(2) 运用环比价格指数修正时要注意,环比指数指对比基期随报告期的变动而相应变动的指数,如月环比价格指数的基期为上一月,年环比价格指数的基期为上一年。与环比价格指数相对应的还有环比价格变动指数,环比价格指数等于1加上环比价格变动指数。

运用环比价格指数计算被评估设备自身购置价格的公式为:

$$设备自身购置价格 = 设备原购置价格 \times \prod_{t=t_0+1}^{t_n} 环比价格指数$$

式中:t_n 表示设备评估时间;

t_0 表示设备购置时间。

【例 3-6】 某被评估设备购置于2015年,当时的购置价格为38 200元。2020年进行评估,该类设备2016年至2020年的环比价格指数分别为98.1%、103.8%、104.5%、102.6%、111.1%。

要求:计算被评估设备的自身购置价格。

解:根据题意,计算过程如下:

$$设备自身购置价格 = 38\,200 \times 98.1\% \times 103.8\% \times 104.5\% \times 102.6\% \times 111.1\%$$
$$= 46\,335(元)$$

【例 3-7】 某被评估设备购置于2016年,当时的购置价格为45 800元。2020年进行评估,该类设备2017年至2020年的环比价格变动指数分别为4.5%、2.6%、11.1%、4.2%。

要求:计算被评估设备的自身购置价格。

解:根据题意,计算过程如下:

$$设备自身购置价格 = 45\,800 \times (1+4.5\%) \times (1+2.6\%) \times (1+11.1\%) \times (1+4.2\%)$$
$$= 56\,847(元)$$

4. 重置核算法

重置核算法是根据设备建造时所消耗的材料、人工、燃料及动力,按现行价格水平和费用标准重新计算设备自身的生产成本,然后再加上合理的利润、税金等来确定被评估设备自身购置价格的方法。

重置核算法主要适用于自制设备自身购置价格的估测。自制设备通常是根据企业自身特定需要,自行设计和制造的设备。估测自制设备的自身购置价格,不能采用市场询价法,如果有同类设备的市场价格和生产能力指标等资料或者能够获得同类设备的价格指数资料,可以采用功能价值法或价格指数法。

运用重置核算法估测设备自身购置价格的公式为:

设备自身购置价格＝生产成本＋利润＋税金

生产成本包括按照现行价格水平和费用标准计算的直接成本和间接成本；利润是以行业平均成本利润率计算的利润总额，利润率可以选择直接成本利润率或生产成本利润率等；税金包括增值税、城市维护建设税和教育费附加。

【例3-8】 对某公司的一台自制设备进行评估，该设备是3年前企业自行设计和制造的，根据企业提供的账目，该设备制造中有关材料成本(不含税)、工时、制造费用等核算资料见表3-1。

要求：计算被评估设备的自身购置价格。

表3-1　　　　　　　　　　　　生产成本核算表

消耗的料、工、费	数量	单价(元)	金额(元)
钢材消耗	8吨	3 200	25 600
铸铁消耗	6吨	2 500	15 000
外协件(电机)	1台	12 500	12 500
工时消耗	3 000工时	8	24 000
直接成本合计			77 100
制造费用			38 550
生产成本合计			115 650

评估人员经过市场调查和测算获得有关材料不含税的价格分别为：钢材3 500元/吨；铸铁2 600元/吨；外协件(电机)为12 800元/台；单位工时成本为12元，制造费用占直接成本的比重为0.48；行业平均成本利润率为10％；该企业适用的增值税税率为13％，城市维护建设税税率为7％，教育费附加率为3％。

解：根据现行价格水平和费用标准，该设备自身购置价格计算如下：

直接成本＝$8\times3\,500+6\times2\,600+12\,800+3\,000\times12=92\,400$(元)

制造费用＝$92\,400\times0.48=44\,352$(元)

生产成本＝$92\,400+44\,352=136\,752$(元)

利润＝$136\,752\times10\%=13\,675$(元)

增值税＝销项税额－进项税额＝$(136\,752+13\,675)\times13\%-(8\times3\,500+6\times2\,600+12\,800)\times13\%=19\,556-7\,332=12\,224$(元)

城市维护建设税＝$12\,224\times7\%=856$(元)

教育费附加＝$12\,224\times3\%=367$(元)

税金合计＝$12\,224+856+367=13\,447$(元)

设备自身购置价格＝$136\,752+13\,675+13\,447=163\,874$(元)

(二) 运杂费的估测

1. 国产设备运杂费

国产设备运杂费,是指从生产厂家到安装使用地点所发生的装卸、运输、采购、保管、保险及其他有关费用。其计算方式有两种:一是根据设备的生产地点、使用地点以及重量、体积、运输方式,根据相应部门的运费计费标准计算;二是按照设备本体重置成本的一定比率计算。

2. 进口设备的国内运杂费

进口设备的国内运杂费,是指进口设备从出口国运抵我国后,从所到达的港口、车站、机场等地,将设备运至使用目的地所发生的港口费用、装卸费用、运输费用、保管费用、国内运输保险费等有关费用,不包括运输超限设备时发生的特殊措施费。其计算公式为:

$$进口设备的国内运杂费 = 进口设备到岸价 \times 进口设备国内运杂费费率$$

(三) 安装费的估测

设备安装包括设备的装配和安装,锅炉及其他各种工业锅窑的砌筑,设备附属设施的安装,设备附属管线的敷设,设备及附属设施和管线的绝缘、防腐、油漆、保温等。设备安装费是指上述工程所发生的所有材料费、人工费、机械费及其他费用等。设备安装费的估测可以采用以下方法。

1. 重置核算法

重置核算法是指根据设备原来安装过程中材料、人工、机械的消耗量,按照现行的价格水平和费用标准重新计算,再加上其他费用,以此得到重置安装费的方法。重置核算中可以按照原来的材料计算,也可以按照新型材料进行计算。

计算公式为:

$$安装费 = 材料费 + 人工费 + 机械费 + 其他费用$$

2. 安装费费率计算法

安装费费率计算法是按国产设备的价格、进口设备的到岸价的一定比率作为设备的安装费率,并以此来计算设备的安装费的方法。国产设备价格和进口设备到岸价是按照现行的价格水平计算的设备自身购置价格和到岸价。

运用安装费费率计算国产和进口设备安装费的公式为:

$$国产设备安装费 = 国产设备价格 \times 国产设备安装费费率$$
$$进口设备安装费 = 进口设备到岸价 \times 进口设备安装费费率$$

国产设备安装费费率可参考国家有关部门关于机械工程建筑项目概算指标的相关规定,进口设备安装费费率可按照同类型国产设备的30%~70%确定。

(四) 基础费的估测

设备的基础是为安装设备而建造的特殊构筑物。设备基础费是指建造设备基础所发生的材料费、人工费、机械费和其他费用。

设备基础费的估测可以采用重置核算法和基础费费率计算法。其中,重置核算法与安装费的估测基本相同;基础费费率计算法按照国产设备价格、进口设备到岸价的一定比率作为设备的基础费费率,并以此来计算设备的基础费。国产设备价格和进口设备到岸价是按照现行的价格水平计算的设备自身购置价格和到岸价。国产设备基础费费率可参考国家有关部门关于机械工程建筑项目概算指标的相关规定,进口设备基础费费率可按照同类型国产设备的30%~70%确定。

(五)进口设备其他成本费用的估测

进口设备其他成本费用主要包括国外运输费、国外运输保险费、关税、消费税、增值税、外贸手续费等,对于进口车辆还应包括车辆购置税。

1. 国外运输费的估测

国外运输费通常以设备的离岸价为基数乘以国外运输费费率计算,也可以按设备的重量、体积及运输公司的收费标准计算。远洋运输的海运费费率一般取5%~8%,近洋运输的海运费费率一般取3%~4%。国外运输费的计算公式为:

$$国外运输费 = 设备离岸价 \times 国外运输费费率$$

2. 国外运输保险费的估测

国外运输保险费一般以设备的离岸价与国外运输费之和为基数乘以国外运输保险费费率计算。国外运输保险费费率可根据保险公司费率表确定,一般在0.3%左右。国外运输保险费的计算公式为:

$$国外运输保险费 = (设备离岸价 + 国外运输费) \times 国外运输保险费费率$$

3. 关税的估测

关税以进口设备的关税完税价格乘以相应关税税率计算。关税完税价格为进口设备的到岸价,关税税率按照《进境物品进口税税率表》确定。关税的计算公式为:

$$关税 = 关税完税价格 \times 关税税率$$

4. 消费税的估测

消费税以关税完税价格与关税之和为基数,并换算成含消费税的计税价格后乘以消费税税率计算。进口设备中只有小汽车、中轻型商用客车以及摩托车等车辆征收消费税,消费税税率按照国家发布的消费税税率表确定。消费税的计算公式为:

$$消费税 = \frac{(关税完税价格 + 关税)}{1 - 消费税税率} \times 消费税税率$$

5. 增值税的估测

增值税以关税完税价格、关税和消费税之和为基数乘以增值税税率计算。不缴纳消费税的进口设备以关税完税价格和关税之和为基数计算。进口设备增值税税率为13%,同时还要以增值税税额为基数分别按照7%和3%缴纳城市维护建设税和教育费附加。增值税的计算公式为：

$$增值税 = (关税完税价格 + 关税 + 消费税) \times 增值税税率$$

6. 银行财务费用的估测

银行财务费用是银行为客户进口设备办理外汇结算业务而收取的费用。银行财务费用以设备离岸价为基数乘以相应的费率计算，现行银行财务费用率一般为0.4%~0.5%。银行财务费用的计算公式为：

$$银行财务费用 = 设备离岸价 \times 财务费用率$$

7. 外贸手续费的估测

外贸手续费是外贸进出口公司为客户代理设备进口业务而收取的费用。外贸手续费通常以设备到岸价为基数乘以相应的费率计算，外贸公司进口业务的收费率一般为1%~1.5%。外贸手续费的计算公式为：

$$外贸手续费 = 设备到岸价 \times 费率$$

8. 车辆购置税的估测

车辆购置税以关税完税价格、关税和消费税之和为基数乘以车辆购置税税率计算，车辆购置税的税率为10%。车辆购置税的计算公式为：

$$车辆购置税 = (关税完税价格 + 关税 + 消费税) \times 车辆购置税税率$$

【例3-9】 对某企业一套从美国进口的设备进行评估，评估人员经过调查了解到，现在该设备从美国进口的离岸价为60万美元，国外运输费费率为6%，国外运输保险费费率为4‰，该设备现行进口关税税率为10%，增值税税率为13%，城市维护建设税、教育费附加分别为增值税税额的7%和3%，银行财务费用率为0.5%，外贸手续费费率为1.5%。国内运杂费费率为1.5%，安装费费率为0.8%，基础费费率为1.2%。评估基准日美元与人民币的比价为1∶6.14。

要求：计算被评估设备的重置成本。

解：根据题意，计算过程如下：

国外运输费 = 60 × 6% = 3.6(万美元)

国外运输保险费 = (60 + 3.6) × 4‰ = 0.25(万美元)

到岸价(外汇计价) = 60 + 3.6 + 0.25 = 63.85(万美元)

到岸价(人民币计价) = 63.85 × 6.14 = 392.04(万元)

关税 = 392.04 × 10% = 39.2(万元)

增值税 = (392.04 + 39.2) × 13% = 56.06(万元)

城市维护建设税 = 56.06 × 7% = 3.92(万元)

教育费附加 = 56.06 × 3% = 1.68(万元)

银行财务费＝60×6.14×0.5％＝1.84(万元)
外贸手续费＝392.04×1.5％＝5.88(万元)
国内运杂费＝392.04×1.5％＝5.88(万元)
安装费＝392.04×0.8％＝3.14(万元)
基础费＝392.04×1.2％＝4.70(万元)
进口设备重置成本＝392.04＋39.2＋56.06＋3.92＋1.68＋1.84＋5.88＋5.88＋3.14＋4.70＝514.34(万元)

四、机器设备实体性贬值的估测

机器设备实体性贬值主要是设备使用过程中的磨损,或者外力、自然力的作用造成的损耗。除新设备外,机器设备都会存在一定的实体性贬值,但由于机器设备的类型、使用状况不同,贬值程度也不尽相同。反映机器设备实体性贬值的相对数是实体性贬值率,实体性贬值率是实体性贬值额占重置成本的比重。

$$实体性贬值率 = \frac{实体性贬值额}{重置成本} \times 100\%$$

成新率是与实体性贬值率相对应的指标。成新率是反映机器设备新旧程度的指标,或理解为机器设备现实状态与设备全新状态的比率。成新率与实体性贬值率是对同一事物从不同方向进行观察的不同结果,二者的关系为:

$$成新率 = 1 - 实体性贬值率$$

评估中,对机器设备实体性贬值的估测方法通常是估测其成新率。成新率的估测是机器设备成本法估价中的重点和难点问题,测定成新率的基本准则是以被评估对象的有关事实和环境条件为依据,通常采用观察法、使用年限法和修复费用法进行,以下是对这几种方法的详细介绍。

(一) 观察法

观察法是评估人员根据对机器设备的现场观察和技术检测,在综合分析机器设备的已使用时间、使用状况、技术状态、维修保养状况、大修技改情况、工作环境和条件等因素的基础上,测定设备的成新率的方法。运用观察法估测机器设备的成新率,在具体操作中可采用以下两种具体方法。

1. 直接观察法

直接观察法是首先确定和划分不同档次的成新率标准,然后根据被评估对象实际情况,经观测、分析、判断直接确定被评估机器设备的成新率。这种办法的特点是相对简便、省时、易行,但主观性强,精确度较差。该方法一般适用于单位价值小、数量多、技术性不是很强的机器设备成新率的确定。

2. 打分法

打分法又称分部分鉴定法,是按机器设备的构成部分分项,按各项的价值比重或贡献度打分(满分100),然后根据对设备各部分实际状况的技术鉴定,通过打分来确定被评估机器设备的成新率的方法。这种方法的特点是使单项设备的成新率的确定变得可量化,在一定程度上克服了主观随意性,使成新率的确定更加科学合理。

在具体操作时,需要将不同部分分别划分来进行打分。比如在对机床采用打分法估测成新率时,首先把机床划分为机床精度、操作系统、润滑系统、运动系统、电器系统、外观及其他几个部分,并给定每个部分的标准分(满分100),然后对各部分进行观测或技术鉴定,在此基础上对各部分实际状况打分,最后把各部分实得分数相加,即可得到被评估机床的成新率。数控机床可划分为机床精度、数控系统、液压系统、操作系统、润滑系统、电器系统、外观及其他几个部分,各部分的标准分与普通机床相比有较大差别,这里不做详细介绍。

对评估专业人员而言,用打分法鉴定机床成新率的难点是机床精度的测定,因为机床精度可分为几何精度和工作精度(加工精度),具体又通过很多指标来反映,这些指标的测定通常用仪器来完成。事实上,由于受技术装备条件及评估作业时间的限制,评估机构很难做到这一点。在实际评估中,评估人员可通过向机器设备技术管理人员、设备操作人员调查了解机床的实际加工精度情况,再通过与机床的标准加工精度或设计加工精度对比,来给机床的精度打分。

(二) 使用年限法

使用年限法是假设机器设备在整个使用寿命期间,机器设备的实体性贬值与其寿命缩短是成正比的,于是就能够使用设备的尚可使用年限与总寿命年限的比确定设备的成新率,设备总寿命年限等于已使用年限加上尚可使用年限的方法。使用年限法的评估计算公式为:

$$成新率 = \frac{尚可使用年限}{已使用年限 + 尚可使用年限} \times 100\%$$

上述表达式是计算成新率的典型公式,因为并非所有的机器设备都以"年"为单位反映寿命,如对汽车的寿命通常采用行驶里程衡量更为准确,有些大型设备的寿命则以工作小时反映,大型建筑施工机械可按工作台班反映寿命。尽管反映寿命的单位不同,但评估成新率的原理与按"年"计量的评估方法基本一致,因此我们统称为使用年限法。

运用使用年限法估测机器设备的成新率取决于两个基本因素:已使用年限和尚可使用年限。但由于机器设备的具体情况不尽相同,如有的机器设备的投资是一次完成的,有的设备投资可能分次完成,有的可能进行过更新改造和追加投资,因此,应采取不同的方法测算其已使用年限和尚可使用年限,本节主要介绍简单年限法和综合年限法。

1. 简单年限法

简单年限法是针对投资为一次完成,没有更新改造和追加投资等情况发生的机器设备成新率的估测方法,具体测算时关键在于计算机器设备的已使用年限和尚可使用年限。

机器设备已使用年限是指机器设备从开始使用到评估基准日所经历的时间。由于设备在使用中负荷程度及日常维护保养差别的影响,已使用年限可分为名义已使用年限和实际已使用年限。名义已使用年限指会计记录记载的设备已提折旧的年限。实际已使用年限指设备在使用中实际工作的年限,可根据设备运行的记录资料,用下列公式计算:

$$实际已使用年限 = 名义已使用年限 \times 设备利用率$$

$$设备利用率 = \frac{截至评估基准日设备累计实际工作时间}{截至评估基准日设备累计额定工作时间} \times 100\%$$

若设备利用率的计算结果小于1,则表明开工不足,设备实际已使用年限小于名义已使用年限;若计算结果大于1,则表明设备处于超负荷运转状态,实际已使用年限大于名义已使用年限;若计算结果等于1,则表明设备处于满负荷运转状态,实际已使用年限等于名义已使用年限。

在机器设备评估中,应根据机器设备的名义已使用年限(折旧年限),考虑机器设备的使用班次、使用强度、维修保养水平据实估测其实际已使用年限。

机器设备尚可使用年限是指从评估基准日开始到机器设备停止使用所经历的时间,即机器设备的剩余寿命。机器设备的已使用年限加上尚可使用年限就是机器设备总寿命年限。如果机器设备总寿命年限已确定,尚可使用年限就是总寿命年限扣除已使用年限的余额。机器设备的尚可使用年限受到已使用年限、使用状况、维修保养状况以及设备运行环境的影响,评估人员应对上述因素进行全面分析和审慎考虑,以便合理确定机器设备的尚可使用年限。确定尚可使用年限的方法还有折旧年限法、寿命年限平均法、预期年限法。

折旧年限法是参照国家规定的机器设备的折旧年限,扣除实际已使用年限得到机器设备的尚可使用年限的方法。折旧年限是国家财政、税务部门规定的机器设备计提折旧的时间跨度。它是综合考虑了机器设备物理使用寿命、技术进步因素、企业承受能力以及国家税收状况等因素确定的。从理论上讲,折旧年限并不等同于机器设备的总寿命年限,机器设备已折旧年限并不一定能全面反映出机器设备的磨损程度,因此,采用此法计算机器设备的尚可使用年限及成新率时,一定要注意法定年限与机器设备的经济寿命、已折旧年限与设备的实际损耗程度是否相吻合,并注明使用前提和使用的条件。折旧年限法一般适用于较新的机器设备尚可使用年限及成新率的确定。对于国家明文规定限期淘汰禁止超期使用的设备,其尚可使用年限不能超过国家规定禁止使用的日期,而不论设备的现时技术状态如何。

寿命年限平均法是根据企业已报废的机器设备使用寿命年限的记录,按加权平均法确定机器设备的平均寿命年限,并以此作为被评估机器设备的总寿命年限,扣除已使用年限后即得尚可使用年限的方法。该方法的运用前提是企业机器设备报废资料记录比较完整,且具有一定数量;企业的机器设备使用保养情况正常,或被评估对象与报废的机器设备使用情况、维修保养情况以及运行环境状况基本相同；被评估机器设备与报废的机器设备类型、规格型号、制造质量等方面基本相同。

【例 3-10】 一台普通金属切削机床已使用 5 年；查阅近 3 年设备报废记录，共报废该类机床 8 台，其中：使用寿命 13 年的 1 台，使用寿命 15 年的 2 台，使用寿命 16 年的 3 台，使用寿命 17 年的 1 台，使用寿命 20 年的 1 台。

要求：计算被评估设备的成新率。

解：经分析，被评估设备与报废设备的使用情况、维修保养情况及运行环境状况基本相同，则该类设备的平均使用寿命为：

$$\frac{13\times1+15\times2+16\times3+17\times1+20\times1}{8}=16(年)$$

尚可使用年限 $=16-5=11$（年）

成新率 $=\frac{11}{16}\times100\%=68.75\%$

预期年限法也称技术鉴定法，是应用工程技术手段现场勘查和技术鉴定，检测机器设备的各项性能指标，确定资产的磨损程度，并与现场操作人员和设备管理人员交谈，了解设备的使用状况、维修保养状况及运行环境状况，依靠专业知识和经验判定机器设备的尚可使用年限的方法。在对于已使用时间较长、比较陈旧的机器设备以及超龄服役的机器设备确定尚可使用年限时，一般采用此方法。预期年限法主观性较强，难度也较大，需要评估人员具有较强的专业水准和丰富的评估经验，这也是评估人员必备的本领。

2. 综合年限法

综合年限法根据机器设备投资是分次完成，机器设备进行过更新、改造和追加投资，以及机器设备的不同构成部分的剩余寿命不相同等一些情况，经综合分析判断，并采用加权平均法，确定被评估机器设备成新率的方法。

一台机器设备由于分次投资、更新改造、追加投资等情况，使不同部件的已使用年限不同，确定整个设备的已使用年限，应以各部件重置成本的构成为权重，对各部件参差不齐的已使用年限进行加权平均，确定使用年限。

【例 3-11】 某设备购于 2010 年，购置成本为 50 000 元，2013 年和 2015 年进行了两次更新改造，主要是添置一些自动化控制装置，当年投资分别为 3 000 元和 2 500 元，2018 年进行了一次大修，更换了一些原来的部件，投资额为 18 500 元。假设从 2010 年至 2020 年，该类机器设备每年的环比价格变动指数都为 10%，试估测该设备 2020 年评估时的已使用年限。

要求：计算被评估设备的综合使用年限。

解：(1) 用价格指数法计算被评估设备的重置成本。

具体做法是用机器设备各部分的历史成本乘以相应的价格指数，得出各部分的重置成本，将各部分的重置成本相加，即得到该设备的重置成本。具体计算见表 3-2。

表 3-2　　　　　　　　　　　　被评估设备重置成本

投资日期	历史成本(元)	价格指数	重置成本(元)
2010 年	50 000	$(1+10\%)^{10}=2.59$	129 500
2013 年	3 000	$(1+10\%)^{7}=1.95$	5 850
2015 年	2 500	$(1+10\%)^{5}=1.61$	4 025
2018 年	18 500	$(1+10\%)^{2}=1.21$	22 385

(2) 扣减重复计算的投资成本，调整重置成本。本例中 2018 年大修时换掉的那部分部件的成本计算了两次，应将重复计算部分扣除，调整设备的重置成本。扣除 2018 年重复计算的更换部件的成本，计算如下：

129 500－22 385＝107 115(元)

(3) 以各部件重置成本的构成为权重，计算加权投资成本。

用机器设备各部分重置成本分别乘以各部分已使用年限得到各部分加权投资成本，将各部分加权投资成本相加得到机器设备总的加权投资成本。具体计算见表 3-3。

表 3-3　　　　　　　　　　　　计算加权投资成本

投资日期	重置成本(元)	已使用年限(年)	加权投资成本(元)
2010 年	107 115	10	1 071 150
2013 年	5 850	7	40 950
2015 年	4 025	5	20 125
2018 年	22 385	2	44 770
合计	139 375	—	1 176 995

(4) 确定设备的综合已使用年限。用设备的加权投资成本除以设备的现行重置成本得：

$$设备综合已使用年限 = \frac{1\ 176\ 995}{139\ 375} = 8.44(年)$$

(三) 修复费用法

修复费用法是根据修复设备磨损部件所需要的费用数额来确定机器设备实体性贬值及成新率的方法。它适用于机器设备某些特定结构部件已经被磨损，但能够以经济上可行的办法修复的情形，对机器设备来说，修复费用包括主要零部件的更换或者修复、改造等方面的费用。

修复费用法的计算公式为：

$$实体性贬值 = 修复费用$$

$$成新率 = 1 - \frac{修复费用}{重置成本}$$

在使用这种方法时，应注意以下两点：一是应当将实体性损耗中的可修复损耗和不可修复损耗区别开来。两者之间根本的不同点就是可修复的实体性损耗不仅在技术上具有修复的可能性，而且在经济上是合算的，不可修复的实体性损耗则无法以经济上合算的办法修复。于是,对于不可修复的损耗按观察法或使用年限法进行评估,可修复的损耗则按修复费用法来评估。二是应当将修复费用中用于修复设备实体与对设备技术更新和改造的支出区别开来。由于机器设备的修复往往同功能改进一并进行,这时的修复费用很可能不全用在实体性损耗上,而有一部分用在功能性贬值因素上,因此,在评估时应注意不要重复计算机器设备的功能性贬值。

【例3-12】 对某企业的一台加工炉进行评估,该加工炉以每周7天、每天24小时工作的方式连续运转。经现场观察并与操作人员和技术人员交谈,了解到这台设备是8年前安装的,现在需要对炉内的耐火材料、一部分管道及外围设备进行更换。如果更换耐火材料、管道和外围设备,该加工炉就能再运转15年。经与设备维修和技术部门讨论,可知更换耐火材料需投资15万元,更换管道及外围设备需投资7万元,共22万元,该加工炉的重置成本为160万元。

要求:计算被评估设备的实体性贬值及成新率。

解:根据题意,计算过程如下:

用加工炉的重置成本扣减可修复的实体性损耗得:$160-22=138$(万元)

损耗率 $=8\div(8+15)\times100\%=34.78\%$

损耗额 $=138\times34.78\%=48$(万元)

实体性贬值 $=22+48=70$(万元)

成新率 $=1-\dfrac{22+48}{160}=56.25\%$

上述三种估测实体性贬值及成新率的方法,在资料信息充足并有足够时间进行分析时都是行之有效的。但评估时很难做到三种方法同时运用,只能根据实际情况和所能掌握的有关资料选择合适的某一种方法。在评估时还应注意,采用某一方法计算的成新率是否包含了功能性贬值和经济性贬值的因素,以避免功能性贬值和经济性贬值的重复计算和漏评。

五、机器设备功能性贬值的估测

机器设备的功能性贬值是由于新技术发展的结果导致资产价值的贬损。它包括两个方面:一是超额投资成本造成的功能性贬值,主要是由于新技术引起的布局、设计、材料、产品工艺、制造方法、设备规格和配置等方面的变化和改进,使购建新设备比老设备的投资成本降低;二是超额运营成本造成的功能性贬值,主要是由于技术进步,使原有设备与新式设备相比功能落后,运营成本增加,本节中将对这两种情况分别进行介绍。

估测机器设备的功能性贬值,首先应该对已经确定的重置成本和成新率(实体性贬值)进行分析,看其是否已经扣除了功能性贬值的因素,如采用价格指数法确定的设备重置成本中包含功能性贬值因素,采用功能价值法确定的设备重置成本已经扣除了功能性贬值。又如采用使用年限法确定成新率,没有考虑功能性贬值因素,而采用修复费用法可能扣除了全部或部分的功能性贬值。因此,机器设备的重置成本和成新率确定后,不应直接进行功能性贬值的评估,而是要对重置成本和成新率进行分析:如果已经扣除了功能性贬值,就不要重复计算;如果未扣除功能性贬值,并且功能性贬值存在,则应采取相应的方法估测。

(一) 超额投资成本造成的功能性贬值的估测

由于超额投资成本造成的功能性贬值表现为新设备的构建成本比老设备低廉,因此功能性贬值就等于设备的复原重置成本与更新重置成本之间的差额。

$$功能性贬值 = 设备复原重置成本 - 设备更新重置成本$$

在评估操作中应注意的是,如果估测的重置成本是更新重置成本,实际就已经将被评估设备价值中所包含的超额投资成本部分剔除掉了,而不必再去刻意寻找设备的复原重置成本,然后再减掉设备的更新重置成本得到设备的超额投资成本。因此,选择重置成本时,在同时可得复原重置成本和更新重置成本情况下,应选用更新重置成本。当然也存在更新重置成本超过复原重置成本的可能性,这种情况往往是新设备功能更先进,运营成本降低而使老设备额外贬值。

(二) 超额运营成本造成的功能性贬值的估测

超额运营成本造成的功能性贬值与实体资产的任何有形损耗均无关联,它是由于技术的发展所引起但发生在设备现场的一种贬值。它很容易出现在下列类型的企业中,如使用高技术设备和制造高技术产品的工业企业;新兴产业;长期以来不断扩大规模的老企业;拥有大量相同设备的企业;拥有一些开工不足或闲置设备的企业;加工处理大量材料的企业。

具体测算功能性贬值时可采用未来超额运营成本折现法估测,具体步骤如下:

(1) 对被评估设备的运营报告和生产统计进行分析,重点分析操作人员数量、维修保养人员数量、材料能源和水电消耗、产量等几个方面,为估测评估对象未来的运营成本提供依据。

(2) 估测被评估设备的剩余经济寿命,之后选择参照物,估测并分析在评估对象剩余经济寿命内,参照物与被评估对象在产量、成本方面的差异(以年为单位),并将参照物的未来年运营成本与被评估对象的未来年运营成本比较,计算被评估对象的年超额运营成本(一般假设评估对象和参照物的未来年运营成本不变)。具体计算公式为:

$$年超额运营成本 = 评估对象的未来年运营成本 - 参照物的未来年运营成本$$

(3) 将年超额运营成本扣减采用新设备生产的新增利润应缴的所得税,得到被评估设备的年净超额运营成本。计算公式为:

$$年净超额运营成本 = 年超额运营成本 \times (1 - 所得税税率)$$
$$功能性贬值 = 年净超额运营成本 \times 年金现值系数$$

【例 3-13】 对某炼油厂的一个锅炉进行评估。该锅炉正常运转需 7 名操作人员,每名操作人员年工资及福利费约 9 600 元,锅炉的年耗电量为 10 万千瓦时,目前相同能力的新式锅炉只需 4 个人操作,年耗电量为 7.5 万千瓦时,电的价格为 1.2 元/千瓦时,被评估锅炉的尚可使用年限为 8 年,所得税税率为 25%,适用的折现率为 10%。

要求：计算被评估设备的功能性贬值额。

解：被评估锅炉的年超额运营成本为：

$(7-4) \times 9\,600 + (100\,000 - 75\,000) \times 1.2 = 58\,800$（元）

被评估锅炉的年净超额运营成本为：

$58\,800 \times (1-25\%) = 44\,100$（元）

被评估锅炉在剩余寿命年限内的功能性贬值额为：

$44\,100 \times PVIFA_{10\%,8} = 44\,100 \times 5.334\,9 = 235\,269$（元）

六、机器设备经济性贬值的估测

经济性贬值是因外界因素影响而引起的资产贬值，具体表现为设备的利用率下降、闲置、收益减少。导致经济性贬值的因素主要有：对产品需求的减少；市场竞争的加剧；原材料供应情况的变化；通货膨胀；高利率；政府法律、政策的影响；环境保护因素等。

由于经济性贬值是外界因素对整个企业而不是对单台设备或孤立的一组设备产生作用的结果，因此，采用成本法对机器设备估价时，很难确定和估算设备的经济性贬值，这也是成本法的主要缺陷。如果经分析经济性贬值确实存在并造成影响，应采取适宜的方法进行估测，具体可分为贬值率估算法和收益损失额折现法。

（一）贬值率估算法

经济性贬值率是资产经济性贬值额占重置成本的比重。对于设备利用率下降造成的经济性贬值，可通过比较设备预计生产能力和设计生产能力，以百分比的形式计算设备的经济性贬值率，然后再用设备的重置成本乘以设备的经济性贬值率得出设备的经济性贬值额。

其计算公式为：

$$\text{经济性贬值率} = \left[1 - \left(\frac{\text{预计生产能力}}{\text{设计生产能力}}\right)^x\right] \times 100\%$$

式中，x 表示规模效益指数，它的取值范围为 0.4～1.2，在机器设备评估中，x 的取值范围一般为 0.6～0.7。

经济性贬值额 =（重置成本 − 实体性贬值 − 功能性贬值）× 经济性贬值率

【例 3-14】 对某企业的一条生产线进行评估，该生产线的设计生产能力为每天 1 000 件产品，设备状况良好，技术上也很先进。由于市场竞争加剧，导致该生产线开工不足，每天只生产 750 件产品。经评估，该生产线的重置成本为 900 万元。

要求：试估测该生产线的经济性贬值额（规模效益指数取 0.7）。

解：根据题意，计算过程如下：

$$\text{经济性贬值率} = \left[1 - \left(\frac{750}{1\,000}\right)^{0.7}\right] \times 100\% = 18.24\%$$

经济性贬值额 $= 900 \times 18.24\% = 164.16$（万元）

在估测设备的经济性贬值时,必须注意以下几点:一是经济性贬值是由外界因素造成的。如果一个工厂是因为某些设备自身的原因而不能按原定生产能力生产,那么这样能力闲置就可能是有形损耗的结果;如果是因为工厂内部的生产能力不均衡,如同样的人力、物力消耗,生产能力却不同,那么这样的能力闲置就可能是功能性贬值问题。二是设备的生产能力与经济性贬值通常是指数关系,而非线性关系。如上述例题中,设备生产能力下降了25%,经济性贬值却是18.24%。

(二) 收益损失额折现法

在评估中,如果设备由于外界因素变化所造成的收益减少额能够直接测算出来,可直接按设备继续使用期间的每年的收益损失额折现累加得到设备的经济性贬值额。具体步骤如下:

(1) 对外界影响因素进行综合分析,估测和确定外界因素对机器设备经济性贬值的影响时间(收益损失年限)。

(2) 估测在评估对象未来收益损失年限内,正常情况下(未受影响)年收益额和受外界因素影响情况下年收益额(一般假定未来年收益额不变),并计算年收益损失额。计算公式为:

$$年收益损失额 = 正常情况下年收益额 - 外界因素影响情况下年收益额$$

(3) 将评估对象的年收益损失额扣减所得税得到年净收益损失额。计算公式为:

$$年净收益损失额 = 年收益损失额 \times (1 - 所得税税率)$$

(4) 选择适当的折现率,将评估对象未来的年净收益损失额折现,即可得到经济性贬值额。计算公式为:

$$经济性贬值额 = 未来年净收益损失额 \times 年金现值系数$$

【例 3-15】 被评估生产线的设计生产能力为每年生产 2 000 吨产品,设备状况良好。由于市场供求的变化,使该生产线开工不足,年生产能力预计为 1 600 吨产品。如果该企业生产的产品销售价格为 620 元/吨,销售利润率为 10%,被评估生产线尚可继续使用 5 年,折现率为 12%,所得税税率为 25%。

要求:计算被评估设备的经济性贬值额。

解:根据题意,计算过程如下:

$$经济性贬值额 = (2\,000 - 1\,600) \times 620 \times 10\% \times (1 - 25\%) \times (PVIFA_{12\%,5})$$
$$= 67\,049(元)$$

第三节 市场法在机器设备评估中的应用

一、市场法的基本思路

机器设备评估的市场法是以近期市场上相同或类似设备的交易价格为基础,通过对影响评估对象设备与参照物价格的各种因素对比分析,将参照物的市场交易价格修正为评估对象设备价值的评估思路和方法。

市场法中的相同或相类似设备主要指机器设备的功能、规格型号等方面相同或类似;近期交易是指距评估基准日较近的交易时间;影响评估对象设备与参照物价格的各种因素一般包括交易情况因素、资产状况因素、交易时间因素、交易地点因素等。

市场法评估的基本公式为:

$$P = P' \cdot A \cdot B \cdot C \cdot D$$

$$A = \frac{正常交易情况指数}{可比交易实例交易情况指数}$$

$$B = \frac{待估对象资产状况指数}{可比交易实例资产状况指数}$$

$$C = \frac{待估对象交易地点指数}{可比交易实例交易地点指数}$$

$$D = \frac{评估基准日同类设备价格指数}{参照物交易时间同类设备价格指数}$$

式中:A 表示交易情况修正系数;

B 表示资产状况修正系数;

C 表示交易地点修正系数;

D 表示交易日期修正系数;

P' 表示参照物的价格。

对于交易情况修正,通常以评估对象的交易情况为正常交易,采取对参照物交易情况分析打分的方法确定修正系数;对于资产状况修正,可根据评估对象的具体情况,分别确定品牌、功能、新旧程度等方面的修正系数;对于交易日期修正,可采用价格指数法确定修正系数,或者由评估人员通过市场案例调查确定修正系数;对于交易地点修正,可以根据评估对象交易地点与参照物交易地点同类新设备价格的比确定修正系数,如果二者交易地点相同,则交易地点修正系数可以确定为1。

二、市场法的适用范围和前提条件

市场法主要适用于机器设备变现价值的评估,而不适用于机器设备的原地续用价值的评估。变现价值与原地续用价值的不同,不仅在于价值构成项目的不同,更主要的是受市场因素影响的程度不同。应用市场法估价必须具备以下前提条件:

(一) 存在一个充分发育活跃的机器设备交易市场

充分发育活跃的机器设备交易市场是运用市场法的基本前提。充分发育活跃的机器设备交易市场应包括三种市场,一是全新机器设备市场,它是常规性的生产资料市场;二是二手设备市场,即设备的旧货市场;三是设备的拍卖市场。三种市场中影响设备交易价格的因素各不相同,而二手设备市场是否活跃发达是运用市场法的首要前提。从地域角度来看,机器设备市场还可分为地区性市场、全国性市场和世界性市场,地域因素对机器设备的交易价格也会产生影响。

(二) 能够找到与被评估设备相同或类似的参照物设备

在机器设备市场中与被评估对象完全相同的资产是很难找到的,一般是选择与被评估设备类似的机器设备作为参照物,参照物与被评估机器设备之间不仅在用途、性能、规格、型号、新旧程度方面应具有可比性,而且在交易背景、交易时间、交易目的、交易数量、付款方式等方面具有可比性,这是决定市场法运用与否的关键。

三、市场法的评估步骤

运用市场法对机器设备进行评估,通常按照以下步骤操作:

(一) 收集有关机器设备交易资料

市场法的首要工作就是在掌握被评估设备基本情况的基础上,进行市场调查,收集与被评估对象相同或类似的机器设备交易实例资料。所收集的资料一般包括设备的交易价格、交易日期、交易目的、交易方式、交易双方情况以及机器设备的类型、功能、规格型号、已使用年限、实际状态等。对所收集的资料还应查实,以确保资料的真实性和可靠性。

(二) 选择可供比较的交易实例作为参照物

对所收集的资料进行分析整理后,按可比性原则,选择所需的参照物。参照物选择的可比性应注意两个方面:一是交易情况的可比性;二是设备本身各项技术参数的可比性。这样可以对被评估设备与参照物之间的差异进行比较、量化和调整。

(三) 量化和调整交易情况的差异

机器设备的交易价格会受到供求状况、交易双方情况、交易数量、付款方式等交易情况影响。一般来说,在设备销售时,如果有多个投资者竞相购买,其价格必然要高,反之,价格就会降低;只销售一台设备与同时销售多台设备相比,价格也会不一样;一次付款和分期付款销售的价格也不相同。因此,应对上述因素进行分析,对由于上述因素引起的价格偏高或偏低情况进行量化和修正。计算公式为:

$$交易情况调整后价值 = 参照物交易价格 \times \frac{正常交易情况值}{参照物交易情况值}$$

(四) 量化和调整品牌方面的差异

由于生产厂家和品牌的不同,同一类型设备的产品质量和销售价格也会有差别。名牌产品质量好、价格高,一般产品质量差一些,价格也低。因此在评估时应对因生产厂家、品牌、质量等对交易价格的影响进行量化,并对这些因素进行调整,剔除其对交易价格的影响。计算公式为:

$$品牌差异调整后价值 = 参照物交易价格 \times \frac{全新被评估设备交易价格}{同型号全新参照物交易价格}$$

(五) 量化和调整功能方面的差异

机器设备规格型号及结构上的差异会集中反映在设备间的功能和性能的差异上,如生产能力、生产效率、运营成本等方面的差异。运用功能价值法和超额运营成本折现法等方法可以将被评估机器设备与参照物在结构、规格型号、性能等方面的差异量化和调整。计算公式为:

$$功能差异调整后价值 = 参照物交易价格 \times \left(\frac{被评估设备生产能力}{参照物生产能力}\right)^x$$

式中:x 为功能价值指数,它的取值范围为 0.6～0.7。

(六) 量化和调整新旧程度方面的差异

评估时,被评估机器设备与参照物在新旧程度上往往不一致,评估人员应对被评估设备与参照物的使用年限、技术状态等情况进行分析,估测其成新率。比较而言,对被评估对象成新率的估测相对容易,关键是对参照物的成新率如何进行客观判定。如有条件,应对参照物进行技术检测和鉴定,确定其成新率,如无条件,可采用年限法估测。取得被评估设备和参照物成新率后,可采用下列公式调整差异:

$$新旧程度差异调整后价值 = 参照物交易价格 \times \frac{被评估设备成新率}{参照物成新率}$$

(七) 量化和调整交易日期的差异

在选择参照物时应尽可能选择离评估基准日较近的交易实例,这样可以免去交易时间因素差异的调整。如果参照物交易时的价格与评估基准日交易价格发生变化,可利用同类设备的价格指数进行调整。计算公式为:

$$交易日期调整后价值 = 参照物交易价格 \times \frac{评估基准日同类设备价格指数}{参照物交易时间同类设备价格指数}$$

(八) 确定被评估机器设备的评估值

对上述各差异因素量化调整后,便可得出初步评估结果。然后,对初步评估结果进行分析,采用算术平均法或加权平均法确定最终评估结果。如果所选择的参照物的交易地点与评估对象设备不在同一地区,并且设备价格的地区差异较大,还应对区域因素进行修正。

【例 3-16】 对某企业一台纺织机进行评估,评估人员经过市场调查,选择本地区近几个月已经成交的同类纺织机的三个交易实例作为比较参照物,被评估对象及参照物的有关情况见表 3-4。

表 3-4　　　　　　　　　纺织机及其评估参照物的有关资料

参数	参照物 A	参照物 B	参照物 C	被评估对象
交易价格	10 000 元	6 000 元	9 500 元	待估
交易状况	公开市场	公开市场	公开市场	公开市场
生产厂家	上海	济南	上海	沈阳
交易时间	6 个月前	5 个月前	1 个月前	
成新率	80%	60%	75%	70%

评估人员经过对市场信息进行分析得知,三个交易实例都是在公开市场条件下销售的,不存在受交易状况影响使价格偏高或偏低现象,影响售价的因素主要是生产厂家(品牌)、交易时间和成新率。

(1) 生产厂家(品牌)因素分析和修正。经分析,参照物 A 和参照物 C 是上海一家纺织机械厂生产的名牌产品,其价格同一般厂家生产的纺织机相比高 25% 左右。则参照物 A、B、C 的修正系数分别为:100/125、100/100、100/125。

(2) 交易时间因素的分析和修正。经分析,评估时该类设备的价格水平与参照物 A、B、C 交易时相比分别上涨了 18%、15%、3%,则参照物 A、B、C 的修正系数分别为:118/100、115/100、103/100。

(3) 成新率因素分析和修正。根据公式:成新率修正系数=被评估设备成新率/参照物成新率,参照物 A、B、C 成新率修正系数分别为:70/80、70/60、70/75。

解:计算参照物 A、B、C 的因素修正后价格,得出初评结果:

$$参照物\ A\ 修正后的价格 = 10\ 000 \times \frac{100}{125} \times \frac{118}{100} \times \frac{70}{80} = 8\ 260(元)$$

$$参照物\ B\ 修正后的价格 = 6\ 000 \times \frac{100}{100} \times \frac{115}{100} \times \frac{70}{60} = 8\ 050(元)$$

$$参照物\ C\ 修正后的价格 = 9\ 500 \times \frac{100}{125} \times \frac{103}{100} \times \frac{70}{75} = 7\ 306(元)$$

确定评估值。对参照物 A、B、C 修正后的价格进行简单算术平均,求得被评估设备的评估值为:

$(8\ 260 + 8\ 050 + 7\ 306) \div 3 = 7\ 872(元)$

第四节 收益法在机器设备评估中的应用

一、收益法的基本思路

收益法是通过测算由于获取资产所有权而带来的未来收益的现值评估资产价值的一种方法。收益法要求被评估对象应具有独立的、连续可计量的、可预期收益的能力。收益法评估常用的公式为:

$$P = \frac{A}{r}\left[1 - \frac{1}{(1+r)^n}\right]$$

式中:P 表示评估值;

A 表示预期收益(年金);

r 表示综合折现率;

n 表示设备收益年限。

二、收益法的适用范围

收益法对于单台机器设备评估通常是不适用的,因为要想分别确定各台设备的未来收益相当困难。如果把若干台机器设备组成生产线,作为一个整体生产出产品,它们就能为企业创造收益,在这种情况下,可以用收益法对这一组能产生收益的资产进行评估。此外,对于能够产生租金收入的出租设备也可以采用收益法进行评估。

三、收益法的评估步骤

运用收益法评估机器设备(以租赁设备为例)的价值,应按下列步骤进行:

首先,要对租赁市场上类似设备的租金水平进行调查。其次,分析市场参照物设备的租金收入,经过比较调整后确定被评估设备的预期收益,调整的因素主要包括时间、地点、规格和使用年限等。再次,根据类似设备的租金及市场价格确定折现率。最后,根据被评估设备的预期收益、收益年限和折现率评估设备价值。

【例 3-17】 运用收益法评估租赁设备价值。有关资料如下:

被评估设备为设备租赁公司的一台大型机床,评估基准日以前的年租金净收入为 19 800 元。评估人员根据市场调查,与被评估设备规格型号相同、地点相同、新旧程度大致相同的设备的平均年净租金为 20 000 元。评估人员根据被评估设备的现状,确定该租赁设备的收益期为 10 年,假设收益期后该设备的残值忽略不计。评估人员通过对类似设备交易市场和租赁市场的调查,得到的市场数据见表 3-5。

表 3-5　　　　　　　　　　市场数据的有关资料

市场参照物	设备使用寿命(年)	市场售价(元)	年净收益(元)	投资回报率
A	10	84 610	21 000	24.82%
B	10	83 700	20 000	23.89%
C	8	76 500	19 000	24.84%

要求:计算被评估租赁设备的评估值。

解:根据三个市场参照物的投资回报率以及对三个参照物的分析,显示折现率为 23.89%~24.84%,平均收益率为 24.52%。

由此获得:被评估设备的预期收益为 20 000 元,折现率为 24.52%,收益年限为 10 年。

$$P = \frac{A}{r} \times \left[1 - \frac{1}{(1+r)^n}\right] = \frac{20\ 000}{24.52\%} \times \left[1 - \frac{1}{(1+24.52\%)^{10}}\right] = 72\ 464(元)$$

章节测试

班级_____ 姓名_____ 学号_____ 日期_____ 平时分_____

一、单项选择题(每小题 5 分,共 20 分)

1. 进口设备到岸价不包括( )。
   A. 离岸价
   B. 国外海运费
   C. 国外运输保险费
   D. 关税

2. 某设备的原购置价格为 30 000 元,当时的定基价格指数是 105%,评估时的定基价格指数是 115%,则评估时该设备自身购置价格为( )元。
   A. 32 857
   B. 27 391
   C. 32 587
   D. 27 931

3. 如果企业有已经退出使用的设备使用年限记录,估测设备尚可使用年限时通常采用( )。
   A. 使用年限记录法
   B. 寿命年限平均法
   C. 预期年限法
   D. 折旧年限法

4. 一台数控机床重置成本为 500 万元,已使用 2 年,其经济寿命为 10 年,现在该机床的数控系统损坏,估计修复费用为 20 万元,其他部分工作正常。该机床的实体性贬值率为( )。
   A. 42%
   B. 67.1%
   C. 88.6%
   D. 23.2%

二、多项选择题(每小题 8 分,共 40 分)

1. 机器设备的重置成本一般包括( )。
   A. 运杂费
   B. 自身购置价格
   C. 安装费
   D. 基础费

2. 机器设备自身购置价格的估测方法包括( )。
   A. 重置核算法
   B. 价格指数法
   C. 使用年限法
   D. 功能价值法

3. 计算进口设备增值税时,组成计税价格包括( )。
   A. 关税完税价格
   B. 关税
   C. 增值税
   D. 消费税

4. 设备的功能性贬值通常表现为设备出现了（　　）。
   A. 超额投资成本　　　　　　　　B. 超额运营成本
   C. 超额更新成本　　　　　　　　D. 超额重置成本
5. 设备实体性贬值常用的确定方法包括（　　）。
   A. 观察法　　　　　　　　　　　B. 使用年限法
   C. 修复费用法　　　　　　　　　D. 直接匹配法

三、判断题（每小题 5 分，共 20 分）

1. 价格指数法常适用于技术进步速度较快的机器设备重置成本的估测。（　　）
2. 与房地产不可分割的机器设备通常不能单独作为评估对象。（　　）
3. 实际已使用年限是指会计记录记载的设备已使用年限。（　　）
4. 设备利用率小于1，说明设备实际已使用年限小于名义已使用年限。（　　）

四、计算题（20 分）

某公司的一条生产线购建于2018年，构建成本为800万元，2021年对该生产线进行评估。有关资料如下：

(1) 2018年和2021年该类设备定基价格指数分别为108%和115%。

(2) 与同类生产线相比，该生产线的年运营成本超支额为3万元。

(3) 被评估的生产线尚可使用12年。

(4) 该公司的所得税税率为25%，评估时国债利率为5%，风险收益率为3%。

要求：根据上述条件，估测该生产线的价值。

第四章　房地产评估

知识导航

房地产评估
- 房地产评估概述
  - 房地产的概念与特点
  - 房地产的分类
  - 房地产评估的特点
  - 影响房地产价值的因素
  - 房地产评估的程序
- 市场法在房地产评估中的应用
  - 市场售价类比法
  - 基准地价修正法
  - 市场租金倍数法
- 收益法在房地产评估中的应用
  - 收益法的基本思路
  - 房地产预期收益估测
  - 房地产折现率的估测
  - 房地产收益年限的确定
  - 房地产价值的估测
- 成本法在房地产评估中的应用
  - 成本法的基本思路
  - 房地产重置成本的估测
  - 房地产实体性贬值的估测
  - 房地产功能性贬值的估测
  - 房地产经济性贬值的估测
  - 房地产价值的估测
- 其他评估技术方法在房地产评估中的应用
  - 假设开发法在房地产评估中的应用
  - 路线价法在房地产评估中的应用

学习目标

1. 理解房地产的概念。
2. 理解房地产评估的特点。

3. 了解房地产价值的影响因素。

4. 掌握市场法在房地产评估中的应用。

5. 掌握收益法在房地产评估中的应用。

6. 掌握成本法在房地产评估中的应用。

思政课堂

据恒大集团财报数据显示,企业的总负债自 2015 年以来逐年增加,2021 年中报数据显示,其负债总额高达 1.97 万亿元(资产有 2.38 万亿元,资产负债率为 82.77％),再创历史新高。恒大集团此次的债务规模太庞大了。同时,恒大集团此前解决问题的态度并不积极。面临着巨额债务,恒大集团仍然显得没有太大的紧迫感。由此,恒大集团从"债务危机"滑向"信任危机"。信任危机使得恒大集团运营产生一系列问题,诸如房地产滞销等。

资料来源:东方财富网,2021-9-25,《行业警钟敲响 34 家房企踩中"红线"如何自救?》,https://finance.eastmoney.com/a/202109252119019028.html,有删改。

思考与讨论:

恒大集团为何从"债务危机"滑向"信任危机"?想要打破"信任危机",恒大集团要从何处入手?

第一节 房地产评估概述

一、房地产的概念与特点

(一)房地产的基本概念

1. 房地产的概念

房地产是指土地、建筑物及其他地上定着物,包括物质实体和依托于物质实体的权益,是实物、权益、区位的综合体。其中,物质实体是指一般的土地或房屋,它是权益的载体,也是一切经济活动的物质基础。

房地产的物质实体具体包含土地与建筑物,土地是地球的陆地(包括内陆水域、海洋滩涂)表层范围内,由土壤、岩石、矿藏、水、气候、地质、地貌,以及人类活动对上述要素产生的种种结果所组成的自然经济综合体。中国土地利用现状分类(GB/T 21010—2017)将土地分为耕地、园地、林地、草地、商服用地、工矿仓储用地、住宅用地、公共管理与公共服务用地、特殊用地、交通运输用地、水域及水利设施用地、其他土地等 12 个级类。而建筑物则有广义与狭义之分,广义的建筑物是指人工建造的所有建造物,包括房屋和构筑物;狭义的建筑物仅指房屋,不包括构筑物。

依托于物质实体上的权益则表现为一种权利,或者是人们拥有的财产权利。房地产的财产权利是指寓含于房地产实体中的各种经济利益以及由此形成的各种权利,我国的房地产权益分类如图4-1所示。房地产各种经济活动的实质是权益(也称产权)的运动过程。即使同一物质实体的房地产,如果附着于其上的权益不同,它在房地产市场上的价格将有所不同,房地产权利人的合法权益、责任和义务也会有所不同。因此,房地产也可以说是土地和土地上的建筑物、定着物及其衍生的权利与义务关系的总和。

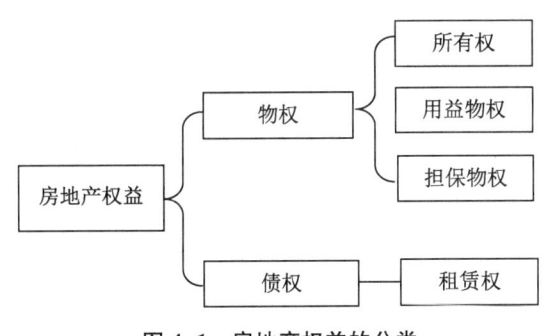

图 4-1　房地产权益的分类

2. 房地产评估中的常用术语

用地面积:用地方案图中划定的面积。

建筑面积:建筑物各层外墙或结构外围水平投影面积之和。

容积率:项目规划用地范围内总建筑面积与总建设用地面积之比。例如,在建筑规划用地面积为 10 000 平方米的地块上建房,每层建筑面积 5 000 平方米,建两层,总建筑面积 10 000 平方米,容积率就是 1.0;建 3 层,每层建筑面积 5 000 平方米,总建筑面积 15 000 平方米,容积率就是 1.5。

建筑密度:也叫建筑覆盖率,是指项目用地范围内所有建筑基底面积之和与规划建设用地面积之比。

商品房:在以市场地价获得的土地上建造的可自由转让或出租的建筑物,其权益包含建筑物的所有权和所占用土地的使用权,二者合一,不可分割。地上建筑物的所有权依赖于土地的使用权,土地使用权的性质、用途和年限决定了房屋所有权的性质、类别和年限。

商品房销售面积:商品房整幢出售,其销售面积为整幢商品房的建筑面积(地下室作为人防工程的,应从整幢商品房的建筑面积中扣除)。商品房按"套"或"单元"出售,其销售面积为购房者所购买的套内或单元内建筑面积(以下简称套内建筑面积)与应分摊的共有建筑面积之和。

三通一平:通路、通电、通水及场地平整。

五通一平:通路、通电、通信、供水、排水及场地平整。

七通一平:通路、通电、通信、供水、排水、燃气、供热及场地平整。

(二) 房地产的特点

房地产的特点是由其组成物质的自然特征以及由自然特征衍生的社会经济特征所决定

的，主要可以表现为以下几个方面。

1. 位置固定性

由于房屋固着在土地上，房地产的自然地理位置是固定不变的。并且房地产不可能通过移动位置来调节地区之间的房地产供求，即一个城市房地产的供给过剩并不能解决另一个城市供给不足的问题。

2. 使用长期性

从某种意义上讲，土地的使用具有永续性。建筑物是耐用品，使用年限可达数十年甚至上百年，使用期间即使房屋变旧或受损，也可以通过不断翻修，延长其使用期。但值得注意的是，国家土地使用制度规定，公司、企业、其他组织和个人通过出让方式取得的土地使用权是有限期的。国务院对国有土地使用权最高出让年限做出如下规定：居住用地70年；工业用地50年；教育、科技、文化、卫生、体育用地50年；商业、旅游、娱乐用地40年；综合或者其他用地50年。

3. 异质性

两处房地产可能由于位置不同、建筑面积不等、建筑风格差异、新旧程度不同、产权性质不同等而有不同的价值，即在房地产市场上不可能有两宗完全一样的房地产。即使它们可能在外形上一模一样，但也肯定存在朝向、层位等方面的差异，但不要因此而否认不同房地产之间的市场可替代性。

4. 投资风险性

房地产的生产和经营要经过从土地使用权取得、开发建造到房地产销售等一系列过程。由于房地产的生产周期较长，整个生产和经营过程需要大量的资金，加之房地产的变现能力与动产相比较差，也增大了房地产投资的风险。

5. 保值增值性

房地产的保值增值性主要源于土地资源的稀缺性。在社会经济正常发展情况下，随着人口及社会生产力的发展，社会对土地的需求与日俱增，土地供给一般会滞后于土地需求，呈现房地产价格上升的趋势。

6. 影响因素多样性

房地产效用的发挥，以及其价值的实现要受到诸多因素的制约。除了房地产自身自然的、物理的因素，社会因素以及周边环境等都会对房地产效用的发挥及其价值的实现产生非常大的影响。从社会因素来看，政府的城市规划具体规定了房地产的用途和使用强度（容积率、覆盖率、建筑高度、绿地率等）。从周边环境的角度来看，任何房地产的效用和价值都要受到其周边环境特别是周边房地产用途的影响。当然影响房地产效用发挥及其价值实现的因素还有许多，如政府的房地产政策、住房制度、社会有效需求等。

二、房地产的分类

房地产可以从不同的角度进行分类，常见的有按房地产用途、开发程度、建筑结构和使用方式等进行分类。

1. 按房地产用途分类

房地产按用途可以分为居住房地产、商业房地产、金融用房地产、信息用房地产、办公房地产、娱乐房地产、工业和仓储房地产、农业房地产、特殊用地房地产、军用房地产、综合房地产。

2. 按房地产开发程度分类

按照开发程度，房地产可划分为生地、毛地、熟地、在建工程、现房等。

生地是指完成土地征用，未经开发，不可直接作为建筑用地的农用地或荒地等。

毛地是指在城市旧区范围内，具有一定基础设施条件，但未经过拆迁安置补偿等土地开发过程，不具备基本建设条件的土地。

熟地是指经过开发，具备基础设施条件且场地平整，已经拆迁完毕，可供直接建设的土地。按照开发程度，熟地又可分为"三通一平""五通一平""七通一平"等。

在建工程是指正在建设、尚未竣工投入使用的建设工程。

现房是指已经竣工并投入使用的房屋建筑物。它可能是新的，也可能是旧的或经过装修改造的。

3. 按房地产的建筑结构分类

建筑结构是指建筑物中由基础、墙、柱、梁、屋架、支撑、屋面板等承重构件组成的体系。按照建筑物的主要承重构件所用的建筑材料，可以将建筑结构划分为：钢结构、钢筋混凝土结构、砖混结构、砖木结构及其他结构。

钢结构是指建筑物的承重构件（梁、柱、墙等）为钢材。

钢筋混凝土结构是指建筑物的承重构件为钢筋混凝土，包括框架结构和剪力墙结构。

砖混结构是指建筑物竖向承重结构的墙、柱等采用砖砌筑，横向承重的梁、楼板、屋面板等采用钢筋混凝土结构。

砖木结构是指建筑物竖向承重结构的墙、柱等采用砖或砌块砌筑，楼板、屋架等用木结构。

其他结构则主要包括石结构、木结构、竹结构等。

4. 按房地产的使用方式划分

按照使用方式，房地产可划分为自用房地产、出租房地产、销售房地产、承租房地产、投资性房地产等。

自用房地产是指投资建设或购置并用于自身居住或生产经营的房地产。

出租房地产是指将自有或承租的房地产租予他人使用的房地产。

销售房地产是指投资建设并用于销售给他人的房地产。

承租房地产是指租用他人的房地产。

投资性房地产是指为赚取租金或资本增值，或两者兼有而持有的房地产。

此外,按房地产所处的区位可分为城市中心、城市边缘、城市郊区、农村等房地产;按房地产的建设标准可分为高级豪华、中等、普通标准的房地产;按房地产的新旧程度可分为新建造的房地产、旧有房地产和危险用房等;按房地产是否有收益可分为收益性房地产和非收益性房地产等。

三、房地产评估的特点

房地产评估是专业评估人员根据评估目的和执业规范要求,对房地产在评估时点的价值进行估算和判定的活动。房地产自身的特点决定了房地产评估具有以下特点。

(一) 房地合估

从房地产存在的形态来看,房产总是依托于一定的土地之上,土地开发成本蕴含在房产价值之中,土地使用价值往往通过房产来反映。房地产的总收益是土地和建筑物等因素共同作用的结果,因此,尽管房产和地产是可以加以区分的评估对象,而且土地使用权可以独立于房产而存在,但是由于两者在使用价值上的相互依存和价格形成中的内在联系,要求在评估中把两者作为相互联系的对象进行综合估价。

(二) 建筑物产权受土地使用权年限的制约

由于我国城镇土地使用权是有限期的,并且政府规定土地使用权期满,土地使用权及其地上建筑物、其他附着物所有权将由国家无偿取得,在建筑物评估时,必须注意建筑物的耐用年限与土地使用权年限的吻合程度。当建筑物的剩余寿命年限大于土地使用权的剩余年限时,根据"孰短"原则,只能以土地使用权剩余年限为准来评估建筑物的价值。

(三) 以房地产最高最佳使用为评估前提

最高最佳使用是指法律上许可、技术上可能、经济上可行,经过充分合理的论证,能够使得估价对象的价值达到最大化的一种最可能使用。在房地产评估过程中,评估人员应充分考虑房地产现时的用途和利用方式,以及房地产是否具有最高最佳使用的可能性和实现的途径,以房地产最高最佳使用作为评估前提。房地产的最高最佳使用必须是在法律、法规允许的范围内,以及在城市规划的约束条件下进行。

四、影响房地产价值的因素

房地产价格是众多因素相互影响、相互作用的结果,归纳起来,可以分为房地产自身因素、房地产外部因素、房地产交易因素三个方面。

(一) 房地产自身因素

房地产自身因素包括区位因素、实物因素和权益因素。

1. 区位因素

区位因素主要是指房地产所在的位置、临街状况、方位、景观与环境等因素。房地产的位置固定性决定了其地理位置是固定不变的,但是其社会经济位置则可能发生变化。一般来说,房地产的社会经济位置会随经济建设、周边环境的改善而变化,随着交通条件的改善、城市规划布局的调整,城市区位价值的格局也在悄然发生改变。决定房地产价值高低的关键在于其位置的优劣。当然,其他区位因素也对房地产的价值产生一定的影响,如房地产距离交通枢纽、重要标志性建筑、商业中心、原料地等的距离以及房地产周围的区域环境等。

2. 实物因素

实物因素包含两大部分,分别为土地的实物因素与建筑物的实物因素。

土地的实物因素通常是指土地的面积、形状、地形、地势、土壤、地质、建筑覆盖率等。一般来说,土地面积过大或过小,对土地的价值都存在不利影响。土地形状规整,地形平整,地势平缓,土壤水肥条件好的土地价值较高。

建筑物的实物因素主要有体量(面积、体积)、质量、高度、楼层、层高、檐高、地基、结构、公摊、外观、设备设施、装修、布局、朝向、建筑年代、使用维护保养、容积率等。一般来说,房地产质量好,层高越高,地基越牢固,公摊越小,外观越优美,设备设施越先进、越完备,布局合理的房地产价值越高;朝阳面的房地产价值高于朝阴面;建筑年代越久,房地产价值越低(文物古迹除外);使用维护保养越好,房地产价值越高。

3. 权益因素

权益因素主要有权证(合同)、土地使用权取得方式(划拨、出让、租赁等)、剩余年限、土地管制(规划设计条件、用途管制)等。一般来说,房地产权属越完整,价值越高;房地产权属瑕疵越多,价值越低;房地产(土地)规划、用途管制的限制越多,价值越低;设定了他项权利的房地产价值低于未设定他项权利的房地产。

(二)房地产外部因素

房地产外部因素包括政治因素、政策因素、经济因素、社会因素等。

政治因素主要有国际关系,即国家在国际上的政治地位、与他国的经济贸易往来、汇率、战争等;国内政局、国家领导人更替,重大政治事件;产权制度,法制环境等。

政策因素主要是对房地产价格具有影响的主要政策,包含区域发展政策、住房政策、土地开发政策、信贷政策、货币政策、税收政策等。

经济因素主要包括国民经济发展状况、经济结构、居民收入、城市化水平、消费结构等。

社会因素主要包括人口、教育、科技、文艺、道德、宗教、价值观念、风俗习惯、社会治安等。

(三)房地产交易因素

房地产交易因素包括房地产的供求关系、变现因素、心理因素、其他因素等。

1. 供求关系

房地产需求是指在一定时期内,需求者愿意并且能够购买的房地产商品数量,包括生产性需求、消费性需求和投资性需求。影响房地产需求的因素有人口、就业及收入水平、抵押贷款条件、税负等。房地产供给是指在一定时期内,在不同价格水平下,供给者愿意并且能够提供的房地产商品数量。影响房地产供给的因素有土地利用控制、开发成本、建筑技术变化、开发融资条件等。

2. 变现因素

变现因素主要是指变现能力。变现能力是指房地产在一定时间内实现交易、转换为现金的能力。房地产的变现能力包括变现价格的高低和变现时间的长短。房地产变现能力的影响因素主要包含以下几点。

(1) 用途的专业化。用途越单一、使用者的范围越窄的房地产，越不容易找到买家，变现能力越弱。

(2) 结构形式与房屋质量。从结构而论，砖混结构的变现能力不如钢混结构；以住宅而言，点状布置的不如条状布置的，一梯多户的不如一梯两户的；房屋质量除了本体的质量，还包括小区环境、物业管理等。

(3) 房地产的价值大小。一般来说，价值越大的房地产，所需的资金越多，越不容易找到买家，其变现能力就越弱。

(4) 房地产的开发程度。一般来说，开发程度低的房地产，其不确定因素多，其变现能力也就越弱。

(5) 区位条件。所处区位越偏僻、越不成熟的区域房地产，变现能力越弱。

(6) 房地产市场状况。房地产市场越不景气，交易量下降，其变现能力越弱。

3. 心理因素

心理因素对房地产价格的影响有时是不可忽视的。影响房地产价格的心理因素主要有以下方面。

(1) 买入或出售时的心态。房地产拥有者偶然发生资金调度困难，急需现金周转，无奈只有出售房地产变现，这时的成交价格大多会低于正常市场价格。有债务纠纷的房地产，债务人为达到快速脱身的目的，通常不得不低价出售房地产。

(2) 个人的偏好。如房地产需求者到处寻找合意的房地产，当看中了某宗房地产时，如果该房地产拥有者惜售，则房地产需求者只有出高价才可能改变其惜售态度，因此，如果达成交易，其成交价格通常会高于正常市场价格。

4. 其他因素

如房地产投机，利用房地产价格的涨落变化，在不同时期买卖房地产，从价差中获取利润。一般来说，房地产投机对房地产价格的影响可能出现三种情况：引起房地产价格上涨、引起房地产价格下跌、起着稳定房地产价格的作用。

当房地产价格处于上升趋势时，由于预计房地产价格还会进一步上涨，投机者可能会加速抢购，形成一种虚假需求的现象，进而促使房地产价格进一步上涨；当房地产价格处于下降趋势时，由于预计房地产价格还会进一步下跌，投机者可能会加速抛售，促使房地产价格进一步下跌。当房地产价格低落时，投机者基于房地产价格已跌入谷底、日后会上涨的预期购置房地产,造成房地产需求增加;而在房地产价格位于高位时,投机者基于房地产价格已达顶点、日后会下跌的预期抛售房地产,增加房地产供给,从而平衡房地产价格。

五、房地产评估的程序

房地产评估程序是指房地产评估的具体工作步骤,主要包括明确基本事项、签订业务约定书、制订房地产评估工作计划、现场调查评估对象、搜集评估资料、估算房地产价值、编制房地产评估报告等工作。

(一)明确基本事项

明确房地产评估的基本事项主要是明确房地产的评估目的、评估对象、价值类型和评估基准日等基本情况。

1. 明确评估目的

房地产的评估目的按业务性质可分为房地产转让,房地产抵押,房地产典当,房地产保险和损害赔偿,房地产课税,房地产征用拆迁补偿,处理房地产纠纷和有关法律诉讼等。在受理房地产评估业务时必须明确评估目的,并明确地写在资产评估业务约定书中和资产评估报告中。

2. 明确评估对象

(1)明确房地产类别。从实物角度来看房地产有土地、建筑物和房地合一等三种类别,具体又可分为空地、有建筑物的土地、地上建筑物、在建工程、未来状况下的房地产等。

(2)明确房地产的实体状况。房地产的实体状况包括土地面积、开发程度、土地形状、临街状态、地质、地形及水文状况;建筑物的用途、建筑结构、建筑面积、建筑式样、层数、朝向、平面布局、施工质量、新旧程度、装修水平、室内外设施等。

(3)明确房地产的产权状况。房地产的产权状况包括土地使用状况性质(国有或集体、划拨或出让),土地使用权的权属状况(独立或共享),土地使用权年限,建筑物权属状况(所有权或使用权、独立或共享),房地产设定的其他权利状况等。

3. 明确价值类型

房地产评估的价值类型是对房地产评估结果价值属性的分类,一般分为市场价值和市场价值以外的价值两类。在发达市场条件下,以交易为目的的商业房地产、住宅房地产等通常选择市场价值类型。对于房地产市场不发达或评估对象缺乏交易性等情况,通常选择市场价值以外的价值类型。

4. 明确评估基准日

房地产评估基准日通常由委托方提出,评估机构与委托方协商,根据与评估目的实现日相接近的原则确定。个别情况下,评估基准日也可选择在过去或未来日期,即追溯性评估或预测性评估。

(二)签订业务约定书

在明确房地产评估基本事项的基础上,资产评估机构与委托方便可签订评估业务约定书,正式接受房地产评估委托,并用法律形式保护各自的权益。评估业务约定书的内容一般包括委托方和评估机构名称,评估目的,评估对象和评估范围,评估价值类型,评估基准日,委托方应提供的资料及对提供资料的真实性、合法性负责的承诺,评估服务费用及其支付方式,评估报告提交日期等内容。

(三)制订房地产评估工作计划

评估机构接受评估委托后,应对评估项目进行初步分析,制订评估工作计划。评估工作计划主要包括评估人员安排计划、评估工作进度计划和评估作业经费计划等内容。评估机构应根据评估任务量的大小、性质及评估工作的难易程度,确定投入评估工作的人员数量;根据评估作业日期,确定评估工作步骤和进行时间进度安排;根据评估工作的地点、评估人员的多少、评估工作时间的长短等安排评估所需经费。

(四)现场调查评估对象

房地产市场是地域性很强的市场,房地产交易大多是个别交易,仅仅根据委托方提供的情况,难以准确地把握评估对象。因此,评估人员必须亲临现场,实地查明有关情况,做好详细的记录,并且进行拍照或摄像,作为评估的工作底稿和存档的基础资料。

1. 勘查房地产的位置及周围环境

查明房地产具体的坐落位置(如区街号)与相邻建筑物(或土地)及道路的关系,观察附近的建筑布局、道路及交通状况、绿化及卫生状况、地形及地势状况、日照及通风状况。如果评估对象是商业房地产,还应对周边商业繁华状况进行调查了解。

2. 勘查房地产使用状况

查验房地产的实际用途,看其用途、权利状况是否与规定相一致,要查明建筑物的结构、建成时间、新旧程度、装修状况、设备状况,了解建筑面积、使用面积或可供出租和营业的面积等。

(五)搜集评估所需资料

房地产评估的资料搜集分为日常搜集和评估时搜集两种情形。日常搜集就是要求评估人员平常应留意和搜集与房地产评估有关的资料,并将搜集的资料分类并建立资料库,以备评估时使用。评估时搜集是根据初选的评估途径和方法,评估人员通过市场调查、委托人提供或现场勘查等方法获得本次评估所需资料。

评估资料内容涉及选用评估方法和撰写评估报告所需的资料数据,包括实物状况资料、权利状况资料、区位状况资料、交易情况及周边同类房地产租售情况资料、财务状况资料等。具体包括评估对象的基本情况,如产权、平面图、照片等;有关评估对象所在地段的环境因素和区域因素资料;与评估对象有关的房地产市场资料,如市场供需状况、建造成本、租售价格等;国家和地方涉及房地产评估的政策、法规和定额指标。

(六)估算房地产价值

在进行资料分析的基础上,可以根据选定的评估途径与方法对房地产价值进行评定和估算。由于评估对象房地产的性质差异和资料选取的难易不同,并非每一种评估方法都适用于各类具体条件下的房地产,一般以一种评估途径与方法为主进行评估,并用其他评估途径与方法进行检验修正。对同一房地产运用不同评估途径与方法得出的评估结果往往不一致,需要进行综合分析,对所选用的评估途径与方法、资料及评估程序的各阶段做客观的分析和检查。重点分析所选用的资料是否适当,评估原则运用是否得当,资料分析是否准确,有关参数的判断和选取是否客观,评估计算是否准确等。

(七) 编制房地产评估报告

上述工作完成后,应根据评估报告规范要求的格式和内容,在对评估过程综合分析的基础上撰写房地产评估报告。并且评估报告中要明确阐述评估结论产生的前提、假设和限定条件,各种参数的选用依据,评估方法使用的理由及逻辑推理方式。

第二节 市场法在房地产评估中的应用

对于市场法在房地产评估中的运用主要介绍市场售价类比法、基准地价修正法和市场租金倍数法这三种方法。

一、市场售价类比法

(一) 市场售价类比法的基本思路

1. 市场售价类比法的含义

市场售价类比法又称市场比较法、交易案例比较法等,它是将作为评估对象的特定房地产与在近期交易的同类房地产加以比较对照,并根据已发生交易的类似房地产的价格,经过因素修正得出评估对象房地产在评估基准日可能实现的合理价值的评估方法。市场售价类比法是在当今国际房地产评估业中应用较为广泛的一种方法。该方法既可以对房地合一价值进行评估,也可以单独对土地价值进行评估。

市场售价类比法的理论依据是房地产价格形成的替代原理。替代原理指出,作为一个理性的投资者,在市场上购置一宗房地产时,他所愿意出的最高的价格不会超过近期市场上已经成交的与其所要购置房地产基本相同或相似的房地产交易实例的交易价格。从房地产评估的角度来看,作为投资者所参照的房地产交易实例的交易价格便可作为确定房地产评估价值的基本依据,即通过对房地产交易实例的交易价格的适当修正,得出评估对象房地产的评估价值。

2. 市场售价类比法适用的条件和对象

市场售价类比法的适用条件是具备发达、完善的房地产市场,并且在市场上能够搜集到大量的与被评估房地产相类似的市场交易实例资料。如果房地产市场不发达或交易规模很小,市场售价类比法就难以在房地产评估中应用。市场售价类比法适用的对象是具有交易性的房地产,如房地产开发用地、商品住宅、高档公寓、别墅、写字楼、商业地产、标准工业厂房等。

3. 市场售价类比法评估计算公式

市场售价类比法就是通过对可比交易价格的一系列因素进行修正,而得到被评估房地产在评估基准日的价值。

市场售价类比法通过交易情况修正、交易日期修正、房地产状况修正来估算待估房地产价值。通过交易情况修正,将可比交易实例修正为正常交易情况下的价格;通过交易日期因素修正,将可比交易实例价格修正为评估基准日下的价格;通过房地产状况因素修正,将可比交易实例价格修正为被估房地产状况下的价格。房地产状况修正可以分为交易状况因素修正、区位因素修正、实物状况修正和权益状况因素修正等。

市场售价类比法的基本计算公式是:

$$P = P' \cdot A \cdot B \cdot C \cdot D \cdot E = P' \times \frac{100}{(\ )} \times \frac{100}{(\ )} \times \frac{100}{(\ )} \times \frac{100}{(\ )} \times \frac{(\ )}{100}$$

$$A = \frac{正常交易情况指数}{可比交易实例交易情况指数}$$

$$B = \frac{待估对象区位因素指数}{可比交易实例区位因素指数}$$

$$C = \frac{待估对象实物状况指数}{可比交易实例实物状况指数}$$

$$D = \frac{待估对象权益状况指数}{可比交易实例权益状况指数}$$

$$E = \frac{评估基准日房地产价格指数}{可比交易实例交易日房地产价格指数}$$

式中:A 表示交易情况修正系数;

B 表示区位因素修正系数;

C 表示实物状况修正系数;

D 表示权益状况修正系数;

E 表示交易日期修正系数。

在上列各式中,交易情况修正系数 A 中的分子 100 表示以正常交易情况下的价格为基准而确定可比交易实例交易情况的价格修正系数;区位因素修正系数 B 中的分子 100 表示以待估对象房地产为基准而确定可比交易实例房地产的修正系数;实物状况修正系数 C 中的分子 100 表示以待估对象房地产为基准而确定可比交易实例房地产的修正系数;权益状况因素修正系数 D 中的分子 100 表示以待估对象房地产为基准而确定可比交易实例房地产的修正系数;交易日期修正系数 E 中的分母 100 表示以可比交易实例交易时的价格指数为基准而确定评估基准日的价格指数。需要说明的是,组成房地产修正因素的各个因子都可以独立地扩展出来进行单独修正。

（二）市场售价类比法的评估步骤

运用市场售价类比法评估房地产价值时，通常按照以下步骤进行操作。

1. 搜集房地产交易资料

运用市场售价类比法评估房地产价值，必须以大量的交易资料为基础，如果资料太少，则评估结果很可能失真，因此，评估人员要在日常工作中经常性地积累和收集尽可能多的交易资料，并且对于收集到的每一个交易实例都需要查证，确保是实际成交的真实案例。

所收集的交易资料一般包括以下内容：

（1）基本情况。如交易对象名称、地址、规模（面积）、用途、权属以及土地形状、土地使用期限、建筑物开工竣工日期、建筑结构等。

（2）交易双方。如买方和卖方的名称及其之间的经济或产权或社会关系等。

（3）交易方式。如买卖、互换、租赁等。买卖方式又有协议、招标、拍卖、挂牌等。

（4）成交日期。如签署合同（协议）的具体日期、拍卖确认的日期等。

（5）成交价格。包括总价、单价以及计价方式（如按建筑面积、使用面积等）。

（6）付款方式。如是一次性付款还是分期付款。

（7）融资条件。如首付款比例、贷款利率、贷款期限等。

（8）交易税费。如买卖双方是依照规定或按照当地习惯各自缴纳自己应缴纳的税费，还是全部税费由买方负担或卖方负担等。

（9）交易目的。即交易的经济行为，以及是否有急卖或急买等特殊交易情况。

评估实践中，比较规范而专业化的评估机构，日常将房地产分为居住、商业、办公、旅馆、餐饮、体育和娱乐、工业、农业等类型，将分别针对不同类型的房地产持续收集交易实例。并且可以通过以下途径收集房地产交易资料：查阅政府有关部门关于房地产交易的资料；各种报刊上有关房地产交易的广告；向房屋中介机构问询；同行之间相互提供经手的交易实例资料等等。

2. 选择可比交易实例作为参照物

可比交易实例是市场法评估房地产的重要基础和必要条件。可比交易实例选择的正确与否、合理与否，直接决定房地产价值评估结论的合理性。可比性标准和可比交易实例数量是可比交易实例选择的两个重要方面，可比性标准规范了可比交易对象选择的质量，可比交易实例数量则确保了评估价值的准确性。一般而言，可比性标准是评估结果合理性的决定因素，可比交易实例与待估房地产越相似，评估结果越合理，所以，严格的可比性标准无疑是保证评估结果合理性的重要前提。但通常情况下，可比交易实例的数量与可比性标准呈负相关或此消彼长的关系。如果可比性标准过多或过于严格，就直接导致符合可比条件的可比交易实例数量较少，甚至无法找到可比交易对象。

通过评估实践总结，选取可比交易实例应符合下列要求：①可比交易实例是与评估对象类似的房地产。②可比交易实例交易类型与评估目的吻合。③可比交易实例成交日期与评估基准日相近，不宜超过1年。④可比交易实例成交价格为正常价格或可修正为正常价格。⑤参照物应选择多个,一般为3个以上。

需要注意的是,如果房地产市场较为稳定,评估基准日与案例交易日的间隔可长一些。如果市场变动剧烈、变化较快,则宜选取较近时期的交易实例,最好是1年以内的。

3. 对可比交易实例价格进行因素修正

(1) 因素修正中包含交易情况修正。房地产市场受政策因素、人为因素影响很大,市场交易情况千差万别。因此,运用市场法进行房地产评估时,需要对选取的可比交易实例进行交易情况修正,将交易中由于具体交易情况所产生的价格偏差予以剔除,使其成为正常价格。房地产交易中的特殊情况较为复杂,主要有以下几种:①有特殊利害关系的经济主体间的交易,如亲友之间、有利害关系的公司之间、公司与本单位职工之间,通常都会以低于市价的价格进行交易。②交易时有特别的动机,以急于脱售或急于购买最为典型。如按照相关政策,限期处置低效闲置房地产,往往会使交易价格降低。③采取拍卖、挂牌、协议等不同交易方式,往往使房地产交易表现出不同的价格。④其他特殊交易的情形。如房地产开发土地出让中,包含保障性住房的相关条款。

交易情况修正,是将可比交易实例非正常交易情况价格修正为正常交易情况下的价格。其计算公式为:

$$交易正常价格 = 可比交易实例价格 \times \frac{正常交易情况指数}{可比交易实例情况指数}$$

$$= 可比交易实例价格 \times \frac{100}{(\quad)}$$

交易情况修正系数通常以正常交易价格为基准来确定,分子100代表正常交易情况值,分母括号中的数值为参照物交易情况值。如果可比交易实例交易时的价格低于正常情况下的交易价格,则分母小于100;反之,则大于100。

【例4-1】 可比交易实例中房地产的交易价格为2 000元/平方米,经调查了解其交易价格与正常交易价格相比偏高5%。

要求:计算修正后的正常交易价格。

解:根据题意,计算过程如下:

$$正常价格 = 2\,000 \times \frac{100}{105} = 1\,905(元/平方米)$$

上例中,如果可比交易实例中房地产的交易价格与正常交易价格相比偏低2%,计算修正后的正常交易价格。

$$正常价格 = 2\,000 \times \frac{100}{98} = 2\,041(元/平方米)$$

(2) 因素修正中包含权益状况修正。权益状况修正,包括土地使用权性质、土地使用权年限、城市规划限制条件、土地使用管制、其他权利设立情况、其他特殊情况等方面。这些方面可以单独修正,如评估实践中经常仅修正土地使用年期。

土地使用权年限修正系数的数学表达式为:

$$y = \left[1 - \frac{1}{(1+r)^n}\right] \div \left[1 - \frac{1}{(1+r)^m}\right]$$

式中:y 表示年限修正系数;

n 表示评估对象土地使用权剩余年限;

m 表示参照物土地使用权剩余年限;

r 表示折现率。

【例 4-2】 评估对象土地使用权剩余年限为 30 年,参照物土地使用权剩余年限为 20 年,折现率为 8%。

要求:计算土地使用权年限修正系数。

解:根据题意,计算过程如下:

$$土地使用权年限修正系数 = \left[1 - \frac{1}{(1+8\%)^{30}}\right] \div \left[1 - \frac{1}{(1+8\%)^{20}}\right] = 1.1466$$

(3) 因素修正中包含区位因素修正。区位因素修正的内容应根据商业、工业、住宅等房地产的不同类型而确定,主要包括参照物房地产所在区域与评估对象房地产所在区域在商业繁华程度、交通状况、环境景观、城市规划、基础设施、公共设施等方面的差异。房地产区位因素修正的思路是:首先列出对评估对象房地产的价格有影响的各种区位因素;其次判定评估对象房地产和参照物房地产在这些因素方面的状况;然后将参照物房地产与评估对象房地产在这些因素方面的状况进行逐项比较,找出它们之间的差异造成的价格差异程度;最后根据价格差异程度对参照物房地产的价格进行调整。

进行区位因素修正的一般公式为:

区位因素修正后的评估对象价格 = 参照物交易价格 × 区位因素修正系数

在实际比较中,往往将修正的区位因素列表,采取分别打分的方法来确定修正系数。具体修正方法有直接比较法和间接比较法。直接比较法修正一般是以评估对象房地产的区位因素为基准,将可比交易实例房地产的各区位因素与之进行比较,并逐项打分。通常将基准分值设定为 100,若可比交易实例的区位因素优于评估对象,则得分高于 100;若可比交易实例的区位因素劣于评估对象,则得分低于 100。直接法区位因素修正的具体公式为:

$$区位因素修正后的评估对象价格 = 参照物交易价格 \times \frac{评估对象区位因素分值}{参照物区位因素分值}$$

间接比较法修正一般是设定一宗标准房地产,以标准房地产的区位因素为基准,将评估对象与可比交易实例的区位因素分别与标准房地产的区位因素进行比较,并逐项打分。基准分仍设定为 100,当评估对象与可比交易实例的区位因素优于该标准时,得分高于 100;反之,则得分低于100。

修正后的评估对象价格 = 参照物交易价格 × 标准化修正系数 × 区位因素修正系数

$$= 参照物交易价格 \times \frac{标准不动产区位因素分值}{参照物区位因素分值} \times \frac{评估对象区位因素分值}{标准不动产区位因素分值}$$

$$= 参照物交易价格 \times \frac{100}{(\quad)} \times \frac{(\quad)}{100}$$

(4) 因素修正中包含实物状况修正。实物状况修正,是将可比交易实例相对于评估房地产因自身实物状况条件差别所造成的交易价格的差异部分进行修正,得到评估房地产所具有的实物状况条件下的价格。实物状况修正方法将可比交易实例与评估房地产的实物状况加以比较,根据二者差异,修正可比交易实例价格,如评估实践中会修正容积率。

容积率修正系数的表达公式为:

$$y' = \frac{评估对象土地容积率地价指数}{参照物土地容积率地价指数}$$

式中:y' 表示容积率修正系数。

【例4-3】 评估对象土地容积率为2,参照物土地容积率为4,容积率地价指数如表4-1所示。

表 4-1　　　　　　　　　　　容积率地价指数表

容积率	1	2	3	4	5
地价指数	100%	105%	115%	125%	140%

要求:根据容积率地价指数表,计算土地容积率修正系数。

解:根据题意,计算过程如下:

$$土地容积率修正系数 = \frac{105\%}{125\%} = 0.84$$

(5) 因素修正中包含交易日期修正。由于参照物房地产与评估对象房地产的交易时间不同,价格会发生变化,必须进行适当的交易日期修正。交易日期修正一般是利用价格指数,将参照物房地产当时的交易价格,修正为评估基准日的价格。交易日期修正中的价格指数是指某地区、某类房地产的价格指数。

利用价格指数进行交易日期修正的公式为:

$$评估基准日价格 = 可比交易实例价格 \times \frac{评估基准日价格指数}{可比交易实例价格指数}$$

进行房地产交易日期修正时,应根据获得价格指数资料的不同,运用定基价格指数或环比价格指数进行修正。

运用定基价格指数修正时,定基指数是以某一固定时期作为基期,按时间顺序编制的各个时期(年、月)的指数,价格指数用百分比表示。定基价格指数是反映报告期价格总水平的指数,与之相对应的还有定基价格变动指数,定基价格变动指数是反映报告期价格变动情况的指数。定基价格指数等于1加上定基价格变动指数。

运用定基价格指数进行房地产交易日期修正的公式为:

$$\text{交易日期修正后的房地产价格} = \text{可比交易实例价格} \times \frac{\text{评估基准日价格指数}}{\text{可比交易实例价格指数}}$$

$$= \text{可比交易实例价格} \times \frac{1 + \text{评估基准日时价格变动指数}}{1 + \text{参照物交易时价格指数}}$$

【例 4-4】 某地区某类房地产 2020 年 4 月至 10 月的价格指数分别为 103.5%、105.4%、105.8%、107.6%、109.3%、110.5%、114.7%(以 2020 年 1 月为基准)。其中某宗房地产 2020 年 5 月的价格为 3 500 元/平方米。

要求:对该宗房地产进行交易日期修正,修正到 2020 年 10 月,求出此时房地产的价格。

解:根据题意,计算过程如下:

$$\text{房地产价格} = 3\,500 \times \frac{114.7\%}{105.4\%} = 3\,809(\text{元}/\text{平方米})$$

【例 4-5】 某地区某类房地产 2021 年上半年各月的价格同 2020 年底相比,分别上涨了 2.5%、5.7%、6.8%、7.3%、9.6%、10.5%。其中某宗房地产在 2021 年 3 月的价格为 3 800 元/平方米。

要求:对该宗房地产进行交易日期修正,修正到 2021 年 6 月,求出此时房地产的价格。

解:根据题意,计算过程如下:

$$\text{房地产价格} = 3\,800 \times \frac{1 + 10.5\%}{1 + 6.8\%} = 3\,932(\text{元}/\text{平方米})$$

运用环比价格指数修正时,环比指数是指对比基期随报告期的变动而相应变动的指数,如月环比价格指数的基期为上一月,年环比价格指数的基期为上一年。与环比价格指数相对应的还有环比价格变动指数,环比价格指数等于1加上环比价格变动指数。

运用环比价格指数进行房地产交易日期修正的公式为:

$$\text{修正后的房地产价格} = \text{参照物交易价格} \times \text{交易时点至评估时点各期环比价格指数乘积}$$

【例 4-6】 某宗房地产在 2020 年 6 月的价格为 3 000 元/平方米,该地区同类房地产 2020 年 7 月至 10 月的环比价格指数分别为 103.6%、98.3%、103.5%、104.7%。

要求:对该宗房地产进行交易日期修正,修正到 2020 年 10 月,求出此时房地产的价格。

解:根据题意,计算过程如下:

$$\text{房地产价格} = 3\,000 \times 103.6\% \times 98.3\% \times 103.5\% \times 104.7\% = 3\,311(\text{元}/\text{平方米})$$

【例 4-7】 某宗房地产在 2020 年 5 月的价格为 3 600 元/平方米,该地区同类房地产 2020 年 6 月至 10 月的价格与上月相比的变动率分别为 1.6%、2.3%、−1.5%、1.7%、2.1%。

要求：对该宗房地产进行交易日期修正，修正到2020年10月，求出此时房地产的价格。

解：根据题意，计算过程如下：

房地产价格＝3 600×(1＋1.6%)×(1＋2.3%)
　　　　　×(1－1.5%)×(1＋1.7%)×(1＋2.1%)
　　　　＝3 827(元／平方米)

4. 确定评估对象房地产评估价值

按照要求，运用市场售价类比法应选择三个以上参照物，通过上述各种因素修正后，应得到三个以上初步评估结果(通常称为比准价值)，最后需要综合求出一个评估值，作为最终的评估结论。在具体操作过程中，可采用以下两种方法：简单算术平均法与加权平均法。

(1) 简单算术平均法是将多个参照物交易实例修正后的初步评估结果进行简单的算术平均，作为评估对象房地产的最终评估价值。简单算术平均法的计算公式如下：

$$P = \sum_{i=1}^{n} P_i \div n$$

式中：P 表示评估对象房地产的评估价值；

P_i 表示第 i 个参照物房地产的比准价值；

n 表示参照物房地产个数。

【例4-8】 对四个参照物房地产交易价格修正后得出的四个比准价值分别为4 500元／平方米、4 800元／平方米、4 200元／平方米、4 300元／平方米。

要求：用简单算术平均法计算评估对象房地产的评估值。

解：根据题意，计算过程如下：

房地产价格＝(4 500＋4 800＋4 200＋4 300)÷4＝4 450(元／平方米)

(2) 加权平均法是判定各个初步评估结果(比准价值)与评估对象房地产的接近程度，并根据接近程度赋予每个初步评估结果以相应的权重，然后将加权平均后的比准价值作为评估对象房地产的评估价值。加权平均法的计算公式如下：

$$P = \sum_{i=1}^{n} P_i f_i$$

式中：P 表示评估对象房地产的评估价值；

P_i 表示第 i 个参照物房地产的比准价值；

f_i 表示第 i 个参照物房地产比准价值的 P_i 的权重；

n 表示参照物房地产个数。

【例4-9】 对四个参照物房地产交易价格修正后得出的四个比准价值分别为4 500元／平方米、4 800元／平方米、4 200元／平方米、4 300元／平方米。赋予四个比准价值的权重分别为0.4、0.1、0.2、0.3。

要求：用加权平均法计算评估对象房地产的评估值。

解：根据题意，计算过程如下：

$4\,500 \times 0.4 + 4\,800 \times 0.1 + 4\,200 \times 0.2 + 4\,300 \times 0.3 = 4\,410$（元/平方米）

（三）市场售价类比法的评估案例

1. 评估对象概况

评估对象位于×市×区×路 34 号×栋×单元×室。根据委托方提供的房屋所有权证（证号略），用途为住宅，建成时间为 2008 年，建筑面积为 90 平方米，二室二厅，未设定抵押权等他项权利。房屋为钢筋混凝土结构。

2. 选取可比交易实例

本次评估选取近期同一供需圈内三个用途相同的交易实例作为可比交易实例。可比交易实例 A 位于×路×号×栋×单元 803 室，建筑面积为 79 平方米，成交单价为 17 800 元/平方米，交易日期为 2020 年 11 月；可比交易实例 B 位于×路×号×栋×单元 702 室，建筑面积为 82 平方米，成交单价为 13 900 元/平方米，交易日期为 2020 年 9 月；可比交易实例 C 位于×路×号×栋×单元 501 室，建筑面积为 85 平方米，成交单价为 17 400 元/平方米，交易日期为 2020 年 10 月。

3. 建立比较基础

评估对象与可比交易实例的比较因素条件如表 4-2 所示。

表 4-2　　　　　　　　　　比较因素条件说明表

比较因素		评估对象	A	B	C
位置		×路 34 号×栋×单元×室	×路×号×栋×单元 803 室	×路×号×栋×单元 702 室	×路×号×栋×单元 501 室
交易价格（元/平方米）		待估	17 800	13 900	17 400
交易日期		2020 年 12 月	2020 年 11 月	2020 年 9 月	2020 年 10 月
交易情况		正常	正常	正常	正常
区位因素	基础设施保证率	水、电、通信系统保证供给	水、电、通信系统保证供给	水、电、通信系统保证供给	水、电、通信系统保证供给
	公共配套设施完备程度	附近有银行、商场、学校等，公用设施齐全	附近有银行、商场、学校等，公用设施齐全	附近有银行、商场、学校等，公用设施齐全	附近有银行、商场、学校等，公用设施齐全
	交通状况	比较便捷	比较便捷	便捷	比较便捷
	所在楼层	2	8	7	5
	朝向	北	南	北	南
	环境质量、周围景观	有一定噪声及汽车尾气污染	有轻度噪声及汽车尾气污染	有一定噪声及汽车尾气污染	有轻度噪声及汽车尾气污染

(续表)

比较因素		评估对象	A	B	C
实物状况	新旧程度	85成新	88成新	80成新	85成新
	平面布置	布局合理	布局合理	布局合理	布局合理
	面积大小	适中	较适中	较适中	较适中
	实用率	80%	77%	80%	85%
	装修情况	精装修	普通装修	精装修	精装修
	建筑结构	钢混	钢混	钢混	钢混
	物业管理	管理较好	管理较好	管理较好	管理较好
权益状况	土地到期年限	2073年	2074年	2068年	2073年
	容积率	2.8	2.3	4.1	2.8

4. 建立比较因素条件指数表

根据对评估对象和可比交易实例情况的分析，把各可比交易实例的自身状况按照参比因素分别与评估对象的相应状况进行比较，编制比较因素条件指数表，如表4-3所示。

表4-3　　　　　　　　　　比较因素条件指数表

比较因素		评估对象	A	B	C
交易价格(元/平方米)		待估	17 800	13 900	17 400
交易日期价格指数		157	156	150	152
交易情况		100	100	100	100
区位因素	基础设施保证率	100	100	100	100
	公共配套设施完备程度	100	100	100	100
	交通状况	100	100	105	100
	所在楼层	100	105	103	102
	朝向	100	104	100	104
	环境质量、周围景观	100	100	97	100
实物状况	新旧程度	100	102	97	100
	平面布置	100	100	100	100
	面积大小	100	99	99	99
	实用率	100	99	100	101
	装修情况	100	95	100	100
	建筑结构	100	100	100	100
	物业管理	100	100	100	100
权益状况	土地使用到期年限	100	101	97	100
	容积率	100	101	96	100

5. 建立比较因素修正系数表

根据比较因素条件指数表,编制因素比较修正系数,计算比准价格,如表 4-4 所示。

表 4-4　　　　　　　　　　　　比较因素修正表

比较因素		A	B	C
交易价格(元/平方米)		17 800	13 900	17 400
交易日期价格指数		157/156	157/150	157/152
交易情况		100/100	100/100	100/100
区位因素	基础设施保证率	100/100	100/100	100/100
	公共配套设施完备程度	100/100	100/100	100/100
	交通状况	100/100	100/105	100/100
	所在楼层	100/105	100/103	100/102
	朝向	100/104	100/100	100/104
	环境质量、周围景观	100/100	100/97	100/100
实物状况	新旧程度	100/102	100/97	100/100
	平面布置	100/100	100/100	100/100
	面积大小	100/99	100/99	100/99
	实用率	100/99	100/100	100/101
	装修情况	100/95	100/100	100/100
	建筑结构	100/100	100/100	100/100
	物业管理	100/100	100/100	100/100
权益状况	土地使用到期年限	100/101	100/97	100/100
	容积率	100/101	100/96	100/100
比准价格(元/平方米)		16 933.06	15 508.69	16 943.97

6. 求取待评估房地产价格

经过比较分析,各可比交易实例的各项实物状况与评估对象较相似。经过测算,以上三个可比交易实例的比准价格差异在正常范围内,本次评估确定取以上三个可比交易实例比准价格的简单算术平均值作为评估对象比准价格:

最终单位建筑面积比准价格 =（16 933.06 + 15 508.69 + 16 943.97）÷ 3
　　　　　　　　　　　　=16 451.77（元 / 平方米）

总价 = 16 461.91 × 90 = 1 481 571.9（元）

二、基准地价修正法

(一) 基准地价修正法的含义

基准地价修正法,是指利用当地政府确定的评估对象宗地所处地段的基准地价作为参照,对出让年限、交易日期、土地状况、市场转让因素等进行修正,从而计算评估对象宗地在评估基准日市场价值的一种方法。基准地价修正法实质上是市场途径的一种具体方法。

基准地价修正法中的基准地价是对城镇各级土地或均质地域及其商业、住宅、工业等土地利用类型评估的土地使用权单位面积平均价格。它是由政府确定的城镇国有土地的基本标准价格,是不同区域、不同用途土地的一级市场平均价格。基准地价一般由三个部分组成:

1. 土地出让金

土地出让金是指国家作为土地所有者向受让者收取的一定年限的土地使用费中的纯收入部分。

2. 基础设施配套费

基础设施配套费是指政府用于城市基础设施配套建设已经投入和近期预期投入的费用部分,包括城市基础设施配套费、小区建设配套费等。

3. 土地开发及其他费用

土地开发及其他费用包括平整土地费用、征地拆迁费用等。目前全国的许多城市都制定了基准地价,但在基准地价的构成上并不完全一致,因此,在具体应用基准地价修正法时应注意当地基准地价的构成,不能机械地套用公式。

基准地价修正法的数学表达式为:

$$P = A \cdot a_1 \cdot a_2 \cdot a_3 \cdot a_4$$

式中:P 表示评估对象土地使用权的评估价值;

A 表示评估对象宗地所处地段的基准地价;

a_1 表示年限修正系数;

a_2 表示交易日期修正系数;

a_3 表示土地状况修正系数;

a_4 表示市场转让因素修正系数。

(二) 基准地价修正法的估价步骤

1. 收集有关资料

关键是获取当地政府最新发布的关于基准地价的文件和有关资料,具体包括:土地级别图、基准地价图、样点地价分布图、基准地价表和相应的因素条件说明表等,这是采用基准地价修正法的前提。

2. 计算土地转让年限修正系数

基准地价的年限是以某类用途允许出让的最高年限加以测算的,如商业用地最高出让年限为 40 年,住宅用地为 70 年,工业用地为 50 年,而对实际转让年限并没有考虑,因此在估价时,应根据评估对象土地的实际转让年限进行修正。年限修正系数的数学表达式为:

$$a_1 = \left[1 - \frac{1}{(1+r)^n}\right] \div \left[1 - \frac{1}{(1+r)^N}\right]$$

式中:n 表示评估对象土地使用权剩余年限;

N 表示参照物土地使用权剩余年限;

r 表示折现率。

3. 计算交易日期修正系数

基准地价反映的是其在评估基准日的地价水平,基准地价评估基准日与评估对象宗地评估基准日通常是不一致的,因此,必须把基准地价评估基准日对应的地价水平修正到宗地地价评估基准日的水平。交易日期修正的方法与市场售价类比法中交易日期修正的方法相同,这里不再赘述。

4. 计算土地状况修正系数

由于基准地价是不同区域、不同用途土地的平均地价,不能反映每宗地块的特点,因此需要对评估对象宗地地价产生影响的土地坐落位置、形状、临街状况、周围环境、交通条件、容积率等因素进行分析和修正。土地状况修正系数的计算方法同市场售价类比法中权益状况和实物状况因素修正系数的计算方法相同。

5. 计算市场转让因素修正系数

这实际上是把一级市场地价修正为二级市场地价的问题。它的测算可通过类比推算法进行,即利用已进入二级市场且成交的地块的二级市场地价(参照物市场交易价格)与其一级市场的基准地价的比值计算。它主要取决于评估时二级市场的活跃程度。市场转让因素修正系数的计算公式为:

市场转让因素修正系数 = 参照物地块市场交易价格 ÷ 参照物地块基准地价

6. 计算评估对象宗地的评估价值

上述各修正系数计算出来后,可根据公式计算评估对象宗地的价值。

三、市场租金倍数法

市场租金倍数是用于评估对象房地产类似的参照物房地产的市场交易价格除以其相关口径的年收益(租金)后所得的倍数。租金倍数会因参照物相关收益计算口径的不同而有多种类型,如毛租金倍数、净租金倍数、总收入倍数和净收入倍数等。

市场租金倍数的计算公式为:

$$\text{市场租金倍数} = \frac{\text{参照物房地产市场交易价格}}{\text{参照物房地产的租金}}$$

在具体运用市场租金倍数法时,可以将同一评估对象房地产按不同口径的收益(租金)计算的租金倍数,乘以评估对象房地产相应口径的年收益(租金),得到评估对象房地产的一组初步评估价值,再采用加权平均等方法估测评估对象房地产的价值。

第三节 收益法在房地产评估中的应用

一、收益法的基本思路

(一)收益法的含义

收益法是估测评估对象房地产的预期收益,选用适当的折现率将房地产预期收益折算为现值,以确定房地产价值的思路及方法。收益法既可以评估房地合一的价值,也可以评估土地或建筑物的价值。

收益法的理论依据是预期原理。预期原理认为,房地产的价值通常是基于市场参与者对其未来所能获得的收益得到满足的预期。根据预期原理,如果现在购买一宗在未来一定年限可产生收益的房地产,即预示着该房地产的所有者在未来的收益年限内可源源不断地获得预期收益,房地产价值最高也不会超过未来的预期收益现值。

(二)收益法的适用条件和对象

运用收益法对房地产进行评估,需满足其使用的前提条件:①房地产的未来收益必须是可以预测并可用货币来衡量的。②收益期内,房地产权益拥有者获得未来预期收益所承担的风险可以预测,并可用货币来衡量。③房地产预期获利年限可以预测。

收益法适用的对象是有收益或潜在收益的房地产,如商场、商务办公楼、公寓、宾馆、酒店、餐馆、游乐场、影剧院等房地产。

(三)收益法的基本步骤

收益法的基本步骤包括:①收集房地产有关收入和费用的资料。②估算房地产的预期收益。③确定房地产的折现率。④确定房地产的收益年限。⑤估测并确定房地产评估价值。

二、房地产预期收益估测

(一)房地产预期收益估测的思路

房地产预期收益首先是通过测算房地产的预期收入和房地产的预期费用,然后用房地产的预期收入减去房地产的预期费用得到。

房地产预期收入是以评估对象房地产或类似房地产的现实客观收入为基础,并对房地产未来收入状况进行分析、预测和估算得到的。房地产的现实客观收入是剔除了特殊的、偶然的因素之后房地产所能得到的正常收入。房地产预期收入有潜在收入和有效收入之分。潜在收入是假定房地产在充分利用、无空置状况下可获得的预期收入。住宅、写字楼、商铺等出租型房地产的潜在毛租金收入为潜在毛租金收入加上各种其他收入。潜在毛租金收入等于全部可出租面积与最可能的租金水平的乘积。其他收入，是指租赁保证金或押金的利息收入，以及洗衣房、自动售货机、投币电话等的收入。

在实践中，空置的面积没有收入，从而会产生损失。收租损失是指因承租人拖欠租金等造成的收入损失，包括延迟支付租金、少付租金、不付租金、免租期造成的收入损失。空置和收租损失通常按照潜在毛租金收入的一定比例估算。有效收入是潜在收入扣除空置、拖欠租金以及其他原因造成的收入损失后所得到的预期收入。

房地产预期费用是房地产取得未来预期收入必须支付的各项支出。房地产预期费用是以评估对象房地产或类似房地产的现实客观运营费用为基础，并对房地产未来运营费用情况分析、预测和估算得到。

房地产预期收益是房地产未来的客观收益，估算房地产预期收益的基本公式为：

$$\begin{aligned}预期收益 &= 预期收入 - 预期费用 \\ &= 潜在收入 - 空置损失 - 预期费用 \\ &= 有效收入 - 预期费用\end{aligned}$$

在计算以客观收益为基础的总收入时，房地产所产生的正常收入必须是其处于最佳利用状态下的结果。在现实经济中，应为正常使用下的正常收入，即房地产预期收益通常是税前利润（或税前现金流量），运营费用中不包括所得税、房屋折旧等项目。

（二）不同类型房地产预期收益的估测

房地产预期收益应根据房地产出租、直接经营、自用等不同情况，采用不同的思路进行测算。

1. 出租型房地产预期收益的估测

出租型房地产预期收益，通常是用房地产预期租赁收入减去房地产租赁期间正常的维修费、管理费、保险费、税费等项目得到的。评估计算公式为：

$$预期收益 = 租赁收入 - 维修费 - 管理费 - 保险费 - 税费$$

其中，预期租赁收入包括房地产租金和租赁保证金、押金等的利息收入。房地产租金通常根据评估对象房地产实际租金，考虑相邻或同类型房地产租金水平，经分析预测确定。

维修费是指房屋的正常维护、修理等方面的费用支出。维修费应按照整个租赁期间各年维修费的平均水平确定，通常按年租赁收入的百分比计算。

管理费是指对出租房屋进行的必要管理所需的费用，通常包括管理人员工资、办公费等。管理费通常按年租赁收入的百分比计算。

保险费是指房产所有人为保障火灾、爆炸、雷击等自然灾害和意外事故造成的房屋损失而向保险公司支付的费用。保险费通常按房屋重置价值的百分比计算。

税费主要包括房产税、城镇土地使用税和增值税。房产税按年租赁收入的12%计算。城镇土地使用税按土地面积乘以单位面积税额计算,单位面积税额由各地政府规定。根据财政部、国家税务总局《关于全面推开营业税改征增值税试点的通知》的规定,房地产租赁中,一般纳税人的增值税等于销项税额减去进项税额,其中,销项税额等于不含税的销售额乘以税率;小规模纳税人的增值税等于不含税的销售额乘以征收率。

对于出租房屋发生的水、电、燃气、暖气、通信、有线电视、宽带等费用,如果由出租人承担,通常也要扣除。评估中还应该根据评估目的、评估对象的情况,考虑房屋中的家具等创造的收益是否扣除。

2. 直接经营型房地产预期收益的估测

直接经营型房地产通常是指房地产所有者同时又是经营者,房地产租金与房地产经营者利润没有分开的房地产,如商场、宾馆、饭店等。直接经营型房地产预期收益通常是用房地产的预期销售收入减去房地产的预期销售成本、销售税金及其附加、销售费用、管理费用、财务费用、经营利润后得到。可按下面的公式进行计算:

预期收益 = 销售收入 − 销售成本 − 销售税金及其附加 − 销售费用 − 管理费用 − 财务费用 − 经营利润

3. 自用型房地产预期收益的估测

自用型房地产可以比照同一市场上有收益的类似房地产的有关资料,按上述相应的方法计算预期收益,或直接比较得出预期收益。

4. 混合型房地产预期收益的估测

混合型房地产是指有多种收益类型(出租、经营、自用等)的房地产,在估测预期收益时,可以把它看成是各种单一收益类型房地产的组合,先分别计算,然后进行综合汇总。

三、房地产折现率的估测

(一)房地产折现率的种类

房地产的折现率是一种期望的投资收益率,而投资收益率的大小与投资的风险呈正相关,因此在确定房地产的折现率时,应选择那些与获取评估对象房地产的预期收益具有同等风险的投资的收益率。在房地产评估中,由于评估对象不同,应采用的折现率也不同,主要有以下几种类型:

1. 土地折现率

土地折现率是计算单纯土地的价值时所采用的折现率。这时对应的预期收益是土地自身的预期收益,而不应包含建筑物及其他方面带来的收益。

2. 建筑物折现率

建筑物折现率是计算单纯建筑物的价值时所采用的折现率。这时对应的预期收益是建筑物自身的预期收益,而不应包含土地及其他方面带来的收益。

3. 综合折现率

综合折现率是计算房地合一价值时采用的折现率。这时对应的预期收益是土地和建筑物共同产生的收益。

土地折现率、建筑物折现率和综合折现率三者虽然含义不同,但又是相互联系的。当不考虑房地产收益期限时,三种折现率的联系可用下列公式表示:

$$r = \frac{r_1 P_1 + r_2 P_2}{P_1 + P_2}$$

$$r_1 = \frac{r(P_1 + P_2) - r_2 P_2}{P_1}$$

$$r_2 = \frac{r(P_1 + P_2) - r_1 P_1}{P_2}$$

式中:r 表示综合折现率;

r_1 表示土地折现率;

r_2 表示建筑物折现率;

P_1 表示土地价值;

P_2 表示建筑物价值。

【例 4-10】 某宗房地产的总价值为 1 000 万元,经估测建筑物部分的价值为 600 万元,假定综合的折现率为 8%,建筑物的折现率为 10%。

要求:根据资料计算土地折现率。

解:根据题意,计算过程如下:

$$土地的折现率 = \frac{8\% \times 1\,000 - 10\% \times 600}{1\,000 - 600} \times 100\% = 5\%$$

(二) 房地产折现率的估测方法

1. 累加法

累加法是通过无风险收益率加上风险收益率来确定房地产折现率的方法。无风险收益率指无风险的资本投资收益率,在评估实践中通常选择中期国债利率作为无风险收益率。风险收益率根据社会经济环境、投资风险、变现风险以及通货膨胀等因素对房地产投资的影响综合确定。其计算公式为:

$$房地产折现率 = 无风险收益率 + 风险收益率$$

2. 市场租价比法

市场租价比法也称市场提取法,是在市场上选取多个(通常为三个以上)与评估对象相似的房地产作为可比实例,并根据可比实例的纯租金与价格的比率计算出折现率,然后求出各可比实例折现率的平均值,在进行综合分析的基础上,确定评估对象房地产的折现率的方法。该方法运用时,通常假设可比实例的各年租金收益相等、收益期限永续。其计算公式为:

$$r = \sum_{i=1}^{n} \frac{A_i}{P_i} \div n$$

式中：r 表示评估对象房地产的折现率；

A_i 表示交易实例的纯收益；

P_i 表示交易实例的价格；

n 表示交易实例个数。

【例 4-11】 选择 4 个与评估对象房地产相类似的可比实例，各可比实例有关数据资料如表 4-5 所示。

表 4-5　　　　　　　　　　　　折现率指数表

交易实例	纯租金（万元/年）	价格（万元）	折现率
1	15	165	9.09%
2	24	216	11.11%
3	52	498	10.44%
4	87	863	10.08%

要求：计算房地产折现率。

解：根据题意，计算过程如下：

房地产折现率 = (9.09% + 11.11% + 10.44% + 10.08%) ÷ 4 = 10.18%

四、房地产收益年限的确定

房地产收益年限是房地产未来持续获得收益的时间，通常以年为单位表示。房地产收益年限应根据评估对象房地产的实际情况，经综合分析确定。

（一）单独土地评估

单独土地评估，应考虑土地的不同取得方式。对于以有偿出让方式取得土地使用权的情况，土地收益年限为土地剩余使用权年限，可根据土地使用权证中载明的土地使用权年限（通常为某类用地出让的最高年限）减去土地已使用年限来确定。对于以无偿划拨方式取得土地使用权的情况，土地收益年限为永续，但以划拨方式取得使用权进行租赁经营的，应按规定向政府缴纳土地收益，评估时所确定的土地收益应为正常土地租赁收益扣除按规定向政府缴纳土地收益后的余额。

（二）单独建筑物评估

单独建筑物评估中，建筑物收益年限为建筑物的剩余经济寿命年限，可根据建筑物总使用年限减去已使用年限确定。建筑物总使用年限通常根据建筑物的建筑结构、建造质量、使用和维修保养情况，结合同类建筑物平均经济寿命情况确定。建筑物已使用年限为建筑物从投入使用到评估时点时的使用年限。

(三)房地评估

房地评估即为土地和建筑物合成一体情况下的房地产评估,房地产收益年限应根据土地使用权剩余年限和建筑物剩余经济寿命年限长短的不同情况分别确定。

1. 土地年限和建筑物年限相等

对于土地使用权剩余年限和建筑物剩余经济寿命年限相等的情况,可根据土地使用权剩余年限或建筑物剩余经济寿命年限确定房地产收益年限。

2. 土地年限比建筑物年限短

对于土地使用权剩余年限比建筑物剩余经济寿命年限短的情况,应根据土地使用权剩余年限确定房地产收益年限,如图4-2所示。收益折现时,应将土地使用年限到期时建筑物部分的残余价值或政府收回土地使用权对建筑物的补偿价值折现。

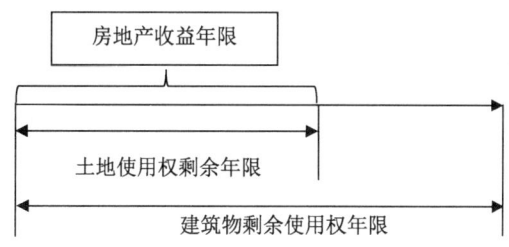

图4-2 土地年限比建筑物年限短

3. 土地年限比建筑物年限长

对于土地使用权剩余年限比建筑物剩余经济寿命长的情况,以土地使用权剩余年限为房地产总的收益年限,如图4-3所示。但对房地产的收益折现分两段进行,第一段以建筑物剩余经济寿命为界,将房地合一的纯收益折现;第二段将土地使用权剩余年限超过建筑物剩余经济寿命期限的土地纯收益折现,以两段期限的收益现值之和作为房地产的评估价值。

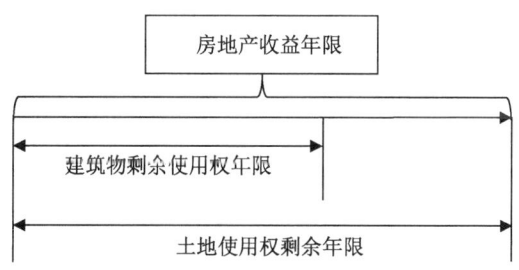

图4-3 土地年限比建筑物年限长

五、房地产价值的估测

(一)房地价值的估测

估测房地合成一体的房地产价值,应根据上述介绍的有关方法分别测算和确定房地产预期收益、折现率和收益年限,并运用合适的评估计算公式进行收益折现。

房地产评估实务中常用的评估计算公式主要有以下几种:

1. 收益年限为有限期,各年收益额不相等

$$P = \sum_{i=1}^{n} \frac{R_i}{(1+r)^i}$$

式中:P 表示房地产价值;

R_i 表示第 i 年房地产预期收益;

r 表示综合折现率;

n 表示房地产收益年限。

2. 收益年限为有限期,各年收益额相等

$$P = \frac{A}{r}\left[1 - \frac{1}{(1+r)^n}\right]$$

式中:P 表示房地产价值;

A 表示房地产预期收益(年金);

r 表示综合折现率;

n 表示房地产收益年限。

3. 收益年限为无限期,各年收益额相等

$$P = \frac{A}{r}$$

式中:P 表示房地产价值;

A 表示房地产预期收益(年金);

r 表示综合折现率。

(二)土地价值的估测

1. 单独土地出租

首先通过土地的预期收入减去土地的预期费用得到土地的预期收益,然后用适当的土地折现率将土地的纯收益折现。具体情况包含很多种,下面将分别介绍。

(1)第一种情况为收益年限为有限期,各年收益额相等,具体公式如下所示。

$$P_1 = \frac{A_1}{r_1}\left[1 - \frac{1}{(1+r_1)^n}\right]$$

式中:P_1 表示土地价值;

A_1 表示土地预期收益(年金);

r_1 表示土地折现率;

n 表示土地收益年限。

(2)第二种情况为收益年限为无限期,各年收益额相等,具体公式如下所示。

$$P_1 = \frac{A_1}{r_1}$$

式中：P_1 表示土地价值；

A_1 表示土地预期收益（年金）；

r_1 表示土地折现率。

2. 房地产出租或经营

在房地产出租或经营情况下，土地价值是房地产价值减去房屋价值后剩余的价值。运用收益法评估土地的价值，通常是用房地产的预期收益减去建筑物的预期收益得到土地的预期收益，用土地的折现率对土地的预期收益折现求和即可得到土地的价值。具体情况包含很多种，下面将分别介绍。

(1) 第一种情况是房地产收益年限为有限期，各年收益额相等，具体公式如下所示。

$$P_1 = \frac{(A - A_2)}{r_1}\left[1 - \frac{1}{(1+r_1)^n}\right]$$

$$A_2 = P_2 \cdot r_2$$

式中：P_1 表示土地价值；

A 表示房地预期收益（年金）；

A_2 表示建筑物预期收益（年金）；

r_1 表示土地折现率；

r_2 表示建筑物折现率；

n 表示土地收益年限；

P_2 表示建筑物价值。

评估时，建筑物价值应采用收益法以外的方法计算，通常采用成本法，评估计算公式为：

$$预期收益 = 建筑物重置成本 \times 成新率$$

(2) 第二种情况是房地产收益年限为无限期，各年收益额相等，具体公式如下所示。

$$P_1 = \frac{(A - A_2)}{r_1}$$

式中：P_1 表示土地价值；

A 表示房地预期收益（年金）；

A_2 表示建筑物预期收益（年金）；

r_1 表示土地折现率。

公式中建筑物预期收益的计算方法与第一种情况相同。

(三) 建筑物价值的估测

建筑物价值是房地产价值减去土地价值后剩余的价值。运用收益法评估建筑物的价值，通常是用房地产预期收益减去土地预期收益得到建筑物的预期收益，用建筑物的折现率对建筑物的预期收益折现求和即可得到建筑物的价值。评估计算公式分以下几种情况：

1. 收益年限为有限期，各年收益额相等

$$P_2 = \frac{(A - A_1)}{r_2} \times \left[1 - \frac{1}{(1+r_2)^n}\right]$$

$$A_1 = P_1 \cdot r_1$$

式中：P_2 表示建筑物价值；

A 表示房地预期收益（年金）；

A_1 表示土地预期收益（年金）；

r_1 表示土地折现率；

r_2 表示建筑物折现率；

n 表示土地收益年限；

P_1 表示土地价值。

评估时，土地价值应采用收益法以外的方法计算，如市场法和成本法等。

2. 收益年限为无限期，各年收益额相等

$$P_2 = \frac{(A - A_1)}{r_2}$$

式中：P_2 表示建筑物价值；

A 表示房地预期收益（年金）；

A_1 表示土地预期收益（年金）；

r_2 表示建筑物折现率。

公式中土地纯收益的计算方法与第一种情况相同。在实际评估操作中，评估人员应该根据建筑物的收益和收益期限的具体状况选择适当的评估计算公式。

【例4-12】 某评估对象概况如下：评估对象为2022年6月1日取得的6层砖混结构办公楼，土地总面积500平方米，房屋建筑面积1 500平方米，出租的月租金4.5万元，假设建筑物的折现率为10%，耐用年限为60年，土地折现率为8%，管理费以年租金的3%计，维修费以建筑物价值的1.5%计，房租损失准备费按半月租金计，保险费按建筑物价值的3‰计，房产税为年租金收入的12%，城镇土地使用税每年每平方米2元，增值税的征收率为5%，建筑物尚可使用年限为50年，土地使用权年限为40年，建筑物价值依成本法求得为120万元。

要求：用收益法评估该房屋土地使用权2022年6月1日的价值。

解：评估过程如下：

(1) 计算年预期收入：

预期收入 = 45 000 × 12 − 45 000 ÷ 2 = 517 500（元）

不含增值税的预期收入 = 517 500 ÷ (1 + 5%) = 492 857（元）

(2) 计算年预期费用：

管理费 = 45 000 × 12 × 3% = 16 200(元)

维修费 = 1 200 000 × 1.5% = 18 000(元)

保险费 = 1 200 000 × 3‰ = 3 600(元)

房产税 = 540 000 × 12% = 64 800(元)

城镇土地使用税 = 500 × 2 = 1 000(元)

预期费用 = 16 200 + 18 000 + 3 600 + 64 800 + 1 000 = 103 600(元)

(3) 计算年预期收益：

预期收益 = 492 857 − 103 600 = 389 257(元)

(4) 计算土地预期收益：

房屋预期收益 = 1 200 000 × 10% = 120 000(元)

土地预期收益 = 389 257 − 120 000 = 269 257(元)

(5) 计算土地使用权价值：

$$\text{土地使用权价值} = \frac{269\,257}{8\%} \times \left[1 - \frac{1}{(1+8\%)^{40}}\right] = 3\,210\,786(元)$$

土地单价 = 3 210 786 ÷ 500 = 6 422(元/平方米)

(6) 评估结论：

本宗土地使用权在2022年6月1日的价值为3 210 786元，单价为每平方米6 422元。

第四节 成本法在房地产评估中的应用

一、成本法的基本思路

(一) 成本法的含义

成本法是通过估测被评估房地产的重新构建成本，然后扣除各种贬值，以确定评估对象房地产价值的评估思路和技术方法。

成本法的理论依据，从卖方的角度来看是生产费用价值论，即卖方愿意接受的价格，不能低于其为开发建造该房地产所花费的代价(包括建造费用、税金、利润等)；从买方的角度来看是替代原理，即买方愿意支付的最高价格，不能高于其所预计的重新开发建造该房地产所花费的代价。如果所购买的房地产是旧的，还要考虑建筑物的贬值。

(二) 成本法的适用条件和对象

成本法适用的条件是能够量化房地产的重新构建成本费用及各种贬值。由于土地的价格主要取决于它的效用，而并非仅仅是它所花费的成本，因此土地取得和开发成本加利税并不一定能客观反映其市场价值。所以，成本途径在土地评估中的应用范围受到一定限制。

运用成本法评估时,要求被评估房地产具备以下前提条件:

(1) 被评估房地产处于继续使用状态或被假定处于继续使用状态。被评估房地产的实体特征、内部结构及其功能必须与假设的重置全新房地产具有可比性。

(2) 被评估房地产应当具备可利用的历史资料。成本法的应用是建立在历史资料基础上的,许多信息资料、指标需要通过历史资料获得;同时,现时房地产与历史资料要具有相同性或可比性。

(3) 房地产建造过程中的工程量是可以计量的,且该类房地产可以重复"生产"。

(4) 随着时间的推移,房地产具有一定损耗特性。

成本法与其他评估方法相比具有特殊用途,一般适用于房地产市场发育不成熟,成交实例不多,无法利用市场法、收益法等方法进行评估的情况。对于既无收益又很少有交易情况的政府办公楼、学校、医院、图书馆、军队营房、机场、博物馆、纪念馆、公园、新开发地等特殊性的房地产评估比较适用。

(三) 成本法的基本步骤

成本法的基本步骤包括:①搜集有关房地产成本项目的资料。②估算房地产重置成本。③估算各种贬值。④估算土地增值收益。⑤求取评估值。

二、房地产重置成本的估测

房地产的重置成本通常包括土地取得成本、开发成本、管理费用、投资利息、开发利润、销售税费等。

(一) 土地取得成本

土地取得成本是取得开发用地所需的费用、税金等。根据房地产开发中土地使用权获得的途径,土地取得成本的构成有以下几种:

1. 通过征收农地取得土地

该类土地取得成本包括:农地征收费和土地使用权出让金。土地取得成本应按国家和当地政府规定的征地补偿标准和土地出让金标准计算。

2. 通过城市房屋拆迁取得土地

该类土地取得成本包括:房屋拆迁补偿安置费和土地使用权出让金。土地取得成本应按国家和当地政府规定的拆迁安置补偿费标准和土地出让金标准计算。

3. 通过市场交易取得土地

该类土地取得成本包括:土地价款和买地缴纳的税费(手续费、契税等)。土地取得成本可按实际支出额或通过与类似土地进行比较分析后确定。

(二) 开发成本

开发成本可分为土地开发成本和房屋建造成本两部分,是在取得土地后进行土地开发和房屋建设所需的直接费用、税金等。具体包括以下内容。

1. 勘察设计及前期工程费

勘察设计及前期工程费包括前期规划、设计、可行性研究、水文地质勘测以及施工通水、通电、通路和平整场地等土地开发工程费支出。该项费用支出一般可按建筑安装工程费用或项目总投资的一定百分比估算,也可根据实际工作量,参照有关计费标准估算。

2. 建筑安装工程费

建筑安装工程费是指直接用于建筑安装工程建设的总成本费用,主要包括建筑工程费、设备及安装工程费以及室内装修工程费等。从建设单位的角度看,它是建设单位向施工单位支付的工程款;从施工单位来看,它包括施工单位的直接费用、间接费用、利润和税金等。建筑安装工程费一般按施工图预算计算;如果有完整的建筑工程决算资料,可通过价格指数对原工程决算数进行调整修正后确定;或可以采用与类似单位工程造价比较的方法确定。

3. 基础及配套设施建设费

基础及配套设施建设费为经规划部门批准建设的、国家建设项目用地规划红线以内的道路、供水、排水、电力、通信、燃气、热力等的建设以及配套设施发生的费用。对于基础设施配套常常概括为"三通一平""五通一平""七通一平"。

4. 城市基础设施配套费

城市基础设施配套费是指按城市总体规划要求,为筹集城市市政公用基础设施建设资金所收取的费用,它按建设项目的建筑面积计征,其专项用于城市基础设施和城市公用设施建设,包括城市道路、桥梁、公共交通、供水、燃气、污水处理、集中供热、园林、绿化、路灯、环境卫生、中小学、幼儿园等设施的建设。该项费用按政府规定的费用标准计算。

(三) 管理费用

管理费用包括开发商管理人员的工资、办公费、差旅费等。管理费用可按土地取得成本与开发成本之和乘以一定的比率计算。

(四) 投资利息

以土地取得成本、开发成本和管理费用之和为基数计算投资利息。利息率应选择评估基准日银行基本建设贷款的利率,如果选择1年期贷款利率,则用复利计息;如果选择与项目建设期相同期限的贷款利率,则采用单利计息。土地取得成本的计息期一般为整个开发建设期;开发成本和管理费用的计息期一般为开发建设期的一半。

(五) 开发利润

开发利润是在正常情况下开发商所能获得的平均利润。开发利润通常以土地取得成本、开发成本和管理费用之和为基数按房地产行业开发同类房地产平均利润率水平进行计算。

(六) 销售税费

销售税费是销售开发完成后的房地产所需的费用及应由开发商缴纳的税费,主要分为以下几种:

(1) 销售费用,具体包括广告宣传、销售代理费等,通常按土地取得成本、开发成本、管理费用、投资利息、开发利润之和的一定比例计算。

(2) 销售税金,具体包括增值税及附加,通常按土地取得成本、开发成本、管理费用、投资利息、开发利润、销售费用之和乘以增值税税率(或征收率)计算。根据财政部、国家税务总局《关于全面推开营业税改征增值税试点的通知》的规定,销售不动产中,一般纳税人的增值税等于销项税额减去进项税额,其中,销项税额等于不含税的销售额乘以税率;小规模纳税人的增值税等于不含税的销售额乘以征收率。增值税附加包括城市维护建设税和教育费附加,其中,城市维护建设税按增值税税额的7%计算,教育费附加按增值税税额的3%计算。评估时,如果重置成本中计算增值税,评估值为含增值税的价值;如果重置成本中不计算增值税,则评估值为不含增值税的价值。

三、房地产实体性贬值的估测

由于土地不存在有形损耗,房地产中的实体性贬值主要指的是建筑物。建筑物实体性贬值可以通过实体性贬值率或成新率来反映。成新率的估测方法一般采用使用年限法。

使用年限法的特点是计算简便,但运用此方法的关键是测定一个较为合理的建筑物尚可使用年限。这需要评估人员具有丰富的实践经验,对建筑物现行状态、维修保养状况、使用效果情况进行全面分析和判断,并结合国家规定的建筑物折旧年限综合确定。

使用年限法一般适用于建造时间短、比较新的建筑物的测算。如果对旧建筑物评估,在运用这种方法确定建筑物成新率时,应充分考虑建筑物进行过更新改造或大修理等情况对建筑物使用年限及成新率的影响。

使用年限法是用建筑物的尚可使用年限占建筑物全部使用年限的比率作为建筑物的成新率。其计算公式为:

$$建筑物成新率 = \frac{建筑物尚可使用年限}{建筑物尚可使用年限 + 建筑物实际已使用年限} \times 100\%$$

四、房地产功能性贬值的估测

(一) 房地产功能性贬值的含义

房地产功能性贬值是指由于技术革新、建筑工艺改进、建筑设计理念更新等导致原有建筑物在建筑风格、建筑物内外布局、建筑物的基本装修和设备等方面变得陈旧落后,使建筑物不能满足现实生产、经营或居住的需要,造成其价值降低。

(二) 房地产功能性贬值的估测方法

1. 修复费用法

修复费用法是按通过修复房地产原有功能使其达到能够满足现实需要所花费的修复费用确定房地产功能性贬值的方法。运用该方法时,应注意在修复房地产功能的同时,往往也修改了房地产的实体,在这种情况下,修复费用等于房地产功能性贬值和一部分实体性贬值。

2. 市价比较法

市价比较法是将功能陈旧的房地产与功能先进的类似房地产的交易价格进行比较,以二者之间的价格差额确定房地产的功能性贬值的方法。

3. 综合分析法

综合分析法是在估测房地产功能性贬值时与房地产的实体性贬值一起考虑,确定包括功能性贬值因素在内的综合成新率的方法。

五、房地产经济性贬值的估测

(一)房地产经济性贬值的含义

房地产经济性贬值是指由于宏观经济环境、市场竞争、房地产制度及政策、税收政策、交通管制、自然环境、人口因素、人们的心理因素等外界条件的变化,使建筑物的利用率下降,收益产生损失,导致其价值降低。

(二)房地产经济性贬值的估测方法

1. 市价比较法

市价比较法是将被评估房地产外部条件发生变化前后交易价格进行比较,以二者之间的价格差额确定房地产的经济性贬值的方法。

2. 收益损失折现法

收益损失折现法是通过对收益性房地产的未来收益净损失额进行折现,以收益损失额的现值确定房地产经济性贬值的方法。

3. 综合分析法

综合分析法是在估测房地产经济性贬值时与房地产的实体性贬值、功能性贬值一起考虑,确定包括实体性贬值、功能性贬值和经济性贬值因素在内的综合成新率的方法。

需要注意的是,如果外界条件变化后的房地产交易价格高于以前的价格,或者房地产预期收益增加,则房地产存在经济性溢价。

六、房地产价值的估测

(一)土地价值的估算

单独评估土地价值时,通常以土地的重置成本作为土地的评估价值,无须考虑土地的贬值。运用成本法评估土地价值的评估计算公式为:

土地价值 = 土地取得成本 + 土地开发成本 + 管理费用 + 投资利息 + 开发利润 + 销售税费

上述评估计算公式适用于征收农地并进行基础设施建设和平整场地后的土地,以及城市房屋拆迁并进行基础设施建设和场地平整后的土地评估。

(二)建筑物价值估算

单独评估建筑物价值时,以建筑物的重置成本扣减建筑物的各种贬值确定建筑物的评估价值。建筑物的贬值包括实体性贬值、功能性贬值和经济性贬值。运用成本法评估建筑物价值的评估计算公式为：

建筑物价值 ＝ 建筑物重置成本 － 建筑物贬值

建筑物重置成本 ＝ 建筑物建造成本 ＋ 管理费用 ＋ 投资利息 ＋ 开发利润 ＋ 销售税费

（三）房地价值的估算

评估房地合一的价值时，通常分别估测土地和建筑物的重置成本，房地产的贬值在建筑物重置成本中扣除。运用成本法评估房地价值的评估计算公式为：

房地价值 ＝ 土地重置成本 ＋ 建筑物重置成本 － 建筑物贬值

【例4-13】 评估对象土地基本数据资料如下：评估对象土地为征用农地，而为500平方米。土地取得成本为230元/平方米，土地开发成本（包括管理费用）246元/平方米。土地开发期为2年，第1年投入的土地开发成本占总土地开发成本的3/4，第2年投入的土地开发成本占总土地开发成本的1/4；银行基本建设贷款年利率为8％，土地开发的平均利润率为10％，增值税的征收率为5％，城市维护建设税税率为7％，教育费附加为增值税的3％，销售费用为开发后土地售价的3％。

要求：计算评估对象土地开发后的市场价值。

解：评估过程如下：

（1）计算土地取得成本

土地取得成本 ＝ 500 × 230 ＝ 115 000（元）

（2）计算土地开发成本

土地开发成本 ＝ 500 × 246 ＝ 123 000（元）

（3）计算投资利息

土地取得成本的计息期为2年，土地开发成本为分段投入，则：

土地取得成本利息 ＝ 115 000 × $[(1+8\%)^2-1]$ ＝ 19 136（元）

土地开发成本利息 ＝ 123 000 × $\frac{3}{4}$ × $[(1+8\%)^{1.5}-1]$ ＋ 123 000 × $\frac{1}{4}$ × $[(1+8\%)^{0.5}-1]$ ＝ 11 289 ＋ 1 206 ＝ 12 495（元）

总投资利息 ＝ 19 136 ＋ 12 495 ＝ 31 631（元）

（4）计算开发利润：

开发利润 ＝ （115 000 ＋ 123 000）× 10％ ＝ 23 800（元）

（5）计算增值税及附加：

增值税 ＝ （土地取得成本 ＋ 土地开发成本 ＋ 投资利息 ＋ 开发利润）× 增值税征收率
　　　 ＝ （115 000 ＋ 123 000 ＋ 31 631 ＋ 23 800）× 5％ ＝ 14 672（元）

城市维护建设税 ＝ 14 672 × 7％ ＝ 1 027（元）

教育费附加 ＝ 14 672 × 3％ ＝ 440（元）

增值税及附加合计＝14 672＋1 027＋440＝16 139(元)

(6) 计算销售费用：

销售费用＝(115 000＋123 000＋31 631＋23 800＋16 139)×3‰＝9 287(元)

(7) 计算土地价值：

土地价格＝115 000＋123 000＋31 631＋23 800＋16 139＋9 287＝318 857(元)

土地单价＝318 857÷500＝638(元/平方米)

(8) 评估结论：

根据计算结果，经分析确定评估对象的市场价值为318 857元，土地单价为每平方米638元。

第五节 其他评估技术方法在房地产评估中的应用

一、假设开发法在房地产评估中的应用

(一) 假设开发法的基本思路

1. 假设开发法的含义

假设开发法又称剩余法，它是将评估对象房地产预期开发完成后的价值，减去未来正常的开发成本利润和税费等，以此确定评估对象价值的方法。假设开发法是土地价值评估中的一种重要方法。

假设开发法的基本思路是，开发商欲投资开发一宗房地产，由于存在竞争，其投资目的是希望获取社会正常利润。因此，开发商首先得仔细研究所开发土地的内外条件，如坐落位置、面积大小、周围环境、交通状况、规划所允许的用途、覆盖率(建筑物地层面积与土地总面积的比率)、容积率等，然后进行最有效利用方式的设计，包括使用用途和使用强度，同时，预测开发完成最有效设计后的房地产转让或租赁出去的价格，以及为开发建造房地产发生的开发建设成本、获得的正常利润以及应缴纳的税费。这样开发商就知道了可为待开发房地产支付的最高价格，这个最高价格等于预期开发完成后的价值减去开发成本、开发利润和缴纳税金后的余额。

2. 假设开发法的运用范围

(1) 待开发土地，包括生地、毛地、熟地。

(2) 在建工程，主要指各类未完工的建筑工程项目。

(3) 可装修改造或可改变用途的旧房。

3. 假设开发法的评估计算公式

待开发房地产价值 ＝ 开发完成后房地产价值 － 开发成本 － 管理费用
－ 投资利息 － 开发利润 － 销售税费

（二）假设开发法的评估步骤

1. 调查待开发房地产的基本情况

调查的内容包括：土地位置；土地的面积大小、形状、平整情况、地质状态、基础设施状况、交通状况等；政府规划限制，如土地规定的用途、容积率、覆盖率、建筑高度等；土地使用权的限制，如使用年限、可否续期，以及对转让抵押等的有关规定。如评估在建工程还应调查工程进度、完工情况、开发成本的投入情况等。如果评估对象是毛地，调查的内容还包括旧建筑物情况、拆迁规模和费用等情况。

2. 选择最佳的开发利用方式

在政府城市规划所允许的范围内，如土地用途、建筑容积率、覆盖率等，选取最佳的开发方式，如建筑规模、建筑高度、建筑式样。在选择最佳开发利用方式的过程中，最重要的是选择最佳的房地产用途及设计方案，要注意考虑现实社会需要程度和未来发展趋势。

3. 估计建设期

建设期包括整个房地产开发过程周期，以及在房地产开发过程的各个不同时期的各项费用投入时间，目的在于考虑货币的时间价值。建设期可根据其他相同类型、同等规模的建筑物已有的正常建设期来估计确定。

4. 预测开发完成后的房地产价值

开发完成后的房地产价值是房地产未来的价值。通常可以根据同地区、同类用途、建筑规模和式样相同或相似的房地产现行市场价格，再考虑该类房地产价格的变化趋势，然后进行推测。如果预计房地产出租，则可通过预测未来租金，以收益折现的方法确定房地产开发后的价值。

5. 估测开发成本

如果评估对象是待开发的土地开发成本，主要包括勘察设计及前期工程费、基础及配套设施建设费、公共事业配套费、建筑安装工程费等，那么可根据当地房地产价格构成情况分项估算，估算方法与成本法相同。通常可采用比较法估算，即通过当地同类房地产开发项目当前的开发成本水平推算。如果评估对象是毛地，开发成本中还应考虑拆迁费用。

6. 估测管理费用

管理费用可按开发成本的一定比例计算。

7. 估测投资利息

投资利息以待开发房地产取得成本、开发成本和管理费用三项之和为基数，乘以评估基准日银行基本建设贷款利率求得。其中，待开发房地产取得成本的计息期为整个开发建设期，开发成本和管理费用的计息期为开发建设期的一半。

8. 估测开发利润

投资利润以待开发房地产取得成本、开发成本、管理费用、投资利息之和为基数，按行业同类房地产开发的平均利润率计算。

9. 估测销售税费

销售费用，主要包括中介代理费、市场营销广告费等，一般以待开发房地产取得成本、开发成本、管理费用、投资利息、开发利润之和的一定比例计算。增值税及附加根据国家税法规定估算，与成本法中增值税及附加的计算思路相同。

10. 计算并确定待开发房地产价值

上述各项指标确定后，可根据假设开发法的评估计算公式计算待开发房地产价值。需要注意的是，用开发完成后的房地产价值减去开发成本、管理费用、利息、利润和销售税费后得到的是待开发房地产在开发完成后时点的价值，如果计算待开发房地产评估时点的价值，还应将待开发房地产开发完成后时点的价值折现。折现率的确定应考虑同一市场上类似房地产开发项目所要求的平均收益率。

【例 4-14】 估价对象概况如下：评估对象土地为"七通一平"的空地，面积为 1 000 平方米，且土地形状规则；允许用途为商住混合，允许建筑容积率为 7，覆盖率≤50%，土地使用年限为 50 年，出售时间为 2020 年 10 月 10 日。

要求：需要评估出该地块 2020 年 10 月 10 日的市场价值。

解：评估过程如下：

(1) 确定评估方法。该地块为待开发土地，可采用假设开发法评估。设房地产开发完成时点的地价为 P_n，评估时点的地价为 P，折现率为 r，建设期为 n，则：

$$P = P_n \times \frac{1}{(1+r)^n}$$

(2) 选取最佳开发方式。根据规划的要求和市场调查，该地块最佳开发方式为：建筑覆盖率适宜为 50%，建造商业居住混合楼。该建筑为框架结构，总建筑面积为 7 000 平方米，单层建筑面积均为 500 平方米，共 14 层，其中 1~2 层为商业用房，共 1 000 平方米，3~14 层为住宅，共 6 000 平方米。

(3) 预计建设期。预计共 2 年完成，即 2022 年 10 月完成。

(4) 预计开发完成后房地产价值。预计建造完成后，其中的商业楼即可全部售出，住宅楼的 80% 在建造完成后可售出，20% 半年后才能售出。预计当时售价，商业楼为 4 000 元/平方米，住宅楼为 2 500 元/平方米，折现率为 10%，则：

$$开发完成后房地产价值 = 4\,000 \times 1\,000 + 2\,500 \times 6\,000 \times \left[80\% + \frac{20\%}{(1+10\%)^{0.5}}\right]$$

$$= 18\,860\,388(元)$$

$$= 1\,886.04(万元)$$

(5) 估计开发费用。经估测，总开发费用（包括管理费）为 800 万元。

(6) 估测投资利息。该房地产在未来 2 年的建设期内，开发费用的投入情况为：第 1 年投入 60%，第 2 年投入 40%。经调查了解，银行基本建设贷款年利息率为 8%，则：

投资利息 $= P \times [(1+8\%)^2 - 1] + 800 \times 60\% \times [(1+8\%)^{1.5} - 1]$
$\qquad + 800 \times 40\% \times [(1+8\%)^{0.5} - 1]$
$\qquad = [0.17P + 71.29](万元)$

(7) 估测开发利润。经调查分析，房地产行业开发同类房地产的平均利润率为 20%，则：

开发利润 $= (P + 800) \times 20\% = [0.2P + 160](万元)$

(8) 估算销售税金及附加。根据规定，评估对象的增值税的征收率为 5%，城市维护建设税税率为 7%，教育费附加费率为 3%，则：

增值税 $= 1\,886.04 \div (1 + 5\%) \times 5\% = 89.81(万元)$
城市维护建设税 $= 89.81 \times 7\% = 6.29(万元)$
教育费附加 $= 89.81 \times 3\% = 2.69(万元)$
增值税及附加合计 $= 89.81 + 6.29 + 2.69 = 98.79(万元)$

(9) 估测销售费用。经分析，销售费用为开发后房地产价值的 3.5%，则：

销售费用 $= 1\,886.04 \times 3.5\% = 66.01(万元)$

(10) 计算地价。将上述各项数值代入假设开发法评估计算公式：

$P_n = 1\,886.04 - 800 - 0.17P - 0.2P - 71.29 - 160 - 98.79 - 66.01$
$P_n = (1 + 10\%)^2 P$
$1\,886.04 - 800 - 0.17P - 0.2P - 71.29 - 160 - 98.79 - 66.01 = (1 + 10\%)^2 P$
$P = 689.95 \div 1.58 = 436.68(万元)$
单位地价 $= 436.68 \times 10\,000 \div 1\,000 = 4\,367(元/平方米)$

经估测，评估对象土地在 2020 年 10 月 10 日的市场价值为 436.68 万元，每平方米土地的价值为 4\,367 元。

二、路线价法在房地产评估中的应用

(一) 路线价法的基本思路

1. 路线价法的含义

路线价法是对面临特定街道、接近性相等的城镇土地，设定标准深度，计算在该深度上数宗地块的平均单价并附设于该特定街道上(此单价称为路线价)，然后据此路线价，再配合深度价格修正率表，计算出临街该街道的其他土地地价的一种估价方法。

具体来说，城市内各宗地块的价格随其离开街道的距离(即临街深度)的增加而递减，而在同一路线价区段内各宗地块，又因其深度、宽度、形状、位置和面积的差异使价格有所不同，要进行合理修正才能最终得到宗地价格。

因此，路线价、深度价格修正率及各种修正系数合理与否，是采用路线价法进行土地估价的关键。

2. 路线价法的运用范围

路线价法对于城市土地价格评估具有普遍的适用性。它特别适用于土地课税、征地拆迁、土地重划或其他需要在大范围内对大量土地进行评估的情况。路线价法具有公平合理、简便易行的特点，因此被英、美、日等许多国家所采用，但此方法在我国目前的土地估价中还没有被普遍运用。

3. 路线价法的评估计算公式

$$土地单价 = 路线价 \times 深度价格修正率$$
$$土地总价 = 路线价 \times 深度价格修正率 \times 土地面积$$

采用路线价法估价时，如果街道两边的土地另有特殊条件存在，如街角地、两面临街地、不规则形地等，则还要进行因素的加减修正，计算公式为：

$$土地单价 = 路线价 \times 深度价格修正率 \times 其他价格修正率$$
$$土地总价 = 路线价 \times 深度价格修正率 \times 其他价格修正率 \times 土地面积$$

(二) 路线价法的评估步骤

1. 划分路线价区段

路线价区段是指具有同一路线价的地段。在划分路线价区段时，应将接近性大致相等的地段划分为同一路线价区段。两个路线价区段的分界线，原则上是地价有显著差异的地点，通常以十字路或丁字路的中心处划分。但在较繁华街道有时需将两路口之间的地段划分为两个以上的路线价区段，分别设定不同的路线价。而在某些不繁华的街道，有时需将数个路口划分为一个路线价区段。此外，在同一街道上，两侧繁华程度有显著差异时，应视为两个路线价区段考虑。

2. 设定标准深度

设定的标准深度通常是路线价区段内临街各宗土地的深度的众数，如某路线价区段的临街宗地大部分深度为18米，则标准深度应设定为18米。

3. 确定路线价

路线价是设定在街道上的标准地块的单位地价。路线价的计算通常是在同一路线价区段内选择若干标准地块作样本，然后用市场法、收益法等评估方法，分别求出各样本的单位地价，并把各样本的单位地价进行算术平均（或取众数），最终得出路线价。

4. 制定深度指数表和其他修正率表

深度指数是指宗地地价随临街深度的差异的变化程度。深度指数表是将土地随临街深度的不同而引起相对价格差异的关系编制成的表格。制作深度指数表的原则是，地块的各部分价格随临街深度的增加而有递减的趋势，即深度越深、接近性越差，价格就越低。此外，根据其他因素，如角地、形状、宽窄等的影响，还应编制其他修正率表。

5. 计算各地块的价值

根据路线价、深度指数表和其他修正率表以及宗地面积就可计算各地块的价值。

(三) 路线价法举例

【例 4-15】 某路线价区段,标准深度为 18 米,路线价为 1 000 元/平方米,评估对象临街各宗地块情况如图 4-4 所示,临街深度指数表如表 4-6 所示。假设各宗地的宽度都为 6 米,计算各宗地的价值。

要求:计算各宗地的价值。

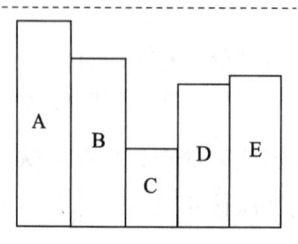

图 4-4 路线区段临街的各宗地块情况

表 4-6　　　　　　　　　　临街深度指数表

深度(米)	4 以下	4~8	8~12	12~16	16~18	18 以上
指数	130%	125%	120%	110%	100%	40%

解:评估过程如下:

宗地 A 为临街地,临街深度为 17.5 米,查临街深度指数表得其深度指数为 100%,则宗地的地价为:

$1\,000 \times 100\% \times (17.5 \times 6) = 105\,000$(元)

宗地 B 为临街地,临街深度为 13.5 米,查临街深度指数表得其深度指数为 110%,则宗地的地价为:

$1\,000 \times 110\% \times (13.5 \times 6) = 89\,100$(元)

宗地 C 为临街地,临街深度为 3 米,查临街深度指数表得其深度指数为 130%,则宗地的地价为:

$1\,000 \times 130\% \times (3 \times 6) = 23\,400$(元)

宗地 D 为临街地,临街深度为 7 米,查临街深度指数表得其深度指数为 125%,则宗地的地价为:

$1\,000 \times 125\% \times (7 \times 6) = 52\,500$(元)

宗地 E 为临街地,临街深度为 11 米,查临街深度指数表得其深度指数为 120%,则宗地的地价为:

$1\,000 \times 120\% \times (11 \times 6) = 79\,200$(元)

章节测试

班级_____ 姓名_____ 学号_____ 日期_____ 平时分_____

一、单项选择题(每小题 5 分,共 20 分)

1. 某宗土地面积为 2 000 平方米,土地上建有一幢 10 层的宾馆,宾馆首层面积为 1 200 平方米,第 2~10 层每层建筑面积为 1 000 平方米,则由此计算而得的建筑容积率为( )。
   A. 0.6　　　　B. 2.0　　　　C. 5.1　　　　D. 6.0

2. 对房地产进行分类,下列选项中,不属于按照用途划分的是( )。
   A. 居住不动产　　　　　　　　B. 工业不动产
   C. 自用不动产　　　　　　　　D. 特殊不动产

3. 某地区某类房地产 2016 年 4 月至 10 月的定基价格指数分别为 99.6%、97.5%、100.7%、105.0%、106.2%、108.5%、110.1%(以 2016 年 1 月为 100%)。其中某宗房地产在 2016 年 6 月的价格为 18 500 元/平方米,修正到 2016 年 10 月的价格为( )元/平方米。
   A. 20 226.91　　B. 19 398.57　　C. 20 848.00　　D. 19 179.38

4. 评估对象与可比案例除了位置不同,其他条件都相同。评估对象位于市中心,可比案例位于南三环,假设评估对象的位置分值为 100 分,可比案例的位置分值为 90 分,可比案例的交易价格为 568 万元,则修正后评估对象的价格为( )万元。
   A. 268.91　　B. 631.11　　C. 511.2　　D. 568.51

二、多项选择题(每小题 8 分,共 40 分)

1. ( )属于适用于市场法评估的房地产。
   A. 商品住宅　　　　　　　　B. 写字楼
   C. 标准厂房　　　　　　　　D. 学校教学楼

2. ( )是影响房地产的区位因素。
   A. 商业繁华程度　　　　　　B. 环境状况
   C. 基础设施状况　　　　　　D. 交通状况

3. 适用于假设开发法评估的待开发房地产有( )。

A. 生地   B. 熟地   C. 毛地   D. 在建工程

4. 下列各项房地产中,市场法难以适用的有( )。

    A. 寺庙   B. 图书馆   C. 古建筑   D. 学校用地

5. 下列选项中,不属于影响不动产价格的交易因素有( )。

    A. 供求关系   B. 权益因素   C. 心理因素   D. 经济因素

三、判断题(每小题 4 分,共 20 分)

1. 凡是交易性的房地产都可以运用市场法进行评估。( )
2. 房地产评估中所选择的参照物必须是正常交易或可修正为正常交易的交易实例。( )
3. 房地产的已使用年限一般采用的是实际已使用年限。( )
4. 收益法只适用于直接经营型房地产评估。( )
5. 标准临街深度通常是路线价区段内各宗临街土地深度的众数。( )

四、计算题(20 分)

某建筑物为钢筋混凝土结构,总使用年限为 50 年,实际已使用年限为 10 年。经调查测算,现在重新建造全新状态的该建筑物的建造成本为 800 万元,建设期为 2 年,假定第 1 年投入建造成本的 60%,第 2 年投入 40%(均为均匀投入),管理费用为建造成本的 3%,1 年期基本建设贷款利率为 6%,销售税费为 50 万元,项目开发利润率为 25%。

要求:根据上述资料,评估该建筑物的价值。

第五章　无形资产评估

> **知识导航**
>
> 无形资产评估
> - 无形资产评估概述
>   - 无形资产的概念与特点
>   - 无形资产的内容与分类
>   - 无形资产评估的特点
>   - 影响无形资产价值的因素
>   - 无形资产评估的程序
> - 收益法在无形资产评估中的应用
>   - 收益法的基本思路
>   - 无形资产超额收益的估测
>   - 无形资产折现率的估测
>   - 无形资产收益期限的确定
>   - 无形资产价值的估测
> - 成本法在无形资产评估中的应用
>   - 成本法的基本思路
>   - 无形资产重置成本的估测
>   - 无形资产贬值的估测
>   - 无形资产价值的估测
> - 市场法在无形资产评估中的应用
>   - 市场法的基本思路
>   - 参照物的选择
>   - 可比因素的确定

学习目标

1. 理解无形资产的概念。
2. 理解无形资产评估的特点。
3. 了解无形资产价值的影响因素。
4. 掌握收益法在无形资产评估中的应用。
5. 掌握成本法在无形资产评估中的应用。
6. 了解市场法在无形资产评估中的应用。

思政课堂

完善科技创新体系加快实施创新驱动发展战略

坚持创新在我国现代化建设全局中的核心地位。完善党中央对科技工作统一领导的体制,健全新型举国体制,强化国家战略科技力量,优化配置创新资源,优化国家科研机构、高水平研究型大学、科技领军企业定位和布局,形成国家实验室体系,统筹推进国际科技创新中心、区域科技创新中心建设,加强科技基础能力建设,强化科技战略咨询,提升国家创新体系整体效能。深化科技体制改革,深化科技评价改革,加大多元化科技投入,加强知识产权法治保障,形成支持全面创新的基础制度。培育创新文化,弘扬科学家精神,涵养优良学风,营造创新氛围。扩大国际科技交流合作,加强国际化科研环境建设,形成具有全球竞争力的开放创新生态。

坚持面向世界科技前沿、面向经济主战场、面向国家重大需求、面向人民生命健康,加快实现高水平科技自立自强。以国家战略需求为导向,集聚力量进行原创性引领性科技攻关,坚决打赢关键核心技术攻坚战。加快实施一批具有战略性、全局性、前瞻性的国家重大科技项目,增强自主创新能力。加强基础研究,突出原创,鼓励自由探索。提升科技投入效能,深化财政科技经费分配使用机制改革,激发创新活力。加强企业主导的产学研深度融合,强化目标导向,提高科技成果转化和产业化水平。强化企业科技创新主体地位,发挥科技型骨干企业引领支撑作用,营造有利于科技型中小微企业成长的良好环境,推动创新链产业链资金链人才链深度融合。

资料来源:中国政府网,2022-10-25,《习近平:高举中国特色社会主义伟大旗帜 为全面建设社会主义现代化国家而团结奋斗——在中国共产党第二十次全国代表大会上的报告》,http://www.gov.cn/zhuanti/zggcddescqgdbdh/sybgqw.htm,有删改。

思考与讨论:

如何发挥高校和科研机构在科技创新体系建设中的作用?

第一节 无形资产评估概述

一、无形资产的概念与特点

(一)无形资产的概念

无形资产是指特定主体所拥有或者控制的,不具有实物形态,能持续发挥作用并且能带来经济利益的资源。

无形资产应从以下三个方面理解：一是无形资产具有非实体性。相对于有形资产而言，无形资产没有物质实体形态，因此，也就不会像有形资产那样，其价值会因物质实体的变化损坏而贬值，即无形资产不存在实体性贬值。有形资产的价值取决于有形要素的贡献；无形资产的价值取决于无形要素的贡献。二是无形资产具有控制性。无形资产由特定主体所拥有或控制，那些尽管产生效益，但不能给特定主体创造效益的公知技术就不能被确认为无形资产。三是无形资产具有效益性。并非任何无形的事物都是无形资产，成为无形资产的前提是其必须能够以一定的方式，直接或间接地为其控制主体创造效益，而且必须能够在长时期内持续产生经济效益。

无形资产同时满足下列条件的，才能予以确认：①符合无形资产的定义。②与该无形资产相关的预计未来经济利益很可能流入企业。③该无形资产的成本能够可靠地计量。

（二）无形资产的特点

无形资产的形成、发挥作用的方式、研发成本等都与有形资产存在很大的差异，由此体现出了无形资产的功能特点和成本特点。

1. 无形资产的功能特点

（1）积累性。无形资产的形成基于其他无形资产的发展，无形资产自身的发展也是一个不断积累和演进的过程。无形资产总是在生产经营的一定范围内发挥作用，其成熟程度、影响范围和获利能力总是在不断变化。

（2）共益性。无形资产可以作为共同财产在同一个时间、不同的地点、由不同的主体使用，并同时给不同的主体创造效益。但是，由于市场的有限性和竞争性，在无形资产可以共享的同时，由于追求自身利益的需要，各主体对无形资产的使用有时还具有互斥性。当无形资产的使用者超出一定规模就会引起市场实现困难，妨碍取得垄断利润和高额利润。因此，评估无形资产，还必须考虑无形资产的作用环境。如果是独占的、排他的转让，就会与普通的转让相区别，造成不同的无形资产作用环境，而每一转让价格都不一样。在转让方继续使用该项无形资产的情形下，也要考虑由于无形资产的转让形成竞争对手，从而增加了竞争压力的机会成本。无形资产的共益性一般会受相关合约的限制。由于无形资产可同时被不同的主体拥有或控制，评估时，应根据其权益界限界定其范围。

（3）替代性。在承认无形资产具有积累性的同时，还要考虑它的另一面，即替代性。随着科学技术进步，一种技术会取代另一种技术，一种工艺也会取代另一种工艺，无形资产在不断替代、更新中发展。无形资产的作用期间，特别是尚可使用年限，取决于该领域内技术进步的速度和无形资产带来的竞争。

（4）附着性。附着性是指无形资产通常不能单独获得收益，需要附着于有形资产而发挥其固有功能。除许可使用等方式外，无形资产通常与有形资产结合在一起才能创造收益。有形资产往往成为无形资产的载体，前者渗透无形资产的范围越广泛，无形资产就越能在更大规模上发挥作用,从而无形资产具有伴随作为载体的有形资产而发挥作用的因变性。因此,在无形资产转让和投资的评估中,要充分考虑无形资产用于"武装"有形资产的范围。无形资产物化于有形资产的广度,从根本上决定着无形资产作用的范围。

2. 无形资产的成本特点

(1) 不完整性。《企业会计准则第6号——无形资产》第7条规定,企业内部研究开发项目的支出,应当区分研究阶段支出与开发阶段支出。研究阶段,是指为获取新的科学或技术知识并理解它们而进行的独创性的有计划调查,主要是指为获取相关知识而进行的活动。考虑到研究阶段的探索性及其成果的不确定性,企业无法证明其能够带来未来经济利益的无形资产的存在,因此,对于企业内部研究开发项目,研究阶段的有关支出,应当在发生时全部费用化,计入当期损益(管理费用)。开发阶段,是指在进行商业性生产或使用前,将研究成果或其他知识应用于某项计划或设计,以生产出新的或具有实质性改进的材料、装置、产品等,包括生产前或使用前的原型和模型的设计、建造和测试、小试、中试和试生产设施等。考虑到进入开发阶段的研发项目往往形成成果的可能性较大,若企业能够证明开发支出符合无形资产的定义及相关确认条件,则可将其确认为无形资产。因此,企业账簿上无形资产的价值不能全面涵盖无形资产研发过程中所发生的全部的成本费用。

(2) 弱对应性。无形资产的研发时间较长,有的经过若干年的研究才形成成果,有的是在一系列的研究失败之后偶尔出现的成果,成果的出现带有很大的随机性和偶然性。因此,无形资产价值并不与开发费用和时间产生某种既定的关系。

(3) 虚拟性。既然无形资产的成本具有不完整性、弱对应性的特点,因而无形资产的成本往往是相对的。特别是一些无形资产的内涵已经远远超出了它的外在形式的含义,这种无形资产的成本只具有象征意义。

二、无形资产的内容与分类

(一) 无形资产的内容

无形资产包括社会无形资产和自然无形资产。社会无形资产通常包括专利权、非专利技术、商标权、著作权、特许经营权等;自然无形资产包括不具有实体物质形态的天然气等自然资源。

专利权是指国家专利主管机关依法授予发明、创造专利申请人对其发明、创造在法定期限内所享有的专有权利,包括发明专利权、实用新型专利权和外观设计专利权。

非专利技术也称专有技术,是指不为外界所知,在生产经营活动中应采用的,不享有法律保护的,可以带来经济效益的各种技术和诀窍。

商标权是指专门在某类指定的商品或产品上使用特定的名称或图案的权利。

著作权是指作者对其创作的文学、科学和艺术作品依法享有的某些特殊权利。

特许经营权是指企业在某一地区经营或销售某种特定产品的权利或是一家企业接受另一家企业使用其商标、商号、技术秘密等的权利。

（二）无形资产的分类

对无形资产进行必要的分类，可以帮助人们全面地认识和把握无形资产，也有利于人们了解无形资产性质和作用范围，把握不同类型无形资产的特点，提高无形资产评估的科学性。无形资产种类繁多，存在不同的分类标准和分类。

1. 按无形资产的取得方式分类

按无形资产的取得方式分类，无形资产可分为自创无形资产和外购无形资产。前者是由自主研究创造形成的无形资产；后者则是通过外购方式取得的无形资产。

2. 按无形资产有无法律保护分类

按无形资产有无法律保护分类，无形资产可分为法定无形资产和收益性无形资产。专利权、商标权等均受到国家有关法律的保护，称为法定无形资产；无法律保护的无形资产，如非专利技术等称为收益性无形资产。

3. 按无形资产存在期限分类

按无形资产存在期限分类，无形资产可分为有期限无形资产和无期限无形资产。有期限无形资产是指资产的有效期为法律或合同所规定了的无形资产，如专利权、版权、特许经营权、商标权等；无期限无形资产是指有效期限没有以法律或合同等形式加以规定的无形资产，如非专利技术等。

4. 按无形资产作用的领域分类

按无形资产作用的领域分类，无形资产可分为营销型无形资产（如许可证、销售网络以及顾客名单）、制造型无形资产（如专利权、专有技术）和金融型无形资产（优惠融资、租赁权）等。

5. 按无形资产的技术含量分类

按无形资产的技术含量分类，无形资产可分为技术型无形资产和非技术型无形资产。技术型无形资产是指依赖于一定的技术载体展现的，直接反映科技成果的无形资产，如专利权、专有技术、计算机软件等。非技术型无形资产是指依靠特许或取得特定盈利条件而形成的，非直接反映科技成果的无形资产，如商标、特许权等。

三、无形资产评估的特点

无形资产评估是指评估人员依据相关法律、法规和资产评估准则，对无形资产的价值进行分析、估算并发表专业意见的行为和过程。无形资产的特性决定了无形资产评估具有其自身特点。

（一）无形资产评估通常以产权变动为前提

从无形资产评估所涉及的具体资产业务来看，无形资产评估通常是以产权变动为前提。

无形资产发生产权变动大体有两种情况,一种情况是,无形资产的拥有者或控制者以无形资产对外投资或交易时,需要对无形资产进行评估;另一种情况是,当企业整体发生产权变动时,企业资产中所包括的无形资产随企业产权变动而产生评估的需求。

(二) 无形资产评估是对超额获利能力的评估

无形资产的价值体现了无形资产所拥有的超额获利能力,无形资产的超额获利能力是无形资产被利用后给产权主体带来的超额收益的能力,无形资产的超额收益通常表现为无形资产直接带来的新增收益额或超过行业平均水平的收益额。无形资产的超额获利能力主要取决于无形资产的稀缺性、技术成熟程度、效用状况、适用范围等。

四、影响无形资产价值的因素

无形资产不具有实体形态,并能持续带来经济效益的特征,决定了无形资产评估的复杂性和困难性。进行无形资产评估,首先应明确影响无形资产评估价值的因素。一般来说,影响无形资产评估价值的因素主要有以下几个。

(一) 无形资产的取得成本

无形资产与有形资产一样,也有取得成本。外购无形资产的成本比较容易确定,但是自创无形资产的取得成本是指开发成本,其计量比较困难。虽然自创无形资产的开发成本计量比较困难,但这并不否定其对无形资产价值的影响。一般来讲,无形资产的开发成本越高,无形资产的价值也越高。无形资产的开发成本包括发明创造成本、法律保护成本、发行推广成本等项目。

(二) 无形资产的机会成本

无形资产因为确定用途后就不能将其用于其他用途所造成的损失就是机会成本,通常我们用无形资产转让后的损失来确定机会成本。如果某项无形资产是转让方正在使用的资产,转让该项无形资产就意味着转让方将失去部分市场并为自己制造了竞争对手,从而减少转让方的利润,同时转让方为了保护和维持无形资产需要追加科研费用和其他费用。

(三) 收益状况

成本是从对无形资产补偿角度考虑的,但无形资产更重要的是它所能创造的收益。无形资产创造收益的能力是无形资产价值的最重要体现。一项无形资产价值的高低并不主要取决于创造成本,而是由应用无形资产后所创造的收益来确定。有的无形资产,尽管其创造成本很高,但不为市场所需求,收益能力低微,则其评估值就很低。无形资产未来预期收益额的确定受被评估无形资产的获利能力、获利方式等因素的影响。

(四) 使用期限

每一项无形资产都有一定的使用期限。使用期限的长短,一方面取决于该无形资产的先进程度;另一方面取决于无形资产的损耗程度。无形资产越先进,领先水平越高,使用期限越长。同样,无形资产损耗程度越低,使用期限越长。考虑无形资产的期限,除了应考虑法定寿命,更主要的是考虑其具有超额收益的期限。

(五) 技术成熟程度

一般科技成果都有一个发展—成熟—衰退的过程。科技成果的成熟程度直接影响到其评估值的高低。科技成果开发程度越高,技术越成熟,运用该技术成果的风险性越小,评估值就会越高。一项成熟程度不是很高的无形资产,在评估时应分析预计其可能的成熟程度,正确估计风险,从而合理确定评估值。

(六) 转让内容

从转让内容看,无形资产转让有所有权转让和使用权转让。在转让过程中有关条款的规定,会直接影响其评估值。就同一无形资产所有权转让和使用权转让来说,所有权转让的无形资产评估值高于使用权转让的评估值。在技术贸易中,同是使用权转让,由于其许可程度不同,也影响评估值的高低。

(七) 市场供需状况

市场供需状况反映在两个方面:一是无形资产供给的稀缺性;二是无形资产适用范围和市场需求情况。一般来讲,无形资产供给的稀缺性越高,其价值就越高;无形资产的适用范围越广,市场需求越大,其价值就越高。

除上述因素外,国家宏观政策、无形资产更新换代速度以及无形资产研发风险等因素也影响着无形资产的价值。

五、无形资产评估的程序

无形资产评估程序是指无形资产评估的具体工作步骤,主要包括明确基本事项、订立业务委托合同、制订无形资产评估工作计划、鉴定无形资产、搜集评估资料、估算无形资产价值、编制无形资产评估报告等工作。

(一) 明确基本事项

明确无形资产评估的基础事项主要是明确无形资产评估目的、评估对象、价值类型和评估基准日等基本情况。

1. 明确评估目的

无形资产评估因评估目的不同,其评估的价值类型和选择的方法也不一样,评估结果也会不同。无形资产评估通常以产权变动为前提。无形资产评估的特定目的可分为:①无形资产转让。②无形资产投资。③股份制改造。④企业合资、合作、重组及兼并。⑤企业改制、上市。⑥无形资产质押贷款。⑦处理无形资产纠纷和有关法律诉讼。⑧无形资产纳税需要。⑨无形资产保险需要。⑩其他目的。

2. 明确评估对象

(1) 明确评估对象类别。一方面是便于掌握和识别无形资产,另一方面是便于了解无形资产的属性及作用空间,进一步掌握无形资产的价值变化规律。

(2) 明确评估对象的自身状况。无形资产的自身状况对其价值影响极大。无形资产自身的状况包括：无形资产的适用性和先进性；安全可靠性和配套性；评估时无形资产所处的经济寿命阶段；受法律保护的程度或自我保护程度；保密性与扩散情况；研制开发成本及宣传成本；无形资产的产权状况、无形资产的获利能力等。对无形资产的自身状况的了解和掌握,往往通过对无形资产的鉴定来完成。

3. 明确价值类型

无形资产评估的价值类型是无形资产评估结果的价值属性的表现形式。无形资产价值类型一般分为市场价值和非市场价值两类。评估无形资产市场价值的基础条件包括无形资产评估目的、评估时的市场条件、自身的性质和状况等。就一般情况而言,除无形资产出售外,对无形资产价值的评估基本上都属于非市场价值类型。

4. 明确评估基准日

无形资产评估基准日通常由委托方提出,评估机构与委托方协商,根据与评估目的实现日相接近的原则确定。如果无形资产作为单独的评估对象评估,评估基准日通常选择现在某个日期,即现实性评估。个别情况下,评估基准日也可选择在过去或未来日期,即追溯性评估或预测性评估。如对无形资产评估结果有争议而引起复核评估,评估无形资产未来预期价值等。如果无形资产作为机器设备的有机组成部分,与机器设备一起评估,则无形资产的评估基准日应与机器设备的评估基准日一致；如果无形资产与企业整体资产一起评估,则其评估基准日应与企业整体资产评估基准日一致。

(二) 订立业务委托合同

无形资产业务委托合同的主要内容包括无形资产评估目的、评估对象和评估范围、评估价值类型、评估基准日、评估收费、评估报告提交日等内容。

(三) 制订无形资产评估工作计划

无形资产评估工作计划主要包括评估人员安排计划、评估工作进度计划和评估作业经费计划等内容。其中,人员安排计划是重点,由于无形资产评估类型多,市场透明度不高,无形资产较有形资产评估难度大,因此,应选择合适的人员或外聘专家完成。

(四) 鉴定无形资产

鉴定无形资产直接影响到评估范围和评估价值的科学性,通过鉴定无形资产可以确认无形资产是否存在,具体包括鉴别和确定无形资产的权利状况、效用和有效期限。

1. 确认无形资产的存在

确认无形资产是否存在,主要是验证无形资产的来源是否合法,产权是否明确,经济行为是否合法、有效,评估对象是否已经成为无形资产。

2. 确认无形资产的权利状况

确定无形资产的权利状况,主要是分析企业对无形资产具有的是所有权还是使用权。如果是使用权,是独家许可使用权、独占许可使用权还是普通许可使用权。无形资产的权利状况通常根据委托方提供的合法有效的产权证明文件确定。

3. 鉴定无形资产的效用

无形资产价值的大小主要取决于无形资产的效用。对无形资产效用的鉴定可以从以下两个方面进行:一是鉴别无形资产的类别,即主要确定无形资产的种类、具体名称、存在形式,以及无形资产使用范围和作用领域。二是分析无形资产的先进性和可靠性,即主要考虑无形资产自身的技术状况、成熟程度,以及与同类无形资产的有关技术指标进行比较。

4. 确定无形资产的有效期限

无形资产有效期是无形资产能够获得超额收益的时间,它是无形资产存在和具有价值的前提。某项专利权,如果超过国家法定寿命就不能作为专利权评估。有的未交专利年费,视为撤回,专利权失效。在对无形资产进行鉴定时,必须要求委托方提供各种能够反映无形资产有效期限的证明文件。

(五) 搜集评估资料

《资产评估执业准则——无形资产》第10条指出:执行无形资产评估业务,应当根据评估业务具体情况,对评估对象进行现场调查,收集权属证明、财务会计信息和其他资料并进行核查验证、分析整理。

无形资产评估所需的相关资料一般通过委托人提供和评估人员调查获得,这些资料主要包括以下内容:①无形资产的法律文件或其他证明材料。②无形资产取得成本资料。③无形资产技术资料。④无形资产转让内容和条件。⑤无形资产盈利能力资料。⑥无形资产期限。⑦无形资产的市场供求状况。⑧其他所需资料。

(六) 估算无形资产价值

采用收益法评估时,要合理确定超额收益,分析收益期限,选择与无形资产风险匹配的折现率。采用成本法评估时,以无形资产的重置成本为基础,并充分考虑无形资产存在的功能性贬值和经济性贬值因素。采用市场法评估时,要根据有关资料,选择可比的参照物,考虑交易条件、时间因素、交易地点以及影响无形资产价值的其他因素的差异,调整并确定评估值。

(七) 编制无形资产评估报告

上述工作完成后,应根据评估报告规范要求的格式和内容,在对评估过程综合分析的基础上撰写无形资产评估报告。无形资产评估报告中要明确阐述评估结论产生的前提、假设和限定条件,各种参数的选用依据,评估方法使用的理由及逻辑推理方式。

第二节 收益法在无形资产评估中的应用

一、收益法的基本思路

无形资产评估中的收益法是将无形资产带来的超额收益以适当的折现率折现求和的方法,以此确定无形资产价值的评估思路和技术方法。

收益法的基本参数是:①无形资产的超额收益。②无形资产的折现率。③无形资产的收益期限。

收益法的基本前提条件是:①无形资产的未来预期超额收益能够预测和计量。②无形资产未来所面临的风险状况能够预测和计量。③无形资产获得超额收益的年限能够确定。

二、无形资产超额收益的估测

根据无形资产的类型和收益取得方式的不同,无形资产超额收益的估测方法通常有直接估算法、分成率法以及差额法等。

(一)直接估算法

直接估算法是通过未使用无形资产和使用无形资产以后收益情况的对比,确定无形资产带来的收益的方法。根据无形资产作用方式不同,具体又分为三种情况:

1. 价格提高型

无形资产应用于生产经营过程,使产品能够以高出其他企业同类产品的价格出售,从而获得超额收益。假设在销售量和单位成本不变,不考虑销售税金的情况下,无形资产形成的超额收益的计算公式为:

$$R = (P_2 - P_1)Q(1-T)$$

式中:R 表示超额收益;

P_2 表示使用无形资产以后的产品单位价格;

P_1 表示使用无形资产以前的产品单位价格;

Q 表示产品销售量;

T 表示企业所得税税率。

2. 销量增加型

无形资产应用于生产经营过程,使产品的销售数量大幅度增加,从而获得超额收益。假设单位价格和单位成本不变,不考虑销售税金的情况下,无形资产形成的超额收益的计算公式为：
$$R = (Q_2 - Q_1)(P - C)(1 - T)$$

式中：R 表示超额收益；

Q_2 表示使用无形资产以后的产品销售量；

Q_1 表示使用无形资产以前的产品销售量；

P 表示产品单位价格；

C 表示产品单位成本；

T 表示企业所得税税率。

3. 成本节约型

无形资产应用于生产经营过程，使产品的成本费用降低，从而获得超额收益。假设销售量和单位价格不变，不考虑销售税金的情况下，无形资产形成的超额收益的计算公式为：

$$R = (C_1 - C_2)Q(1 - T)$$

式中：R 表示超额收益；

C_1 表示使用无形资产以前的产品单位成本；

C_2 表示使用无形资产以后的产品单位成本；

Q 表示产品销售量；

T 表示企业所得税税率。

实际上，无形资产应用后，其带来的超额收益通常是价格提高、销售量增加以及成本降低等各因素共同形成的结果，评估人员应根据不同情况加以综合性的运用和测算，以科学地估测无形资产的超额收益。

(二) 分成率法

无形资产收益额是指由无形资产带来的超额收益。同时，无形资产附着于有形资产发挥作用并产生共同收益，因此，无形资产超额收益可以通过分成率法进行估算。分成率法是以运用无形资产后的税后收入或税后利润为基数，乘以无形资产的分成率来确定无形资产超额收益的方法。其计算公式为：

超额收益＝销售收入×销售收入分成率×(1－企业所得税税率)

超额收益＝销售利润×销售利润分成率×(1－企业所得税税率)

运用分成率法计算无形资产超额收益的关键是分成率的估算。分成率的估算主要有三种方法：分成率换算法、边际分析法以及约当投资分成法。

1. 分成率换算法

分成率换算法是通过已知的销售收入分成率和销售利润率指标计算销售利润分成

率,或者通过已知的销售利润分成率和销售利润率指标计算销售收入分成率的方法。其计算公式为：

$$销售利润分成率＝销售收入分成率÷销售利润率$$

$$销售收入分成率＝销售利润分成率×销售利润率$$

【例 5-1】 如果行业平均销售利润率为 10%，当技术转让费为销售收入的 5%。

要求：计算无形资产的销售利润分成率。

解：根据题意，计算过程如下：

无形资产的销售利润分成率＝5%÷10%＝50%

2. 边际分析法

边际分析法是依据经济学中的边际贡献理论估算销售利润分成率的方法。基本思路如下：选择两种不同的生产经营方式做比较：一种是运用普通的生产技术或企业原有技术进行经营，另一种是运用转让的无形资产进行经营，后者的利润大于前者利润的差额，就是投资于无形资产所带来的新增利润，测算每年新增利润的复利现值之和占无形资产使用后每年总额利润的复利现值之和的比率，以此作为无形资产的销售利润分成率。

该方法的具体步骤是：

(1) 对无形资产的边际贡献因素进行分析：①新市场的开辟，产品销售量的提高。②原材料消耗量的降低，用工数量的减少，成本费用的节省。③产品质量的改进，功能增加，产品单位价格的提高等。

(2) 测算使用无形资产后受让方可以实现的总额利润和无形资产带来的新增利润。

(3) 根据无形资产的剩余经济寿命或设定年限，将各年的新增利润和总额利润分别折现累加，得到剩余经济寿命或设定年限内的新增利润现值之和与利润总额现值之和。

(4) 用新增的利润现值之和与总额利润现值之和的比率作为无形资产销售利润分成率。其计算公式为：

$$K = \sum_{t=1}^{n} \frac{\Delta R_t}{(1+r)^t} \div \sum_{t=1}^{n} \frac{R_t}{(1+r)^t}$$

式中：K 表示销售利润分成率；

ΔR_t 表示受让方使用无形资产后第 t 年带来的新增利润；

R_t 表示受让方使用无形资产后第 t 年的总额利润；

r 表示折现率；

n 表示无形资产的剩余经济寿命。

【例 5-2】 某企业拟转让一项家用轿车贴膜技术。购买方用于改造现有家用轿车终端附加服务。假设该家用轿车贴膜技术的剩余经济寿命还有 4 年，折现率为 10%。经对无形资产边际贡献因素的分析。测算在其寿命期间各年度可为购买方带来的新增利润为 190 万元、260 万元、320 万元、280 万元，分别占当年总额利润的 40%、30%、20%、15%。

要求：计算无形资产的销售利润分成率。

解：根据题意，计算过程如下：

(1) 计算各年度总额利润的现值之和：

$$\frac{190\div 40\%}{1+10\%}+\frac{260\div 30\%}{(1+10\%)^2}+\frac{320\div 20\%}{(1+10\%)^3}+\frac{280\div 15\%}{(1+10\%)^4}$$

$=475\times 0.9091+867\times 0.8264+1600\times 0.7513+1867\times 0.6830$

$=431.82+716.49+1202.08+1275.16$

$=3625.55$（万元）

(2) 计算各年度新增利润的现值之和：

$$\frac{190}{1+10\%}+\frac{260}{(1+10\%)^2}+\frac{320}{(1+10\%)^3}+\frac{280}{(1+10\%)^4}$$

$=190\times 0.9091+260\times 0.8264+320\times 0.7513+280\times 0.6830$

$=172.73+214.86+240.42+191.24$

$=819.25$（万元）

(3) 计算无形资产的销售利润分成率：

$$\frac{819.25}{3625.55}\times 100\%=22.6\%$$

3. 约当投资分成法

约当投资分成法是根据等量资本获得等量报酬的思想，将购买方共同发挥作用的有形资产和无形资产按照各自的适用成本利润率换算成约当投资量，然后按照无形资产的约当投资量占总约当投资量的权重确定无形资产利润分成率的方法。其计算公式为：

$$利润分成率=\frac{无形资产约当投资量}{购买方约当投资量+无形资产约当投资量}\times 100\%$$

无形资产约当投资量＝无形资产重置成本×(1＋适用的成本利润率)

购买方约当投资量＝购买方投入资产的重置成本×(1＋适用的成本利润率)

【例 5-3】 甲企业以一项专有技术向乙企业投资，该技术的重置成本为 150 万元，乙企业投入合营的资产重置成本为 9 000 万元，甲企业无形资产的成本利润率为 400%，乙企业拟合作的资产原利润率为 12%。

要求：计算无形资产的利润分成率。

解：根据题意，计算过程如下：

甲企业无形资产的约当投资量＝150×(1＋400%)＝750（万元）

乙企业投入合营资产的约当投资量＝9 000×(1＋12%)＝10 080(万元)

$$无形资产的利润分成率 = \frac{750}{750+10\,080} \times 100\% = 6.93\%$$

(三) 差额法

差额法是采用无形资产和其他类型资产在经济活动中的综合收益与行业平均水平进行比较,从而得到无形资产超额收益的方法。该方法的具体步骤是:首先,搜集有关使用无形资产的产品生产经营活动财务资料,进行盈利分析,计算得到企业的销售收入和销售利润。其次,搜集并确定行业平均销售利润率指标,用企业的销售收入乘以行业的平均销售利润率得到按行业评价销售利润率计算的企业利润。最后,计算无形资产带来的超额收益。其计算公式为:

$$超额收益 = 销售利润 - 销售收入 \times 行业平均销售利润率$$

需要注意的是,运用差额法计算出来的超额收益,往往是各类无形资产共同作用创造出来的,在对某一种无形资产评估时,还需要将计算出来的超额收益进行分解处理。

总之,无形资产超额收益的估测方法通常包括直接估算法、分成率法以及差额法,如图 5-1 所示。

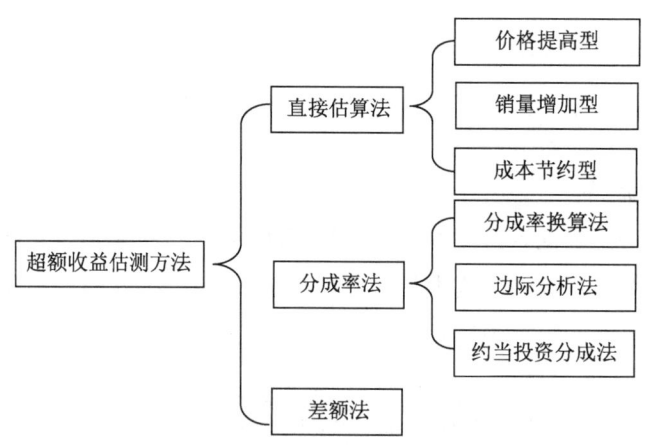

图 5-1　超额收益估测方法

三、无形资产折现率的估测

无形资产的折现率是将无形资产带来的超额收益折算成现值的利率,其实质上是无形资产投资的预期收益率。无形资产折现率的高低取决于无风险报酬率和无形资产的风险报酬率。从理论上讲,无形资产的折现率是无风险报酬率与无形资产的风险报酬率之和。其计算公式为:

无形资产的折现率＝无风险报酬率＋无形资产的风险报酬率

关于无风险报酬率,在实务中,往往选择短期国债利率代替。从我国目前的情况看,除了可以选择短期国债利率,短期银行存款利率也可以考虑。无风险报酬率突出了投资回报的安全性和可靠性。短期国债利率与短期银行存款利率基本都能保证这两点。

无形资产投资风险报酬率的选择和量化主要取决于无形资产本身的状况,运用无形资产的外部环境(如技术的先进性,技术成果是否已经在市场中得以体现),企业整体素质和管理水平,企业所处行业,市场因素和政策因素等。因此,对于无形资产的投资风险报酬率的确定,通常要根据评估对象的具体情况、分析判断而定。

四、无形资产收益期限的确定

无形资产收益期限或称有效期限,是指无形资产发挥作用,并具有超额收益能力的时间。无形资产在发挥作用的过程中,其损耗是客观存在的。无形资产损耗的价值量是确定无形资产有效期限的前提。无形资产因为没有物质实体,所以无形资产不存在由于使用或自然力作用形成的有形损耗。无形资产价值的降低是由无形损耗形成的,即由于科学技术进步而引起价值减少。具体来说,主要由下列三种情况决定产生:①更新、更先进、更经济的无形资产出现,新的无形资产逐渐替代旧的无形资产,旧的无形资产的价值就会逐渐降低,直至丧失。②由于无形资产传播面的扩大,其他企业逐渐也掌握了该项无形资产,使拥有该项无形资产的企业超额收益能力减少,该项无形资产价值也会随之减少。③企业应用某项无形资产生产的产品销售量骤减,需求大幅度下降时,该项无形资产的价值就会减少。

以上说明的是确定无形资产的有效期限的理论依据。资产评估实践中,由于法律制度的约束、合同的规定以及科学技术的进步等多种因素的影响,通常需要考虑被评估无形资产的法定寿命、合同期限和剩余经济寿命等。法定寿命是指无形资产受法律保护的有效期限;合同期限是指通过合同规定的无形资产的收益期限;剩余经济寿命是指无形资产能够有效使用并持续产生超额收益的时间。无形资产的法定寿命和合同期限一般都是明确的,而无形资产的剩余经济寿命通常需要评估者予以估测。当然,无形资产的种类不同,其剩余经济寿命的决定因素亦不相同,要根据无形资产的具体特点采取适当的方式加以判断。从某种意义上来说,可以认为剩余经济寿命就是要确定的无形资产的收益期限。确定无形资产的有效期限,可以依照下列方法确定:①法律或合同、企业申请书分别规定有法定寿命和合同期限的,可按照法定寿命与合同期限孰短的原则确定。②法律未规定有效期,企业合同或企业申请书中规定有合同期限的,可按照规定的合同期限确定。③法律和企业合同或申请书均未规定法定寿命和合同期限的,按预计受益期限确定。预计受益期限可以采用统计分析或与同类资产比较得出。

此外,需要注意的是,无形资产的收益期限可能比其法定寿命和合同期限短,因为它受许多因素的影响,如废弃不用、人们爱好的转变以及经济形势变化等,尤其是科学技术特别发达的今天,技术类无形资产更新速度快,使得其收益期限缩短。评估人员应该重视这种情况,如果有需要的话,可以聘请专家帮助确定收益期限。因此,在判断无形资产获得超额收益持续的期限时,要把握一个原则,即剩余经济寿命、法定寿命以及合同期限孰短的原则。

五、无形资产价值的估测

在已确定了无形资产的超额收益、折现率和收益期限后,便可按照收益法的基本思路将无形资产在其发挥效用的年限内的超额收益折现累加求得评估值。其计算公式为:

$$P = \sum_{t=1}^{n} \frac{R_t}{(1+r)^t}$$

式中:P 表示无形资产的评估值;

R_t 表示第 t 年无形资产带来的预期超额收益;

r 表示无形资产折现率;

n 表示无形资产收益期限。

【例 5-4】 甲啤酒厂将该厂知名的注册商标使用权通过许可使用合同允许乙啤酒厂使用,使用期限为 5 年。双方约定由乙啤酒厂每年按使用该商标新增利润的 25% 支付给甲啤酒厂,作为商标使用费。经预测,在未来 5 年中乙啤酒厂使用甲啤酒厂的商标后每年新增净利润分别为 300 万元、320 万元、350 万元、370 万元和 390 万元,假设折现率为 12%。

要求:评估该商标使用权的价值。

解:根据题意,计算过程如下:

该商标使用权的价值为:

$$\frac{300 \times 25\%}{1+12\%} + \frac{320 \times 25\%}{(1+12\%)^2} + \frac{350 \times 25\%}{(1+12\%)^3} + \frac{370 \times 25\%}{(1+12\%)^4} + \frac{390 \times 25\%}{(1+12\%)^5}$$

$$= 66.964 + 63.776 + 62.281 + 58.785 + 55.324$$

$$= 307.13(万元)$$

第三节 成本法在无形资产评估中的应用

一、成本法的基本思路

无形资产评估的成本法是在确信无形资产具有现实或潜在的获利能力,但不易量化的情况下,可以根据替代原则,以无形资产的现行重置成本扣除无形资产贬值因素估算其价值的评估思路和技术方法。

运用成本法评估无形资产需要把握两大基本要素：一是无形资产的重置成本；二是无形资产的贬值，包括无形资产的功能性贬值和经济性贬值。需要注意的是，无形资产不具有实物形态，因此无形资产不存在实体性贬值。其计算公式为：

$$无形资产评估值＝无形资产的重置成本 \times (1－贬值率)$$

由于无形资产的成本具有不完整性、弱对应性和虚拟性等特点，因此运用成本法评估无形资产的价值受到一定的限制。

二、无形资产重置成本的估测

无形资产的重置成本是指评估基准日市场条件下重新创造或购置全新无形资产所耗费的全部货币支出。根据无形资产的取得方式，无形资产可分为自创无形资产和外购无形资产。不同取得方式的无形资产，其重置成本的构成和评估方法不同，需要分别进行估算。

(一) 自创无形资产重置成本的估测

自创无形资产的成本包括研制、开发、持有期间发生的全部物化劳动和活劳动的费用支出。现实中，大多数企业或个人对自创无形资产的基础成本数据积累不够，使得自创无形资产的成本记录不完整、不真实，甚至不存在。这样运用成本法评估无形资产有一定的困难。在无形资产研制、开发费用资料较完备情况下，可按下列思路测算其重置成本。

1. 重置核算法

重置核算法是将以现行价格水平和费用标准计算的无形资产研发过程中的全部成本费用（包括直接成本和间接成本）加上合理的利润、税费确定无形资产的重置成本的方法。其计算公式为：

$$无形资产重置成本＝直接成本＋间接成本＋合理利润＋税费$$

其中，直接成本是指无形资产研发过程中实际发生的材料、工时耗费支出，一般包括材料费用、科研人员工资、专用设备费、咨询鉴定费、协作费、培训费、差旅费和其他有关费用。无形资产直接成本需要采用实际消耗量，按现行价格和费用标准进行估算。

间接成本是指与无形资产研发有关，应摊入无形资产成本的费用，包括管理费用、非专用设备折旧费用、应分摊的公共费用和能源费用等。在评估实务中可依据受益原则采取适合的方法进行分摊。

合理利润是指以无形资产直接成本和间接成本为基础，按照同类无形资产平均成本利润率计算的利润。

税费是指无形资产转让过程中应缴纳的增值税、城市维护建设税和教育费附加，以及无形资产转让过程中发生的其他费用，如宣传广告费、技术服务费以及交易手续费等。

2. 倍加系数法

对于智力资本密集的技术型无形资产,考虑到科研劳动的复杂性和高风险性,可采用倍加系数法估算无形资产的重置成本。其计算公式为:

$$C_r = \frac{C + \beta_1 V}{1 - \beta_2}(1 + r)\frac{1}{1 - T}$$

式中:C_r 表示无形资产的重置成本;

C 表示研制无形资产消耗的物化劳动;

V 表示研制无形资产消耗的活劳动;

β_1 表示科研人员创造性劳动的倍加系数;

β_2 表示科研的平均风险系数;

r 表示无形资产投资报酬率;

T 表示流转税(增值税及附加)税率。

当评估对象为非技术型无形资产,科研人员创造性劳动的倍加系数 β_1 和科研的平均风险系数 β_2 可以不予考虑。

【例 5-5】 被评估对象为一项专有技术,在该项技术的研制过程中消耗材料 25 万元。动力消耗 50 万元,支付科研人员工资 45 万元。评估人员经过市场调查论证,确定科研人员创造性劳动倍加系数为 1.4,科研平均风险系数为 0.5,该项无形资产的投资报酬率为 25%,增值税税率为 6%,城市维护建设税税率为 7%,教育费附加税率为 3%。

要求:采用倍加系数法评估该项专有技术的重置成本。

解:根据题意,计算过程如下:

流转税税率 $= 6\% + 6\% \times (7\% + 3\%) = 6.6\%$

无形资产的重置成本 $= \dfrac{25 + 50 + 1.4 \times 45}{1 - 0.5} \times (1 + 25\%) \times \dfrac{1}{1 - 6.6\%} = 369.38$(万元)

(二)外购无形资产重置成本的估测

外购无形资产一般有购置费用的原始记录,也可能有可以参照的现行交易价格,评估相对比较容易。外购无形资产的重置成本包括购买价格和购置费用两部分,一般可以采用市价类比法和价格指数法来估测。

1. 市价类比法

市价类比法是在无形资产市场中选择与被评估对象类似的无形资产近期交易实例作为参照物,再根据功能、技术先进性以及适用性等对参照物的交易价格进行调整和修正,从而确定评估对象现行购买价格,再根据现行标准和实际情况核定无形资产的购置费用,以此来确定无形资产的重置成本的方法。

2. 价格指数法

价格指数法是以被评估无形资产的历史成本为基础,采用同类无形资产的价格指数将无形资产的历史成本调整为重置成本的方法。可根据获得价格指数的情况具体采用定基价格指数和环比价格指数进行调整。

采用定基价格指数进行调整的公式为：

$$重置成本 = 历史成本 \times \frac{评估时定基价格指数}{购置时定基价格指数}$$

采用环比价格指数进行调整的公式为：

$$重置成本 = 历史成本 \times \prod_{t=t_0+1}^{t_n} 环比价格指数$$

式中：t_0 表示无形资产购置时间（年、月）；

t_n 表示无形资产评估时间（年、月）。

从无形资产价值构成来看，无形资产价值主要由两类费用构成：一类是物化劳动消耗费用；另一类是活劳动消耗费用。前者与生产资料价格指数相关度较高，后者与消费资料价格指数相关度较高。因此，无形资产价格指数应综合考虑生产资料价格指数和消费资料价格指数的变化。根据评估对象的种类，以及可能投入的物化劳动和活劳动情况选择生产资料价格指数与消费资料价格指数的权重。具体而言，不同的无形资产两类费用的比重可能有较大差别。在生产资料价格指数与消费资料价格指数差别较大的情况下，可按两类费用的大致比例结构，分别运用生产资料价格指数与消费资料价格指数进行估算；两种价格指数比较接近，且两类费用的比重有较大倾斜时，可按比重较大费用类适用的物价指数来估算。

【例 5-6】 某企业 2019 年外购一项无形资产，账面价值为 80 万元。2021 年进行评估，经鉴定，该无形资产运用现代先进的实验仪器经反复试验研制而成，物化劳动消耗费用的比重较大，可适用生产资料价格指数。根据资料，此项无形资产购置时价格指数和评估时价格指数分别为 120% 和 150%。

要求：按价格指数法评估该无形资产的重置成本。

解：根据题意，计算过程如下：

$$无形资产的重置成本 = 80 \times \frac{150\%}{120\%} = 100（万元）$$

三、无形资产贬值的估测

无形资产本身不具有实物形态，无形资产的贬值体现在功能性贬值和经济性贬值。功能性贬值表现为由于科学技术进步，使得该项无形资产超额获利能力减弱而导致的贬值。经济性贬值在于无形资产外部环境因素的变化而导致的贬值。通常，无形资产贬值率的确定，可以采用专家鉴定法和使用年限法进行估测。

(一) 专家鉴定法

专家鉴定法是指通过有关技术领域的专家,对被评估无形资产的先进性、适用性做出判断,综合分析同类无形资产的状况以及国家有关政策等方面,从而确定无形资产贬值率的方法。专家鉴定法需要具有丰富的专业知识和实践经验。

(二) 使用年限法

无形资产的功能性贬值和经济性贬值往往会通过其剩余经济寿命的缩短体现出来。因此,无形资产贬值率的确定,可以采用年限平均法进行估测。使用年限法是由资产评估专业人员通过对无形资产已使用年限和尚可使用年限的判断和预测基础上,确定无形资产贬值率的方法。其计算公式为:

$$贬值率 = \frac{已使用年限}{已使用年限 + 尚可使用年限} \times 100\%$$

运用使用年限法确定无形资产的贬值率,关键在于确定无形资产的尚可使用年限。无形资产的尚可使用年限可以根据无形资产法定寿命或合同期限减去已使用年限确定。此外,还应注意分析无形资产的使用效用与无形资产的使用年限是否呈线性关系,以此来确定上述公式的适用性。

四、无形资产价值的估测

无形资产评估实质上是对其权利和获利能力的评估。在无形资产转让过程中,无形资产的权利可分为所有权和许可使用权。由于无形资产的权利不同,其获利能力也不同,无形资产的价值也不相同。因此,对无形资产价值的评估可分为无形资产所有权价值的评估和无形资产许可使用权价值的评估。

(一) 无形资产所有权价值的估测

无形资产所有权是无形资产最根本的权利。无形资产所有权的转让标志着无形资产的权利(控制权、使用权、收益权、处置权等)的全部转移。这种情况下,无形资产的评估价值应该是无形资产的重置成本扣除无形资产贬值后的全部余额。其计算公式为:

$$无形资产评估值 = 无形资产的重置成本 \times (1 - 贬值率)$$

【例 5-7】 某企业为小规模纳税人。该企业有一项专利技术(实用新型),两年前自行研制开发并获得专利证书。

根据委托方提供和评估人员调查分析,有关资料如下:

(1) 该专利研发过程中的直接成本费用(包括材料费、人工费及其他费用等)合计为 15.8 万元。

(2) 间接成本费用(包括分摊的管理费、非专用设备折旧费及其他费用等)合计为 2.6 万元。

(3) 由于人工费用占研发成本的比重较小,按生产资料价格指数调整原始成本,近两年同类生产资料价格变动指数分别为5%和8%。

(4) 同类专利技术现行平均的成本利润率为200%。

(5) 增值税征收率为3%,城市维护建设税为增值税的7%,教育费附加为增值税的3%。

(6) 该专利技术剩余经济寿命为6年。

要求:评估该专利权的所有权价值。

解:根据题意,计算过程如下:

(1) 计算无形资产重置成本:

直接成本 = 15.8×(1+5%)×(1+8%) = 17.92(万元)

间接成本 = 2.6×(1+5%)×(1+8%) = 2.95(万元)

合理利润 = (17.92+2.95)×200% = 41.74(万元)

增值税 = (17.92+2.95+41.74)×3% = 1.88(万元)

城市维护建设税 = 1.88×7% = 0.13(万元)

教育费附加 = 1.88×3% = 0.06(万元)

重置成本 = 17.92+2.95+41.74+1.88+0.13+0.06 = 64.68(万元)

(2) 计算无形资产的贬值率:

$$贬值率 = \frac{2}{2+6} \times 100\% = 25\%$$

(3) 计算无形资产的评估值:

评估值 = 64.68×(1-25%) = 48.51(万元)

(二) 无形资产许可使用权价值的估测

无形资产许可使用权通常可分为独占使用权、排他使用权和普通使用权等。上述使用权转让的形式和内容尽管有所不同,但具有共同的特点,即无形资产的所有权仍被原产权主体拥有,无形资产的使用权和收益权在一定的时间和地域范围内被多家产权主体拥有。因此,在这种情况下,无形资产使用权的价值就不是全部无形资产重置成本净值,而是全部无形资产重置成本净值的分摊额与无形资产转让的机会成本之和。其计算公式为:

无形资产评估值 = 重置成本×(1-贬值率)×转让成本分摊率+转让的机会成本

式中:

$$转让成本分摊率 = \frac{购买方运用无形资产的设计能力}{运用无形资产总的设计能力} \times 100\%$$

转让的机会成本 = 无形资产转让的净减收益现值+无形资产再开发的净增费用现值

上述公式中,购买方运用无形资产的设计能力和运用无形资产总的设计能力可根据设计产量或按设计产量计算的销售收入计算确定。无形资产转让的净减收益一般是指在无形资产尚能发挥作用期间减少的净现金流量。无形资产再开发的净增费用包括保护和维持无形资产追加的科研费用和其他费用。无形资产转让的净减收益和无形资产再开发的净增费用通常运用边际分析法进行分析测算。

由于无形资产自身的特点,其价值主要不是取决于它的"物化"的量,而是其带来的经济利益的量。因此,只有确信评估对象确有超额获利能力,运用成本法评估其价值才不至于出现重大失误。

【例5-8】 某公司转让某项专利技术许可使用权,有关资料如下:

(1) 该项专利技术是该公司两年前购买的,当时的购买价格及有关购置费用合计为400万元。

(2) 近两年同类无形资产的转让价格上涨了15%。

(3) 经分析,该专利技术的剩余经济寿命为8年。

(4) 根据合同规定,该专利转让的是排他使用权,即使用权仅为买卖双方所拥有,不再转让给第三者使用,买卖双方运用无形资产生产产品的设计生产能力分别为60 000件和80 000件。

(5) 预计由于专利权的转让,该公司未来每年收益减少额为20万元,每年需要投入的再开发及保护费用增加额为4万元。已知企业所得税税率为25%,折现率为10%。

要求:评估该专利技术许可使用权转让价值。

解:根据题意,计算过程如下:

(1) 计算无形资产重置成本:

重置成本 $= 400 \times (1+15\%) = 460$(万元)

(2) 计算无形资产的贬值率:

贬值率 $= \dfrac{2}{2+8} \times 100\% = 20\%$

(3) 计算无形资产重置成本净值:

重置成本 $= 460 \times (1-20\%) = 368$(万元)

(4) 计算无形资产的转让成本分摊率:

转让成本分摊率 $= \dfrac{60\,000}{60\,000+80\,000} \times 100\% = 42.86\%$

(5) 计算无形资产转让的机会成本:

转让的机会成本 = 无形资产转让的净减收益现值 + 无形资产再开发的净增费用现值

$= 20 \times (1-25\%) \times PVIFA_{10\%,8} + 4 \times (1-25\%) \times PVIFA_{10\%,8}$

$= 15 \times 5.334\,9 + 3 \times 5.334\,9$

$= 96.03$(万元)

（6）计算无形资产使用权转让价值：

无形资产使用权转让价值＝368×42.86％＋96.03＝253.75(万元)

第四节 市场法在无形资产评估中的应用

一、市场法的基本思路

无形资产评估中的市场法是指通过市场调查，选择与被评估无形资产相同或者类似的近期交易实例作为参照物，并通过对交易情况、交易时间以及交易价格类型，无形资产的先进性、适用性、可靠性、使用范围、剩余经济寿命等各方面因素的比较、量化和修正，将参照物无形资产的市场交易价格调整为被评估对象价值的评估思路和技术方法。

无形资产的个别性、垄断性、保密性等特点决定了无形资产的市场透明度较低，加之我国无形资产市场不发达，交易不频繁，使得市场法评估无形资产有诸多的困难。因此，我国目前的条件下运用市场法评估无形资产的情况并不普遍。

二、参照物的选择

同有形资产一样，无形资产采用市场法评估首先也要收集资料和合理选择参照物。根据无形资产评估准则的规定，收集资料时应确定具有合理比较基础的无形资产；收集类似的无形资产交易市场信息和被评估无形资产以往的交易信息；价格信息具有代表性，且在评估基准日是有效的；根据宏观经济、行业和无形资产情况的变化，考虑时间因素，对被评估无形资产以往信息进行必要调整。

在对所收集资料进行分析、整理和筛选的基础上合理选择参照物，参照物的选择要注意：①所选择的参照物应与评估对象在功能、性质、适用范围等方面相同或基本相同。②参照物的成交时间应尽可能接近评估基准日，或其价格可调整为评估基准日价格。③参照物的价格类型要与评估对象要求的价格类型相同或接近。④至少有三个参照物可供比较。

三、可比因素的确定

可比因素就是影响评估对象和参照物之间价格差异的因素。从大的方面来看，这些影响因素包括交易情况因素、交易时间因素、无形资产状况因素等。其中，交易情况因素包括交易类型、市场供求状况、交易双方状况、交易内容（如所有权转让或使用权转让）、交易条件、付款方式等；交易时间因素主要分析参照物交易时同类无形资产的价格水平与评估时点是否发生变化，变化的幅度以及对无形资产价格的影响程度；无形资产的类型不同，无形资产状况因素也不完全相同，技术型无形资产的状况因素主要包括无形资产的产权状况，无形资产的适用性、先进性、安全可靠性和配套性,无形资产的剩余经济寿命,无形资产受法律保护和自我保护的程度,无形资产的保密性和扩散性,无形资产的研发和宣传成本等。评估时,应对上述因素进行全面分析,合理确定可供比较的各种因素,并通过对可比因素的量化和调整最终估测出被评估对象的价值。

章节测试

班级_____ 姓名_____ 学号_____ 日期_____ 平时分_____

一、单项选择题(每小题 5 分,共 20 分)

1. 下列不属于无形资产的是(　　)。
   A. 专利技术　　B. 知识产权　　C. 商业秘密　　D. 公知技术

2. 将无形资产分为可确指无形资产和不可确指无形资产,是按(　　)来分类的。
   A. 无形资产的取得方式　　　　　B. 无形资产能否独立存在
   C. 无形资产有无法律保护　　　　D. 无形资产的性质

3. 下列各项中,属于不可确指无形资产的是(　　)。
   A. 商誉　　　　B. 专利权　　　C. 土地使用权　　D. 商标权

4. 对无形资产进行评估时,下列各项正确的是(　　)。
   A. 收益法是唯一的方法　　　　　B. 只能采用收益法和市场法
   C. 收益法、市场法、成本法都可应用　D. 只能采用收益法和成本法

二、多项选择题(每小题 8 分,共 40 分)

1. 下列关于成本法在无形资产评估中的应用的说法中,正确的有(　　)。
   A. 无形资产贬值率的确定,可以采用专家鉴定法和剩余经济寿命预测法进行
   B. 自创无形资产重置成本的估算方法主要有两种:重置核算法和倍加系数法
   C. 外购无形资产重置成本的估算一般可以采用以下两种方法:市价类比法和价格指数法
   D. 无形资产的贬值表现为功能性贬值和经济性贬值,没有实体性贬值

2. 按无形资产的性质划分,无形资产可分为(　　)。
   A. 知识型无形资产　　　　B. 权利型无形资产
   C. 关系型无形资产　　　　D. 组合型无形资产

3. 下列关于商誉的说法中,正确的有(　　)。
   A. 商誉是不可确指无形资产,因此不能对商誉进行评估
   B. 商誉属于知识型无形资产
   C. 商誉不能离开企业而单独存在,不能与企业的可确指的资产分开单独出售

D. 商誉是一项长期积累起来的无形资产
4. 无形资产的成本特性表现为( )。
   A. 弱对应性　　　　　　　　　　B. 虚拟性
   C. 积累性　　　　　　　　　　　D. 不完整性
5. 无形资产超额收益的估测方法有( )。
   A. 直接估算法　　　　　　　　　B. 分成率法
   C. 价格指数法　　　　　　　　　D. 差额法

三、判断题(每小题4分,共20分)

1. 无形资产评估一般是以产权变动为前提。　　　　　　　　　　　　(　)
2. 无形资产的超常获利能力通常表现为企业的超额利润或垄断利润。　(　)
3. 受市场条件制约,无形资产评估的价值类型只能是市场价值以外的价值。(　)
4. 无形资产往往附着于有形资产而发挥其固有功能。　　　　　　　　(　)
5. 无形资产的超额获利能力主要取决于其稀缺性、效用状况以及适用范围等。(　)

四、计算题(共20分)

甲企业将其商标权通过许可使用合同许可乙企业使用,合同期限5年。双方约定乙企业按照使用商标后每年销售收入的4%支付给甲企业,预计乙企业未来5年的销售收入分别为1 100万元、1 150万元、1 180万元、1 200万元和1 220万元,所得税税率为25%,折现率为12%。

要求:根据上述资料,评估该商标许可使用权的价值。

第六章 企业价值评估

知识导航

```
                        ┌─ 企业与企业价值
                        │  企业价值评估的概念与对象
           企业价值评估概述─┤  企业价值评估的特点和价值类型
                        │  企业评估价值辨析
                        │  企业价值评估的基本程序
                        └─ 企业价值评估的范围和假设

                                    ┌─ 收益法评估企业价值的核心问题
                                    │  企业预期收益的估测
           收益法在企业价值评估中的应用─┤  折现率和资本化率的估测
  企业                                │  收益额、折现率以及企业价值口径一致问题
  价值─┤                              └─ 收益法的分类
  评估
                                    ┌─ 市场法的含义
           市场法在企业价值评估中的应用─┤  市场法的分类
                                    └─ 运用市场法评估企业价值存在的两个障碍

                                    ┌─ 运用资产加和法应注意的有关事项
                                    │  流动资产评估
           成本法在企业价值评估中的应用─┤  长期投资性资产评估
                                    └─ 有形资产评估值之和加整体无形资产价值法
```

学习目标

1. 了解企业价值的内涵。
2. 了解企业价值评估的特点。
3. 理解企业价值评估的范围。
4. 掌握收益法在企业价值评估中的应用。
5. 掌握市场法在企业价值评估中的应用。
6. 掌握成本法在企业价值评估中的应用。

思政课堂

2021年7月,郑州洪灾发生后,国内企业纷纷宣布捐款赈灾,引发了一场国内企业间的捐款"内卷"热潮。2021年7月21日,国产运动品牌鸿星尔克因在自身经营状况欠佳的情况下宣布捐赠5 000万元物资赈灾后,迅速"出圈",被网民送上微博热搜,成为大众关注焦点。"出手大方"的鸿星尔克,其营业收入远远落后同行,2020年,鸿星尔克的营业收入为28亿元,净利润为-2.2亿元。

鸿星尔克捐款事件发生后,大量的网友开始涌入鸿星尔克的直播间"野性消费",上架的货物被抢购一空,2021年7月23日,鸿星尔克当日销售额同比增长超52倍。与此同时,鸿星尔克公司的股价也上涨了不少。

资料来源:楚天都市报,2021-07-26,《鸿星尔克爆红 因公众在为善行买单》,http://focus.cnhubei.com/jrtt/p/13963578.html,有删改。

思考与讨论:
从企业社会责任角度,浅谈鸿星尔克爆火的原因。

第一节 企业价值评估概述

一、企业与企业价值

(一) 企业的概念与特点

从功能上和本质上看,企业是由构成它的各个要素资产围绕着一个系统目标,保持有机联系,发挥各自特定功能,共同构成一个有机的生产经营能力载体和获利能力载体以及由此产生的相关权益的集合。从这个角度的企业定义中不难发现,现代企业不仅是一个经营能力和获利能力的载体以及由此产生的相关权益的集合,而且是按照法律程序建立起来的并接受法律法规约束的经济组织。

从资产评估和企业价值评估的角度看,可以把企业看作以营利为目的、按照法律程序建立起来的经济实体;从形式上它体现为固定地点的相关资产的有序组合。

企业作为一类特殊的资产有其自身的特点:

(1) 合法性。企业首先是依法建立起来的经济组织,它的存在必须接受法律法规的约束。对企业的判断和界定必须首先从法律法规的角度,从合法性、产权状况等方面进行界定。

(2) 营利性。企业作为一类特殊的资产,其存在的目的就是营利。为了达到营利的目的,企业需具备相应的功能。企业的功能是以企业的生产经营范围为依据,以其工艺生产经营活动为主线,将若干要素资产有机组合起来形成的。

(3) 整体性。构成企业的各个要素资产虽然各具不同功能,但它们在服从特定系统目标的前提下构成一个整体。构成企业的各个要素资产可能并不都是完整无缺的,但它们可以综合在一起成为具有良好整体功能的资产综合体。当然,即使构成企业的各个要素资产个体功能良好,但如果它们之间的功能不匹配,其组合而成的企业整体功能也未必很好。企业强调要素资产的整体性。

(4) 持续经营与环境适应性。企业要实现其营利的目的,就必须保持持续经营,在持续经营中不断地创造收入,降低成本。而企业要在持续经营中保证实现盈利目的,企业的要素资产不仅要有良好的匹配性和整体性,还必须能够适应不断变化的外部环境及市场结构,并适时地做出调整,包括生产经营方向、生产经营规模,即保持企业生产结构、产品结构与市场结构的协调。

(5) 权益的可分性。从企业作为生产经营能力和获利能力载体的角度看,企业具有整体性的特点。虽然企业是由若干要素资产组成,作为一个整体企业,作为经营能力和获利能力载体的角度,其要素资产是不能随意拆分的。但是,与企业经营能力和获利能力载体相关的权益却是可分的。因此,企业的权益可划分为股东全部权益和股东部分权益。

(二) 企业价值的概念与决定因素

企业价值可以从不同的角度来定义。大家比较常见的是从政治经济学的角度、从会计核算的角度、从财务管理的角度,以及从市场交换的角度来说明企业价值。

从政治经济学的角度来看,企业价值是指凝结在企业中的社会必要劳动时间,其量的大小取决于一定时期社会必要劳动时间的水平。

从会计核算的角度来看,企业价值取决于构建企业过程中全部物化劳动和活劳动的支出总额,其量的大小取决于构建中的各项支出水平。

从财务管理的角度来看,企业价值是企业未来现金流的折现值,其量的大小取决于企业未来现金流量和折现率。

从市场交换的角度来看,企业价值是各相关主体在产权置换中可接受的交换价值,其量的大小取决于企业未来的获利能力。

如果从资产评估的角度来看,企业价值需要从两个方面考虑和界定:第一,资产评估揭示的是评估对象在交易假设前提下的公允价值,企业作为一类特殊资产,在评估中其价值也应该是在交易假设前提下的公允价值,即企业在市场上的公允货币表现。第二,由企业特点所决定,企业在市场上的货币表现实际上是企业所具有的获利能力可实现部分的货币化和资本化。

企业价值是企业在市场上的公允价值,以及企业价值是企业获利能力可实现部分的市场表现及货币化和资本化,不仅是由企业作为资产评估对象所决定的,而且是由对企业进行价值评估的目的所决定的。企业作为一种特殊的商品,之所以能在市场中进行转让和交易,不仅因为企业是劳动产品,有社会必要劳动时间凝结在其中,更重要的是企业具有持续获利能力,这种持续获利能力是企业具有交换价值的根本所在。当然,企业具有持续获利能力所代表的价值,只能说是企业的潜在价值或内在价值,还不一定就是企业在评估基准日可实现的交换价值。资产评估强调的是企业内在价值的可实现部分,是企业内在价值在评估基准日条件下的可实现部分。

在这里我们强调资产评估中的企业价值通常是一种持续经营条件下的价值,并且其价值是由企业获利能力决定的,目的在于提醒评估人员在企业持续经营价值评估过程中把握住企业价值评估的关键,即企业的获利能力。

二、企业价值评估的概念与对象

(一)企业价值评估的概念

从理论上讲,企业价值评估是指对持续经营条件下的企业的获利能力转化为市场价值的评估,而不包括由破产清算或其他原因引起的非持续经营"企业"的价值评估。这并不是说非持续经营企业没有价值,持续经营企业有价值,但非持续经营企业的价值并不是本章所讨论的企业价值,它并不是由企业的获利能力决定的,而是由构成企业的各个要素资产的变现价值决定的。

(二)企业价值评估的对象

根据人们的理解,企业价值经常被理解为企业总资产价值、企业整体价值、企业投资资本价值、企业股东全部权益价值以及企业股东部分权益价值等。上述概念可以大致理解如下:①企业总资产价值是企业流动资产价值加上固定资产价值、无形资产价值和其他非流动资产价值之和。②企业整体价值是企业总资产价值减去企业负债中的非付息负债价值后的余值,或用企业所有者权益价值与企业的全部付息负债价值之和表示。③企业投资资本价值是企业总资产价值减去企业流动负债价值后的余值,或用企业所有者权益价值加上企业的长期负债价值表示。④企业股东全部权益价值就是企业的所有者权益价值或净资产价值。⑤企业股东部分权益价值就是企业的所有者权益价值或净资产价值的某一部分。具体如表6-1所示。

表6-1 企业价值的五个层次及其构成

企业价值的层次	构成
总资产价值	流动资产＋固定资产＋无形资产＋其他非流动资产
企业整体价值	所有者权益＋付息负债
投资资本价值	所有者权益＋长期负债
股东全部权益价值	所有者权益
企业股东部分权益价值	部分所有者权益

根据《资产评估执业准则——企业价值》对企业价值评估对象的界定,企业价值评估对象应该是企业整体价值、股东全部权益价值和部分权益价值等。

企业总资产价值、企业投资资本价值作为企业价值的表现形式，可能并不是企业价值评估的直接对象。但在采用间接法评估企业价值的时候，企业总资产价值、企业投资资本价值等也经常会被用作确定企业整体价值、股东全部权益价值以及股东部分权益价值的过渡形式。

三、企业价值评估的特点和价值类型

（一）企业价值评估的特点

当把企业作为一种独立的整体评估对象进行评估时，它有以下特点：①从评估对象载体的构成来看，评估对象载体是由多个或多种单项资产组成的资产综合体。②从决定企业价值高低的因素看，其决定因素是企业的整体获利能力。③企业价值评估是对企业具有的潜在获利能力所能实现部分的估计。④企业价值评估是一种整体性评估，它充分考虑了企业各构成要素资产之间的匹配与协调，以及企业资产结构、产品结构与市场结构之间的协调。

整体性企业价值与企业的各个要素资产的评估值之和既有联系，也有区别。一般来说，企业的各个要素资产的评估值之和是整体性企业价值的基础，在此基础上考虑企业的商誉或综合性经济性贬值，就是整体性企业价值了。

当然，整体性企业价值与企业各个要素资产单项评估加总的评估之间还是有区别的，这些区别主要表现为：

（1）评估具体标的上的差别。企业价值整体性评估与企业各个要素资产单项评估加总的评估，两类评估的具体标的是不同的。企业价值整体性评估的具体评估标的是资产的整体获利能力及其市场表现。而企业各个要素资产单项评估加总的评估，其具体评估标的却是企业的各个要素资产。就具体评估标的而言，两者是有差别的。

（2）评估考虑因素的差别。企业价值整体性评估是以企业的获利能力为核心，围绕着影响企业获利能力以及企业面临的各种风险进行评估。而企业各个要素资产单项评估加总的评估，是针对影响各个单项资产价值的各种因素展开的，两者所考虑的价值影响因素有着明显的差异。

（3）评估结果的差异。由于企业价值整体性评估和企业各个要素资产单项评估加总的评估在具体评估标的上的差异，以及由此引起的在评估时考虑的因素等方面的差异，两种评估的结果通常会有所不同。两者的差异通常会表现为企业的商誉或企业的综合性经济性贬值。在这里通过企业价值整体性评估与企业各个要素资产单项评估加总的评估的比较，不是说企业各个要素资产单项评估加总的评估方法不能使用，而是要说明企业各个要素资产单项评估加总的评估方法不一定能够完全客观地将持续经营前提下的企业价值反映出来。所以，在一般情况下，尽量不要单独使用这种方法评估企业价值。

（二）企业价值评估的价值类型

从企业价值评估的目的、评估条件以及委托方对评估报告使用的需求等对价值类型要

求的角度来看,企业价值可分为市场价值和非市场价值。而非市场价值又主要包括了持续经营价值、投资价值和清算价值等。

企业的市场价值是指企业在评估基准日公开市场上正常经营所表现出来的市场交换价值的估计值,或者说是整个市场对企业认同的价值。

企业的非市场价值是指不满足企业市场价值定义和条件的所有其他企业价值表现形式的集合。企业的非市场价值是对同类企业价值表现形式的概括,而不是具体的企业价值表现形式。企业非市场价值只在价值类型分类时使用,它并不直接出现在评估报告中。

持续经营价值是非市场价值的一种具体价值表现形式,具体是指企业作为一个整体的价值。由于企业的各个组成部分对该企业整体价值都有相应的贡献,可以将企业总的持续经营价值分配给企业的各个组成部分,即构成企业持续经营的各局部资产的在用价值。持续经营价值是根据企业在评估基准日正在使用的地点、自身的经营方式和经营管理水平等条件继续经营下去所表现出的市场交换价值估计值。企业的持续经营价值可能等于、大于或小于企业的市场价值。

投资价值也是非市场价值的一种具体表现形式,具体是指企业对于特定投资者所具有的市场交换价值的估计值,它通常有别于企业的市场价值。

清算价值是指企业在非持续经营条件下的各要素资产的变现价值。这里可能包含了快速变现的因素。企业的清算价值包括有序清算价值和强制清算价值等。

四、企业评估价值辨析

对企业价值的界定主要从两个方面进行考虑:第一,就一般意义而言,资产评估揭示的是评估对象的公允价值,企业作为资产评估中的一类评估对象,其评估价值也应该是公允的。第二,企业是一类特殊的评估对象,其价值取决于要素资产组合的整体盈利能力,企业的公允价值是其现实或潜在盈利能力在各种市场条件下的客观反映。

(一) 企业的评估价值是企业的公允价值

企业的评估价值是企业的公允价值不仅是由企业作为资产评估的对象所决定的,而且是由对企业进行价值评估的一般目的所决定的。企业价值评估的一般目的是为企业产权交易提供服务,使交易双方对拟交易企业的价值有较为清晰的认识,所以企业价值评估应建立在有效市场假设之上,其揭示的是企业的公允价值。当然,由于企业价值评估都有其特定目的,具体的企业价值评估也应该是企业特定条件下的公允价值,它们的具体表现形式,如市场价值、投资价值或其他价值等。

(二) 企业的评估价值基于企业的盈利能力

企业在广义上可以被认为是生产同一种产品即利润或现金流的组织。人们创立企业或收购企业的目的不在于获得企业本身具有的物质资产或企业生产的具体产品,而在于获得企业生产利润或现金流的能力并从中受益。因此,企业之所以存在价值并且能够进行交易是由于它们具有产生利润或现金流的能力。

(三) 资产评估中的企业价值有别于账面价值、公司市值和清算价值

账面价值是一个以历史成本为基础进行计量的会计概念，可以通过企业的资产负债表获得。由于企业的账面价值没有考虑或很少考虑通货膨胀和资产的经济性贬值等重要因素的影响，所以企业的账面价值明显区别于资产评估中的企业价值。

公司市值是指上市公司的股票价格与总股本的乘积。在成熟的资本市场上，信息相对充分，市场机制相对有效，公司市值与企业价值具有趋同性。但是，由于股票的市场价格通常是少数股份的交易价格，企业价值并不一定就等于股票价格与总股本的乘积。我国尚处在经济转型中，证券市场既不规范，也不成熟，因而不宜将公司市值直接作为企业价值。

清算价值是指企业停止经营，变卖所有的企业资产减去所有负债后的现金余额。这时企业资产价值应是可变现价值，其不满足整体持续经营假设。破产清算企业的价值评估，不是对企业一般意义上的价值的揭示，该类企业作为生产要素整体已经丧失了盈利能力，因而也就不具有通常意义上的企业所具有的价值。对破产清算企业进行价值评估，实际上是对该企业的单项资产的公允价值之和进行判断和估计。

资产评估人员应当知晓，在某些情况下，企业在持续经营前提下的价值并不必然大于在清算前提下的企业变现价值。如出现了这种情况，评估人员可以向委托方提出咨询建议，如果相关权益人有权启动被评估企业清算程序，资产评估人员应当根据委托，分析评估对象在清算前提下的价值大于在持续经营前提下的价值的可能性和评估价值。

五、企业价值评估的基本程序

(一) 企业价值评估中需要明确的基本事项

根据企业、企业价值及企业价值评估的特点，评估人员在进行企业价值评估时，应当明确下列事项：①委托方及资产占有方的基本情况。②被评估企业的基本情况。③评估目的。④评估对象及其评估的具体范围。⑤本次评估的价值类型及其价值定义。⑥评估假设及限定条件。⑦评估基准日。

(二) 企业价值评估中的评估方法的选择

评估人员在进行企业价值评估时，应当根据评估目的、被评估企业的情况、评估时的限定条件和评估的价值类型，以及预计可收集到的信息资料和相关条件，分析收益法、市场法和成本法的适用性与可操作性，选择适用于本次企业价值评估的一种或多种评估方法。

由于企业价值的特殊性和复杂性，一般情况下不宜单独使用成本法评估企业价值。因此，在评估方法的选择过程中，应尽可能选择多种方法，如果确受条件限制，只能选择成本法，应在企业价值评估报告中做出说明。

(三) 收集信息资料

评估人员在进行企业价值评估时，应当根据所选择的评估方法等相关条件，收集被评估

企业以及与被评估企业相关的信息资料。就一般情况而言,这些资料主要包括:①企业性质、相关资产的权益状况等信息资料。②企业经营历史、现状和发展前景资料。③企业的财务资料,包括历史的、当前的和预期的。④企业价值评估涉及的具体资产的详细情况资料。⑤影响判断企业价值的国民经济情况和地区经济状况。⑥被评估企业所在行业及相关行业的状况和发展前景。⑦资本市场上与被评估企业相关的行业及企业的价格信息、可比财务数据等。⑧被评估企业中具体资产的市场价格资料和技术资料。⑨与企业价值评估有关的其他信息资料。

(四)运用评估技术分析判断企业价值

根据评估目的与评估目的对被评估企业在评估时点经营状况和面临的市场条件的影响,以及对企业价值评估结果的价值类型的影响,利用所选择的多种评估途径及其方法和所收集的信息资料,对影响企业价值的各种因素进行系统全面的分析,在充分分析的基础上,综合判定企业价值。

评估人员应当知晓股东部分权益价值并不必然等于股东全部权益价值与股权比例的乘积。当评估股东部分权益价值时,应当在适当及切实可行的情况下考虑由于控股权和少数股权等因素产生的溢价或折价。同时也应当考虑股权的流动性对评估对象价值的影响。

(五)撰写企业价值评估报告

评估人员在完成上述企业价值评估程序后,可根据评估项目的性质、评估过程,以及委托方和相关当事人的要求,选择恰当的报告形式出具企业价值评估报告,并在评估报告中披露评估结果的价值类型和定义,在评估过程中是否考虑了控股权和少数股权等因素产生的溢价或折价,以及流动性对评估对象价值的影响。

六、企业价值评估的范围和假设

(一)企业价值评估的范围

企业价值评估的范围是指为评估企业价值所涉及的被评估企业的具体资产数量及其资产边界。从企业价值评估实务的层面,企业价值评估的范围包含了两个层面:企业价值评估的一般范围和企业价值评估的具体范围。

1. 企业价值评估的一般范围

企业价值评估的一般范围是指一般意义上的企业价值评估对象载体的权益边界和资产数量边界,即企业拥有的全部资产及其权益。从产权的角度界定,企业价值评估的范围应该是企业的全部资产,包括企业产权主体自身占用及经营的部分,企业产权主体所能控制的部分,如全资子公司、控股子公司,以及非控股公司中的投资部分。在具体界定企业价值评估的资产范围时,应根据以下有关数据资料进行:①企业的资产评估申请报告及上级主管部门批复文件所规定的评估范围。②企业有关产权转让或产权变动的协议、合同、章程中规定的企业资产变动的范围。

2. 企业价值评估的具体范围

企业价值评估的具体范围是指具体评估企业价值时,可以运用多种评估方法进行评估的一致的企业资产数量边界。在对企业价值评估的一般范围进行界定之后,通常并不一定能将企业所拥有的全部资产,包括经营性的资产和非经营性的资产以及有效资产和溢余资产等都直接作为企业价值评估的具体评估范围。因为企业价值基于企业整体盈利能力,所以判断企业价值就是要正确分析和判断企业的盈利能力。企业是由各类单项资产组合而成的资产综合体,这些单项资产对企业盈利能力的形成具有不同的贡献。其中,对企业盈利能力的形成做出贡献、发挥作用的资产就是企业的有效资产,而对企业盈利能力的形成没有做出贡献的资产就是企业的无效资产或溢余资产。企业的盈利能力是企业的有效资产共同作用的结果,要正确揭示企业价值,就要将企业资产范围内的有效资产和溢余资产进行正确的界定与区分,将企业的有效资产作为评估企业价值的具体资产范围。这种区分,是进行企业价值评估的重要环节。

在相当长的一段时间里,由于在企业价值评估中没有对企业评估范围进行一般范围和具体范围的划分,没有将企业资产划分为有效资产和溢余资产,导致按不同评估方法评估出的同一条件下的同一企业的价值出现巨大差异,并使许多评估人员误将此现象理解为不同的评估方法可能造成同一企业在相同的条件下具有截然不同的评估价值。事实上,在未对企业价值评估范围和资产范围进行界定的前提下,不同评估方法评估的企业价值评估范围和资产范围可能存在着差别,企业价值评估范围和资产范围的差异可能是造成不同评估方法评估企业价值存在差异的主要原因之一。只有将企业价值评估范围和资产范围界定清楚,将不同评估方法的评估对象范围界定清楚,运用不同的评估方法评估的企业价值之间才有可比性。不同评估方法评估企业价值的共同范围基础是企业的有效资产,而企业溢余资产的评估则要根据评估目的及委托方要求单独进行,并妥善处理溢余资产的评估值。

在界定企业价值评估的具体范围时,应注意以下几点:

(1) 对于在评估时点产权不清的资产,应划为"待定产权资产",不列入企业价值评估的资产范围。

(2) 在产权清晰的基础上,对企业的有效资产、溢余资产进行区分。在进行区分时应注意把握以下几点:第一,对企业有效资产的判断,应以该资产对企业盈利能力形成的贡献为基础,不能背离这一原则;第二,在有效资产的贡献下形成的企业的盈利能力,应是企业的正常盈利能力,由于偶然因素而形成的短期盈利及相关资产,不能作为判断企业盈利能力和划分有效资产的依据;第三,评估人员应对企业价值进行客观揭示,如企业的出售方拟进行企业资产重组,则应以不影响企业盈利能力为前提。

(3) 在企业价值评估中,对溢余资产进行处理。溢余资产有两种处理方式:一是进行"资产剥离",即将企业的溢余资产在进行企业价值评估前剥离出去,不列入企业价值评估的范围;二是在溢余资产不影响企业盈利能力的前提下,用适当的方法对其进行单独评估,并将评估值加总到企业价值评估的最终结果之中,或将其可变现净值进行单独列示披露。

(4) 如企业出售方拟通过"填平补齐"的方法对影响企业盈利能力的薄弱环节进行改进时,评估人员应着重判断该改进对正确揭示企业盈利能力的影响,以及必要改进所要付出的成本及代价。就目前我国的具体情况而言,该改进应主要针对由工艺瓶颈和资金瓶颈等因素所导致的企业盈利能力无法正常发挥的薄弱环节。

(二) 企业价值评估的假设

企业价值评估同其他类型资产的价值评估一样,其理论体系和方法体系的确立也是建立在一系列假设的基础之上的。企业价值评估通常涉及的最重要的基本假设有:交易假设、市场条件假设、持续经营假设以及清算假设等。

1. 交易假设

交易假设是假定待评估企业已处在交易过程中,评估师根据待评估企业的交易条件等模拟市场进行估值。引起企业价值评估的经济事项其实既包含了产权变动类的经济活动,又包括了非产权变动类的经济活动,如资产抵押、财产课税等。如果没有一个虚拟的市场和交易平台,非产权变动类经济活动涉及的企业价值评估就缺少了市场基础和条件。

2. 市场条件假设

市场条件假设包括了公开市场条件假设和非公开市场条件假设。

公开市场是指充分发达与完善的市场条件,即一个有大量的自愿买者和卖者的竞争性市场。在这个市场上,买者和卖者的地位是平等的,彼此都有获取足够市场信息的机会和时间,买卖双方的交易行为都是在自愿的、理智的,而非强制或不受限制的条件下进行的。

非公开市场条件假设包括了以下几种具体情景:一是交易时间充分而参与交易的主体数量有限;二是交易时间充分而参与交易的主体之间存在特殊关系;三是交易时间受限而参与交易的主体数量很多;四是交易时间受限,参与交易的主体数量也有限。第一种情况我们将其称为有限交易主体假设,第二种情况我们将其称为关联交易假设,第三种和第四种情况我们将其称为快速变现假设或清算假设。

3. 持续经营假设

持续经营假设是企业价值评估中最常用的假设,该假设假定被评估企业在评估基准日后仍将按照既定的经营目的、经营方式持续经营下去,它意味着企业在出售、兼并、重组、合并以后,其继续使用的价值前提没有发生变化,提供的产品或服务仍能满足市场需求,并产生一定的效益。在进行企业价值评估时,是否选择持续经营假设需要考虑下列几方面的因素:

(1) 评估目的。引起企业价值评估的经济活动是否要求或隐含着企业持续经营,或评估结果的具体用途是否需要以企业持续经营为前提。

(2) 企业提供的产品或服务是否能满足市场需求。若企业的产品或服务不能满足市场需求,企业无预期收益,则不适用持续经营假设。

(3) 组成企业的资产要素的功能和状态。若组成企业各个要素资产破损严重,工艺落后或严重比例失调而不能满足企业持续经营的需要,也需要慎重判断持续经营假设的适用性。

4. 清算假设

清算假设假定被评估企业面临清算或具有潜在的被清算的事实或可能性,再根据相应数据资料推定被评估企业处于被迫出售或快速变现的状态。由于清算假设假定被评估企业处于被迫出售或快速变现条件之下,因此,在清算假设前提下的资产评估结果的适用范围是非常有限的。

在企业价值评估中要科学合理地设定和使用评估假设,需要与企业价值评估目的及其对市场条件的宏观限定情况、企业目前自身经营状况和产权变动后企业经营状态,以及评估所要实现的价值类型和价值目标等相联系和匹配。因此,评估人员需要对收集的企业资料进行充分分析并判断,合理设定企业价值评估的基本假设。

第二节 收益法在企业价值评估中的应用

一、收益法评估企业价值的核心问题

在运用收益法对企业价值进行评估时,一个必要的前提是判断企业是否具有持续的盈利能力。只有当企业具有持续的盈利能力时,运用收益法对企业进行价值评估才具有意义。运用收益法对企业进行价值评估,关键在于对以下三个问题的解决:

(1) 要对企业的预期收益予以界定。企业的预期收益能以多种形式出现,包括净利润、净现金流量(股权自由现金流量)、息前净利润和息前净现金流量(企业自由现金流量)。选择以何种形式的收益作为收益法中的企业预期收益,直接影响对企业价值的最终判断。

(2) 要对企业的预期收益进行合理的预测。要求评估人员对企业的预期收益进行精确预测是不可能的。但是,由于企业预期收益的预测直接影响对企业盈利能力的判断,是决定企业最终评估值的关键因素。所以,在评估中应全面考虑影响企业盈利能力的因素,客观、公正地对企业的预期收益做出合理的预测。

(3) 在对企业的预期收益做出合理的预测后,要选择合适的折现率。合适的折现率的选择直接关系到对企业未来收益风险的判断。由于不确定性的客观存在,对企业未来收益的风险进行判断至关重要。能否对企业未来收益风险做出恰当的判断,从而选择合适的折现率,对企业的最终评估值具有较大影响。

二、企业预期收益的估测

(一) 企业预期收益的界定

企业预期收益是运用收益法评估企业价值的基本参数之一。在资产评估中,预期收益是根据投资回报的原理,资产在正常情况下所能得到的归产权主体的所得额。在企业价值评估中,企业预期收益具体是指企业在正常条件下获得的归企业的所得额。在企业价值评估过程中从可操作的角度,评估人员大都采用会计学上的收益。会计学上的收益概念,是指来自企业期间交易已实现收入和相应费用之间的差额。

1. 企业预期收益的范围

企业收益都来自企业劳动者创造的纯收入,企业价值评估中的企业预期收益也不例外。但是,在具体界定企业预期收益时应注意以下几个方面:

(1)从性质上讲,企业创造的不归企业权益主体所有的收入不能作为企业价值评估中的企业预期收益。如税收,不论是流转税还是所得税都不能作为企业价值评估中的企业预期收益。

(2)凡是归企业权益主体所有的企业收支净额,都可视同企业预期收益,无论是营业收支、资产收支、还是投资收支,只要形成净现金流入量,就应视同企业预期收益。它的基本表现形式是净利润和净现金流量。

(3)从企业价值评估操作的层面上讲,企业价值评估中的企业预期收益是作为反映企业获利能力的一个重要参数和指标。它最重要的作用在于客观地反映企业的获利能力并通过企业获利能力来反映企业的价值。由于企业价值评估的目标范围包括了企业整体价值、股东全部权益价值和股东部分权益价值等多重目标。因此,从实际操作的角度,用于企业价值评估的企业预期收益又不仅限于企业的净利润和净现金流量两个指标。企业预期收益的其他表现形式有:息税前利润、息前净现金流量等。

2. 关于企业预期收益的口径

从投资回报的角度,企业预期收益的边界是可以明确的。根据企业价值评估的口径,即企业整体价值、企业股东全部权益价值和企业股东部分权益价值,与之相对应的收益口径也是有差异的。

从过去的评估实践来看,使用频率最高的企业评估价值目标是企业的股东全部权益价值,即企业的净资产价值或所有者权益价值。也存在着对企业整体价值,以及企业部分股权价值的评估。但是,在企业价值评估实践中,间接法的使用频率要高于直接法。间接法是指先通过评估出企业整体价值或投资资本价值,再扣减企业的付息负债或长期负债来求取企业股东全部权益价值及部分股权价值的方法。直接法是指利用股东自由现金流量和适当的折现率或资本化率直接评估出企业的股东全部权益价值的方法。因此,在进行企业价值评估时应根据被评估企业价值的内涵选择适当的企业具体的收益形式、口径和结构。

在企业价值评估中经常使用的收益口径主要包括:净利润、净现金流量、息前净利润、息前净现金流量等。在假定折现率口径与预期收益口径一致,即不存在统计口径或核算口径上的差别,不同形式、口径或结构的预期收益,其折现的价值内涵和目标是不同的,如表 6-2 所示。

表 6-2　　　　　收益口径和表现形式与不同层次的企业价值的对应关系

企业预期收益	企业价值
净利润 净现金流量（股东自由现金流量）	股东全部权益价值
净利润＋长期负债利息×（1－所得税税率） 净现金流量＋长期负债利息×（1－所得税税率）	投资资本价值
净利润＋负债利息×（1－所得税税率） （息前净利润） 净现金流量＋负债利息×（1－所得税税率） （企业自由现金流量/息前净现金流量）	企业整体价值
净利润＋负债利息×（1－所得税税率） （息前净利润） 净现金流量＋负债利息×（1－所得税税率） （企业自由现金流量/息前净现金流量）	总资产价值

选择什么口径的企业预期收益作为收益法评估企业价值的基础，首先应服从企业价值评估的目的和目标，即企业价值评估的目的和目标是评估反映股东全部权益价值，还是反映投资资本价值或企业整体价值。其次，对企业预期收益口径的选择，应在不影响企业价值评估目的的前提下，选择最能客观反映企业正常盈利能力的企业预期收益作为对企业进行价值评估的收益基础。对于某些企业，净现金流量就能客观地反映企业的获利能力，而另一些企业可能采用息前净现金流量更能反映企业的获利能力。如果企业评估的目标是企业的股东全部权益价值，使用净现金流量最为直接，即评估人员直接利用企业的净现金流量评估出企业的股东全部权益价值来。当然，评估人员也可以利用企业的息前净现金流量首先估算出企业的整体价值，然后再从企业整体价值中扣减去企业的付息负债得到股东全部权益价值。是运用企业的净现金流量直接估算出企业的股东全部权益价值，还是运用迂回的方法先估算企业的整体价值或投资资本价值，再估算企业的股东全部权益价值，取决于企业的净现金流量还是企业的息前净现金流量更能客观地反映出企业的获利能力。掌握收益口径和表现形式与不同层次的企业价值的对应关系，以及不同层次企业价值之间的关系是企业价值评估中非常重要的事情。

（二）企业预期收益的预测

1. 企业预期收益预测的基础

从严格意义上讲，企业预期收益预测应当由企业管理层负责。企业管理层有责任提供企业的预期经营规划和完整的预期收益预测数据，并对上述预测数据负责。评估人员和评估机构的责任和义务是对管理层提供的企业预期收益预测进行必要的分析和判断，并与管理层进行必要沟通协调确定。如果被评估企业不能或者无法提供预期经营规划和完整的预期收益预测数据，评估人员及其评估机构就需要承担企业预期收益的预测工作。

企业价值评估的预期收益的基础应该是在正常的经营条件下，排除影响企业盈利能力的偶然因素和不可比因素之后的企业正常收益,即以企业在评估时点的实际收益为出发点,扣除一次性的或者偶然性的因素,作为企业预期收益预测的基础。

2. 企业预期收益预测的步骤

企业预期收益的预测大致可分为以下几个步骤:

(1) 评估基准日对企业实际收益或正常收益的审核和调整。如果以企业实际收益为基础预测企业预期收益,评估基准日对企业收益的审核和调整包括两部分工作:一是对评估基准日企业收益的审核,按照国家的企业财务通则、企业会计准则以及现行的会计制度等对企业于评估基准日的实际收益进行审核,并按审核结果编制评估基准日企业资产负债表、利润表和现金流量表。二是对审核后的重编财务报表进行非正常因素调整,主要是利润表和现金流量表的调整。对于一次性、偶发性,或以后不再发生的收入或费用进行剔除,把企业评估基准日的企业利润和现金流量调整到正常状态下的数量,为企业预期收益的趋势分析打好基础。如果是以被评估企业所在行业正常收益水平为基础预测企业预期收益,实际上是假设企业发生产权变动后,企业能以行业的正常经营水平和正常获利能力进行运营。这时,首先应对评估基准日的企业实际收益进行分析,在可以得出企业在评估基准日后以行业正常经营水平和获利能力水平预测预期收益是客观的基础上,编制按被评估企业有效资产所对应的用于本次企业价值评估的资产负债表、利润表和现金流量表。

(2) 企业预期收益趋势的总体分析和判断。企业预期收益趋势的总体分析和判断是在对企业评估基准日实际收益或正常收益的审核和调整的基础上,结合被评估企业管理层提供的预期收益预测和评估机构调查搜集到的有关信息的资料进行的。这里需要强调指出:①对企业评估基准日的财务报表的审核和重编,尤其是实际收益的调整仅作为评估人员进行企业预期收益预测的参考依据,不能用于其他目的。②企业管理层提供的关于企业预期收益的预测是评估人员预测企业预期收益的重要基础。③尽管对企业在评估基准日的财务报表进行了必要的调整或重编,并掌握了企业提供的预期收益预测,评估人员仍必须深入到企业现场进行实地考察和现场调研,充分了解企业的生产工艺过程、设备状况、生产能力、经营管理水平以及市场状况,再辅之以其他数据资料对企业未来收益趋势做出合乎逻辑的总体判断。

(3) 企业预期收益的预测。企业预期收益的预测是在前两个步骤完成的前提下,运用具体的技术方法和手段进行的。在一般情况下,企业的收益预测分两个时间段。对于已步入稳定期的企业而言,收益预测的分段较为简单:一是对企业未来3~5年预期收益进行预测。二是对企业未来3~5年后的各年预期收益进行预测。

目前较为常用的方法有综合调整法、产品周期法、实践趋势法等。不论采用何种预测方法,科学合理地设定预测企业预期收益的前提条件是必需的,这些前提条件包括:国家的政治、经济等政策变化对企业预期收益的影响,除已经出台尚未实施的以外,只能假定其将不会对企业预期收益构成重大影响;不可抗拒的自然灾害或其他无法预测的突发事件,不作为企业预期收益的相关因素考虑；企业经营管理者的某些个人行为也不在预测企业预期收益时考虑；已提供的关于预期收益的预测是评估人员预测企业预期收益的重要参考资料。

在明确了企业预期收益预测前提条件的基础上，就可以着手对未来3~5年的预期收益进行预测。预测的主要内容有：对影响被评估企业及所属行业的特定经济及竞争因素的估计；未来3~5年销售收入的估计；未来3~5年成本费用及税金的估计；完成上述生产经营目标需追加投资以及对技术设备更新改造因素的估计；未来3~5年预期收益的估计等。关于企业的预期收益预测，评估人员不得不加分析地直接引用企业或其他机构提供的方法和数据。评估人员应把企业或其他机构提供的预期收益预测作为参考，根据可搜集到的数据资料，在经过充分分析论证的基础上做出独立的预测判断。

三、折现率和资本化率的估测

折现率是将未来有限期收益还原为现值的比率。资本化率是指将未来无限期收益转换成现值的比率。资本化率在资产评估业务中有着不同的称谓，如资本化率、本金化率、还原利率等。折现率和资本化率在本质上是相同的，都属于投资报酬率。投资报酬率通常由两部分组成：一是无风险报酬率；二是风险投资报酬率。无风险报酬率亦称为正常报酬率或安全利率，它取决于资金的机会成本，即正常的投资报酬率不能低于该投资的机会成本。这个机会成本通常以政府发行的国债利率和银行储蓄利率作为参照依据。风险报酬率的高低主要取决于投资的风险的大小。风险大的投资，要求的风险报酬率就高。由于折现率和资本化率反映了企业在未来有限期和无限期的持续获利能力和水平，而企业未来的获利能力在有限期与无限期能否保持相当，要取决于企业在未来有限经营期与无限经营期所面对的风险是否一样。从理论上讲，折现率与资本化率并不一定是一个恒等不变的量，它们既可以相等也可以不相等，这取决于评估师对企业未来有限经营期与无限经营期的风险的判断。因此，必须强调折现率与资本化率并不一定是一个恒等不变的定值。

（一）企业价值评估中选择折现率和资本化率的基本原则

在运用收益法评估企业价值时，折现率起着至关重要的作用，它的微小变化会对评估结果产生较大的影响。因此，在选择和确定折现率时，必须注意以下几方面的问题。由于折现率与资本化率的构成相同，测算及选择思路也相同，下面我们就以折现率为代表来说明折现率与资本化率的测算原则和方法。

（1）折现率不低于投资的机会成本。在存在着正常的资本市场和产权市场的条件下，任何一项投资的回报率不应低于该投资的机会成本。在现实生活中，政府发行的国债利率和银行储蓄利率可以作为投资者进行其他投资的机会成本。由于国债的发行主体是政府，几乎没有破产或无力偿付的可能，投资的安全系数大。银行虽大多属于商业银行，但我国的银行仍属国家垄断或严格监控，其信誉也非常高，储蓄也是一种风险极小的投资。因此，国债利率和银行储蓄利率可看成是其他投资的机会成本，相当于无风险投资报酬率。

(2) 行业基准收益率不宜直接作为折现率,但行业平均收益率可作为确定折现率的重要参考指标。我国的行业基准收益率是基本建设投资管理部门为筛选建设项目,从拟建项目对国民经济的净贡献方面,按照行业统一制定的最低收益率标准,凡是投资收益率低于行业基准收益率的拟建项目不得上马。只有投资收益率高于行业基准收益率的拟建项目才有可能得到批准进行建设。行业基准收益率旨在反映拟建项目对国民经济的净贡献的高低,包括拟建项目可能提供的税收收入和利润,而不是对投资者的净贡献。因此,不宜直接将其作为企业产权变动时价值评估的折现率。再者,行业基准收益率的高低也体现着国家的产业政策。在一定时期,属于国家鼓励发展的行业,其行业基准收益率可以相对低一些;属于国家控制发展的行业,国家就可以适当调高其行业基准收益率,达到限制项目建设的目的。因此,行业基准收益率不宜直接作为企业评估中的折现率。而随着我国证券市场的发展,行业的平均收益率日益成为衡量行业平均盈利能力的重要指标,可作为确定折现率的重要参考指标。

(3) 贴现率不宜直接作为折现率。贴现率是商业银行对未到期票据提前兑现所扣金额与票面金额的比率。贴现率虽然也是将未来值换算成现值的比率,但贴现率通常是银行根据市场利率和贴现票据的信誉程度来确定的。且票据贴现大多数是短期的,并无固定期间周期。从本质上讲,贴现率接近于市场利率。而折现率是针对具体评估对象的风险而生成的期望投资报酬率。从内容上讲,折现率与贴现率并不一致,简单地把银行贴现率直接作为企业价值评估的折现率是不妥当的。但也要看到,在有些情况下,如对采矿权评估所使用的贴现现金流量法,正是以贴现率折现评估价值的。但就是在这种场合,所使用的贴现率也包括安全利率和风险溢价两部分,与真正意义的贴现率也不完全一样。

(二) 风险报酬率的测算

在折现率的测算过程中,无风险报酬率的选择相对比较容易一些,通常是以政府债券利率和银行储蓄利率为参考依据。而风险报酬率的测算相对比较困难。它因评估对象、评估时点的不同而不同。就企业而言,在未来的经营过程中要面临着经营风险、财务风险、行业风险以及通货膨胀风险等。从投资者的角度,要投资者承担一定的风险,就要有相对应的风险补偿。风险越大,要求补偿的数额也就越大。风险补偿额相对于风险投资额的比率就叫风险报酬率。

在测算风险报酬率的时候,评估人员应注意以下因素:①国民经济增长率及被评估企业所在行业在国民经济中的地位。②被评估企业所在行业的发展状况及被评估企业在行业中的地位。③被评估企业所在行业的投资风险。④企业在未来的经营中可能承担的风险等。

在充分考虑和分析了以上各因素以后,风险报酬率可通过以下两种方法估测。

1. 风险累加法

企业在其持续经营过程中可能要面临着许多风险,像前面已经提到的行业风险、经营风险以及财务风险等。将企业可能面临的风险对回报率的要求予以量化并累加,便可得到企业价值评估折现率中的风险报酬率。其计算公式为:

风险报酬率＝行业风险报酬率＋经营风险报酬率＋财务风险报酬率＋其他风险报酬率

行业风险主要指企业所在行业的市场特点、投资开发特点以及国家产业政策调整等因素造成的行业发展不确定性给企业预期收益带来的影响。

经营风险是指企业在经营过程中,由于市场需求变化、生产要素供给条件变化以及同类企业间的竞争给企业的未来预期收益带来的不确定性影响。

财务风险是指企业在经营过程中的资金融通、资金调度以及资金周转可能出现的不确定性因素影响企业的预期收益。

其他风险包括了国民经济景气状况等因素的变化可能对企业预期收益的影响。

量化上述各种风险所要求的回报率,主要是采取经验判断。它要求评估人员充分了解国民经济的运行态势、行业发展方向、市场状况以及同类企业竞争情况等。只有在充分了解和掌握上述数据资料的基础上,对于风险报酬率的判断才能较为客观合理。当然,在条件许可的情况下,评估人员应尽量采取统计和数理分析方法对风险回报率进行量化。

2. β 系数法

β 系数法用于估算企业所在行业的风险报酬率。其基本思路是,行业风险报酬率是社会平均风险报酬与被评估企业所在行业平均风险和社会平均风险的比率系数的乘积。

β 系数法估算风险报酬率的步骤为:①将社会平均收益率扣除无风险报酬率,求出社会平均风险报酬率。②将企业所在行业的平均风险与社会平均风险进行比较,求出企业所在行业的 β 系数。③用社会平均风险报酬率乘以企业所在行业的 β 系数,便可得到被评估企业所在行业的风险报酬率。其计算公式为:

$$R_r = \beta \cdot (R_m - R_f)$$

式中:R_r 表示被评估企业所在行业的风险报酬率;

R_m 表示社会平均收益率;

R_f 表示无风险报酬率;

β 表示被评估企业所在行业的 β 系数。

在评估某一个具体的企业价值时,可以根据具体情况再考虑被评估企业的规模、经营状况、财务状况以及竞争实力等因素,确定该企业在其所在的行业中的地位系数或企业风险调整系数,然后与企业所在行业的风险报酬率相乘,得到该企业的风险报酬率。其计算公式为:

$$R_r = \beta \cdot (R_m - R_f) \cdot \alpha$$

式中:R_r 表示被评估企业所在行业的风险报酬率;

R_m 表示社会平均收益率;

R_f 表示无风险报酬率；

β 表示被评估企业所在行业的 β 系数；

α 表示被评估企业的风险协变系数。

（三）折现率的测算

如果能通过一系列方法测算出风险报酬率，则企业评估的折现率的测算就相对简单了。其中，累加法、资本资产定价模型和加权平均资本成本模型是测算企业价值评估中的折现率较为常用的方法。

1. 累加法

累加法是采用无风险报酬率加风险报酬率的方式确定折现率或资本化率的方法。如果风险报酬率是通过 β 系数法或资本资产定价模型估测出来的，此时，累加法测算的折现率或资本化率适用于股权收益的折现或资本化。其计算公式如下：

$$R = R_f + R_r$$

式中：R 表示企业价值评估中的折现率；

R_f 表示无风险报酬率；

R_r 表示风险报酬率。

2. 资本资产定价模型

资本资产定价模型是适用于股权自有现金流量的资本成本或折现率的模型。其计算公式如下：

$$R = R_f + \beta \cdot (R_m - R_f)$$

式中：R 表示企业价值评估中股权自有现金流量的折现率；

R_f 表示无风险报酬率；

R_m 表示社会平均收益率；

β 表示被评估企业所在行业的 β 系数。

3. 加权平均资本成本模型

加权平均资本成本模型是适用于企业自有现金流量评估的折现率，是针对企业的所有者权益和企业付息负债所构成的资本按其各自权重，经加权平均计算获得的企业价值评估所需折现率的一种数学模型。

加权平均资本成本模型同时适用于企业的所有者权益与长期负债所构成的投资资本，作为投资资本所要求的回报率。其计算公式如下：

$$\text{企业评估的折现率} = \text{长期负债占投资资本的比重} \times \text{长期负债成本} + \text{所有者权益占投资资本的比重} \times \text{净资产投资要求的回报率}$$

其中：净资产投资要求的回报率是指股权投资回报率，可以通过资本资产定价模型确定。长期负债成本是指扣除了所得税后的长期负债成本。

确定各种资本权数的方法一般有三种：①以企业资产负债表中的账面价值的比重为权数。②以占企业外发证券市场价值的现有比重为权数。③以在企业的目标资本构成中应该保持的比重为权数。

四、收益额、折现率以及企业价值口径一致问题

根据不同的评估目的和评估价值目标，用于企业评估的收益额可以有不同的口径，如净利润、净现金流量、息前净利润、息前净现金流量等。而折现率作为一种价值比率，就要注意折现率的计算口径。有些折现率是从股权投资回报率的角度，有些折现率既考虑了股权投资的回报率又考虑了债权投资的回报率。净利润、净现金流量是股权收益形式，只能用股权投资回报率作为折现率，即只能运用通过资本资产定价模型获得的折现率，此时折算出的企业价值形式为股权全部权益价值。而息前净利润、息前净现金流量等是股权与债权收益的综合形式，因此，只能运用股权与债权综合投资回报率，即只能运用通过加权平均资本成本模型获得的折现率，此时折算出的企业价值形式为投资资本价值、企业整体价值或者总资产价值。

如果运用行业平均资金收益率作为折现率，就要注意计算折现率时的分子与分母的口径与收益额的口径的一致的问题。折现率既有按不同口径收益额为分子计算的折现率，也有按同一口径收益额为分子，而以不同口径资金占用额或投资额为分母计算的折现率。如企业资产总额收益率、企业投资资本收益率、企业净资产收益率等。所以，在运用收益法评估企业价值时，必须注意收益额与计算折现率所使用的收益额之间结构与口径上的匹配和协调，以保证评估结果合理且有意义。具体如表 6-3 所示。

表 6-3　　　　　企业预期收益额、折现率以及企业价值口径一致性

企业价值	企业预期收益额	折现率
股东全部权益价值	净利润 净现金流量（股东自由现金流量）	股权投资回报率 （净资产收益率）
投资资本价值	净利润＋长期负债利息×（1－所得税税率） 净现金流量＋长期负债利息×（1－所得税税率）	股权和长期债权综合投资回报率 （投资资本收益率）
企业整体价值	净利润＋负债利息×（1－所得税税率） （息前净利润） 净现金流量＋负债利息×（1－所得税税率） （企业自由现金流量/息前净现金流量）	股权和付息债权综合投资回报率
总资产价值	净利润＋负债利息×（1－所得税税率） （息前净利润） 净现金流量＋负债利息×（1－所得税税率） （企业自由现金流量/息前净现金流量）	股权和全部债权综合投资回报率 （总资产收益率）

五、收益法的分类

(一) 永续经营假设前提下的具体方法

1. 年金法

年金法的公式为:

$$P = \frac{A}{r}$$

式中: P 表示企业评估价值;

　　　A 表示企业每年的年金收益;

　　　r 表示资本化率。

用于企业价值评估的年金法,是将已处于均衡状态,其未来收益具有充分的稳定性和可预测性的企业的收益进行年金化处理,然后把已年金化的企业预期收益进行收益还原,估测企业的价值。其计算公式为:

$$P = \left[\sum_{t=1}^{n}\frac{R_t}{(1+r)^t} \div \sum_{t=1}^{n}\frac{1}{(1+r)^t}\right] \div r$$

式中: P 表示企业评估价值;

　　　R_t 表示第 t 年企业的预期收益;

　　　n 表示能够预测预期收益的年数;

　　　r 表示折现率或资本化率。

【例 6-1】 待估企业预计未来 5 年的预期收益额分别为 100 万元、120 万元、110 万元、130 万元、120 万元,假定资本化率为 10%。

要求:使用年金法估测企业价值。

解:根据题意,计算过程如下:

$$P = \left[\sum_{t=1}^{n}\frac{R_t}{(1+r)^t} \div \sum_{t=1}^{n}\frac{1}{(1+r)^t}\right] \div r$$

$= (100 \times 0.909\,1 + 120 \times 0.826\,4 + 110 \times 0.751\,3 + 130 \times 0.683\,0 + 120 \times 0.620\,9) \div$
$\quad (0.909\,1 + 0.826\,4 + 0.751\,3 + 0.683\,0 + 0.620\,9) \div 10\%$

$= (91 + 99 + 83 + 89 + 75) \div 3.790\,7 \div 10\%$

$= 437 \div 3.790\,7 \div 10\%$

$= 1\,152.82 \text{(万元)}$

2. 分段法

分段法是将持续经营的企业的收益预测分为前、后段的方法。将企业的收益预测分为前、后两段的理由在于:在企业发展的前一个期间,企业处于不稳定状态,因此企业的收益是不稳定的;而在该期间之后,企业处于均衡状态,其收益是稳定的或按某种规律进行变化。对于前段企业的预期收益采取逐年预测,并折现累加的方法。而对于后段的企业收益,则针对企业具体情况并按企业的收益变化规律,对企业后段的预期收益进行折现和还原处理。将企业前、后两段收益现值加在一起便构成企业的收益现值。

假设以前段最后一年的收益作为后段每年的年金收益。其计算公式为:

$$P = \sum_{t=1}^{n} \frac{R_t}{(1+r)^t} + \frac{R_n}{r(1+r)^n}$$

【例6-2】 待评估企业预计未来5年的预期收益额分别为100万元、120万元、150万元、160万元、200万元,并根据企业的实际情况推断,从第6年开始,企业的年收益额将维持在200万元水平上,假定资本化率和折现率均为10%。

要求:使用分段法估测企业价值。

解:根据题意,计算过程如下:

$$P = \sum_{t=1}^{n} \frac{R_t}{(1+r)^t} + \frac{R_n}{r(1+r)^n}$$

$= (100 \times 0.9091 + 120 \times 0.8264 + 150 \times 0.7513 + 160 \times 0.6830 + 200 \times 0.6209) +$
$\quad \frac{200}{10\%} \times 0.6209$

$= 536.23 + 2000 \times 0.6209$

$= 1778.03(万元)$

假设从$(n+1)$年起的后段,企业预期年收益将按一固定比率s增长。其计算公式为:

$$P = \sum_{t=1}^{n} \frac{R_t}{(1+r)^t} + \frac{R_n(1+s)}{(r-s)(1+r)^n}$$

【例6-3】 待评估企业预计未来5年的预期收益额分别为100万元、120万元、150万元、160万元、200万元,评估人员根据企业的实际情况推断,企业从第6年起,收益额将在第5年的水平上以2%的增长率保持增长,假定资本化率和折现率均为10%。

要求:使用分段法估测企业价值。

解:根据题意,计算过程如下.

$P = \sum_{t=1}^{n} \frac{R_t}{(1+r)^t} + \frac{R_n(1+s)}{(r-s)(1+r)^n}$

$= (100 \times 0.9091 + 120 \times 0.8264 + 150 \times 0.7513 + 160 \times 0.6830 + 200 \times 0.6209) +$
$\quad 200 \times (1+2\%) \div (10\% - 2\%) \times 0.6209$

$= 536.23 + 204 \div 8\% \times 0.6209$

$= 536.23 + 2550 \times 0.6209$

$= 536.23 + 1583.30$

$= 2119.53(万元)$

(二) 企业有限持续经营假设前提下的具体方法

对企业而言,其价值在于其所具有的持续的盈利能力。一般而言,对企业价值的评估应该在持续经营前提下进行。只有在特殊的情况下,才能在有限持续经营假设前提下对企业价值进行评估。如企业章程已对企业经营期限做出规定,而企业的所有者无意逾期继续经营企业,则可在该假设前提下对企业进行价值评估。评估人员在运用该假设对企业价值进行评估时,应对企业能否适用该假设做出合理判断。

企业有限持续经营假设是从最有利于回收企业投资的角度,争取在不追加资本性投资的前提下,充分利用企业现有的资源,最大限度地获取投资收益,直至企业无法持续经营为止。

对于有限持续经营假设前提下企业价值评估的具体方法,其评估思路与分段法类似。首先,将企业在可预期的经营期限内的收益加以估测并折现;其次,将企业在经营期限后的残余资产的价值加以估测及折现。最后,将两者相加。其计算公式为:

$$P = \sum_{t=1}^{n} \frac{R_t}{(1+r)^t} + \frac{P_n}{(1+r)^n}$$

式中:P 表示企业评估价值;

R_t 表示第 t 年企业的预期收益;

n 表示能够预测预期收益的年数;

r 表示折现率;

P_n 表示第 n 年企业资产的变现值。

第三节 市场法在企业价值评估中的应用

一、市场法的含义

市场法在企业价值评估中的应用是通过在市场上找出若干个与被评估企业相同或相似的参照企业,分析比较被评估企业和参照企业的重要指标的可比性,在此基础上确定若干价值比率,利用价值比率估测被评估企业的初步价值,然后做必要的修正和调整,最后确定被评估企业的价值。

资产评估专业人员所选择的可比企业与被评估单位应当具有可比性。可比企业应当与被评估企业属于同一行业,或者受相同经济因素的影响。

企业价值评估中市场法的技术路线是在市场上寻找与被评估企业相类似的企业的交易案例,通过对所寻找到的交易案例中相类似企业交易价格进行分析,从而确定被评估企业的评估价值。于 2017 年 10 月 1 日实施的《资产评估执业准则——企业价值》指出,企业价值评估中的市场法,是指将评估对象与可比上市公司或者可比交易案例进行比较,确定评估对象价值的评估方法。资产评估专业人员应当根据所获取可比企业经营和财务数据的充分性和可靠性、可收集到的可比企业数量,考虑市场法的适用性。

二、市场法的分类

市场法常用的两种具体方法是上市公司比较法和并购案例比较法。

上市公司比较法是指获取并分析可比上市公司的经营和财务数据,计算价值比率,在与被评估企业比较分析的基础上,确定评估对象价值的具体方法。上市公司比较法中的可比企业应当是公开市场上正常交易的上市公司。在切实可行的情况下,评估结论应当考虑控制权和流动性对评估对象价值的影响。

并购案例比较法是指获取并分析可比企业的买卖、收购及合并案例资料,计算价值比率,在与被评估企业比较分析的基础上,确定评估对象价值的具体方法。控制权以及交易数量可能影响交易案例比较法中的可比企业交易价格。在切实可行的情况下,应当考虑评估对象与交易案例在控制权和流动性方面的差异及其对评估对象价值的影响。

不论是上市公司比较法还是并购案例比较法,运用上述方法的核心是确定适当的价值比率。

价值比率通常包括盈利比率、资产比率、收入比率以及其他特定比率。在选择、计算以及应用价值比率时,应当考虑:①选择的价值比率有利于合理确定评估对象的价值。②计算价值比率的数据口径及计算方式一致。③应用价值比率时尽可能对可比企业和被评估企业间的差异进行合理调整。其计算公式如下:

$$\frac{V_1}{X_1} = \frac{V_2}{X_2}$$

即:

$$V_1 = X_1 \cdot \frac{V_2}{X_2}$$

式中:V_1 表示被评估企业价值;

V_2 表示可比企业价值;

X_1 表示被评估企业与企业价值相关的可比指标;

X_2 表示可比企业与企业价值相关的可比指标。

V/X 通常又称为可比价值倍数。式中 X 参数通常选用的财务变量有:①利息、折旧和税收前利润,即 $EBIDT$。②无负债的净现金流量。③销售收入。④净利润。⑤净现金流量。⑥净资产等。

确定价值比率的关键在于以下两点:

(1)对可比企业的选择。运用相关因素的间接比较法虽然不用在市场上寻找能直接进行比较的企业交易案例,但仍然需要为评估寻找可比企业。判断企业的可比性存在两个标准。首先是行业标准。处于同一行业的企业存在着某种可比性,但在同一行业内选择可比企业时应注意,目前的行业分类过于宽泛,处于同一行业的企业所生产的产品和所面临的市场可能完全不同,在选择时应加以注意。即使是处于同一市场、生产同一产品的企业,由于其在该行业中的竞争地位不同、规模不同,相互之间的可比性也不同。因此,在选择时应尽量选择与被评估企业的地位相类似的企业。其次是财务标准。既然企业都可以视为是在生产同一种产品——现金流,那么存在相同的盈利能力的企业通常具有相类似的财务结构。因此,可以从财务指标和财务结构入手,对企业的可比性进行判断。

(2) 对可比指标的选择。对可比指标的选择要遵循以下原则：一是可比指标应与企业的价值直接相关。在企业价值的评估中,现金流量和利润是最主要的基本候选指标,因为企业的现金流量和利润直接反映了企业的盈利能力,企业的盈利能力与企业的价值直接相关。当然,企业的销售收入、净资产等也与企业价值有一定的关联性,也可以作为可比指标使用。二是可比指标的多样性。任何一个指标都不可避免地具有某种局限性或片面性,采用市场法评估企业价值时,可比指标的选择应有一定宽度,即多样性。运用市场法评估企业价值,不仅参考企业或交易案例企业需要有一定的数量,一般不少于三个,可比指标也需要一定的数量,同样不少于三个。

基于成本和便利的原因,目前运用市场法对企业价值进行评估主要在证券市场上寻找与被评估企业可比的上市公司作为可比企业,并且通常选用市盈率、市净率或者市销率作为价值比率。下面我们就用类似上市公司的市盈率指标评估目标企业价值,以此来说明上市公司比较法的应用。市盈率比率法的思路是将上市公司的股票年收益和被评估企业的利润作为可比指标,在此基础上评估企业价值的方法。具体思路是：首先,从证券市场上搜寻与被评估企业相似的可比企业,按企业的不同的收益口径,如息前净现金流量、净利润等,计算出与之相应的市盈率。其次,确定被评估企业不同口径的收益额。再次,以可比企业相应口径的市盈率乘以被评估企业相应口径的收益额,初步评定被评估企业的价值。最后,对于按不同样本计算的企业价值分别给出权重,加权平均计算出以市盈率作为价值比率的企业初步价值。可以用同样的思路评估出按其他指标作为价值比率的企业初步价值,再将这些按不同价值比率估算出来的企业初步价值按权重或其他标准综合确定企业评估价值。在被评估企业为非上市公司,而运用了上市公司作为参考企业时,还需对评估结果进行适当调整,以充分考虑被评估企业与上市公司的差异。

由于企业的个体差异始终存在,把某一个相似企业的某个关键参数作为比较的唯一标准,往往会产生一定的误差。为了降低单一样本、单一参数所带来的误差和变异性,目前国际上比较通用的办法是采用多样本、多参数的综合方法。

例如评估 W 公司的价值,我们从市场上找到了三个相似的公司 A、B、C,然后分别计算各公司的市场价格与账面价值的比率以及与净现金流量的比率,这里的价值比率即为可比价值倍数(V/X),得到结果如表 6-4 所示。

表 6-4　　　　　　　　　　　相似公司价值比率汇总表

项目	A公司	B公司	C公司	平均
市场价格/账面价值	1.3	1.2	2.0	1.5
市场价格/净现金流量	20	15	25	20

把三个样本公司的各项可比价值倍数分别进行平均,就得到了应用于 W 公司评估的两个倍数。需要注意的是,计算出来的各个公司的比率或倍数在数值上相对接近是十分重要的。如果它们差别很大,就意味着平均数附近的离差是相对较大的,所选样本公司与目标公司在某项特征上就存在着较大的差异性,此时的可比性就会受到影响,需要重新筛选样本公司。

表 6-4 得出的数值结果具有较强的可比性。此时,假设 W 公司的账面价值为 6 000 万元,净现金流量为 500 万元,然后我们使用从上表得到的两个倍数计算出 W 公司的指示价值,再将两个指示价值进行算术平均,如表 6-5 所示。

表 6-5　　　　　　　　　　　W 公司的评估价值　　　　　　　　　　金额单位:万元

项目	W公司实际数据	可比公司平均率	W公司指示价值
账面价值	6 000	1.5	9 000
净现金流量	500	20	10 000
W 公司的平均价值			9 500

表 6-5 中得到的两个可比价值倍数分别是 1.5 和 20,然后分别以 W 公司的两个指标 6 000 万元和 500 万元分别乘以这两个可比价值倍数,得到 W 公司的两个指示价值为 9 000 万元和 10 000 万元,再将两个指示价值进行平均得到 W 公司的评估价值为 9 500 万元。

运用市场法评估企业价值时需要注意的两个问题:一是在运用上市公司比较法评估非上市企业价值时,在可能的情况下需要考虑上市公司与非上市公司之间的流动性差异;二是在运用上市公司比较法评估股东部分权益价值时,在可能的情况下需要考虑控股权溢价与少数股权折价因素。

三、运用市场法评估企业价值存在的两个障碍

(1) 企业的个体差异。每一个企业都存在不同的特性,除了所处行业、规模大小等可确认的因素各不相同,影响企业形成盈利能力的无形因素更是纷繁复杂。因此,几乎难以找寻到能与被评估企业直接进行比较的类似企业。资产评估专业人员应当关注业务结构、经营模式、企业规模、资产配置和使用情况、企业所处经营阶段、成长性、经营风险、财务风险等因素,恰当选择与被评估企业进行比较分析的可比企业。

(2) 企业交易案例的差异。即使存在能与被评估企业进行直接比较的类似企业,要找

到能与被评估企业的产权交易相比较的交易案例也相当困难。首先,目前我国市场上不存在一个可以共享的企业交易案例资料库,因此,评估人员无法以较低的成本获得可以应用的交易案例。其次,即使有渠道获得一定的案例,但这些交易的发生时间、市场条件和宏观环境又各不相同,评估人员对这些影响因素的分析也会存在主观和客观条件上的障碍。因此,运用市场法对企业价值进行评估,不能基于直接比较的简单思路,而要通过间接比较分析影响企业价值的相关因素,对企业价值进行评估。

第四节 成本法在企业价值评估中的应用

成本法在企业价值评估中的应用是通过资产基础法的具体应用实现的。资产基础法其实是成本法在企业价值评估中的具体应用方法或衍生方法。资产基础法,是基于企业重建评估技术思路下的企业价值评估方法。2017年10月1日起施行的《资产评估执业准则——企业价值》指出,企业价值评估中的资产基础法是指以被评估单位评估基准日的资产负债表为基础,评估表内及可识别的表外各项资产、负债价值,确定评估对象价值的评估方法。

资产评估专业人员应当根据会计政策、企业经营等情况,要求被评估企业对资产负债表表内及表外的各项资产、负债进行识别。资产评估专业人员应当知晓并非每项资产和负债都可以被识别和单独评估。当存在对评估对象价值有重大影响且难以识别和评估的资产或者负债时,应当考虑资产基础法的适用性。资产基础法实际上是通过对企业表内资产和表外资产的评估加和得到企业价值,其操作基础也是"替代原则",即任何一个精明的潜在投资者,在购置一项资产时所愿意支付的价格不会超过建造一项与所购资产具有相同用途的替代品所需的成本。

由于资产基础法以企业单项资产为具体评估对象和出发点,企业的表内和表外资产及负债的可识别性是其应用的重要前提。采用资产基础法进行企业价值评估,各项资产的价值应当根据其具体情况选用适当的具体评估方法得出,所选评估方法可能有别于其作为单项资产评估对象时的具体评估方法,应当考虑其对企业价值的贡献。资产评估专业人员应当知晓,在对持续经营前提下的企业价值进行评估时,单项资产或者资产组合作为企业资产的组成部分,其价值通常受其对企业贡献程度的影响。也正是由于资产基础法是对企业单项资产的评估值加和,有忽视企业的获利能力的可能性,以及很难考虑那些未在财务报表上出现的项目,如企业的管理效率、自创商誉、销售网络等。因此,以持续经营为前提对企业进行评估时,资产基础法一般不应当作为唯一使用的评估方法。

在具体运用资产基础法评估企业价值时,主要有两种常用的具体方法,一是资产加和法,二是有形资产评估价值加整体无形资产评估价值法。其中,资产加和法最为常用。

一、运用资产加和法应注意的有关事项

资产加和法具体是指将构成企业的各种要素资产的评估值加总求得企业价值的方法。

在运用资产加和法评估之前,应对企业的盈利能力以及相匹配的单项资产进行认定,以便在委托方委托的评估一般范围基础上,进一步界定纳入企业盈利能力范围内的有效资产和溢余资产的界限,明确企业价值评估的具体范围及其具体评估对象和评估前提。作为一项原则,评估人员在对评估具体范围内构成企业的各个单项资产进行评估时,应该首先明确各项资产的评估前提,即持续经营假设前提和非持续经营假设前提。在不同的假设前提下,运用资产加和法评估出的企业价值是有区别的。对于持续经营假设前提下的各个单项资产的评估,应按贡献原则评估其价值。而对于非持续经营假设前提下的单项资产的评估,则按变现原则进行。

在正常情况下,运用资产加和法评估持续经营的企业应同时运用收益法进行验证。特别是在我国目前的条件下,企业的社会负担和非正常费用较多,企业的财务数据难以真实反映企业的盈利能力,影响了基于企业财务数据进行的企业预期收益预测的可靠性。因此,将资产加和法与收益法配合使用,可以起到互补的作用。这样既便于评估人员对企业盈利能力的把握,又可使企业的预期收益预测建立在较为坚实的基础上。

由于房地产、机器设备、无形资产的评估已经在前述各章进行了较为详细的讨论,这里只就流动资产和长期投资性资产运用资产加和法评估的情况作梗概的介绍。

二、流动资产评估

(一)流动资产概述

1. 流动资产的概念

流动资产是指企业可以在1年或者超过1年的一个营业周期内变现或者耗用的资产,包括库存现金、银行存款、应收及预付款项、存货等。流动资产不同于固定资产,它只能一次或短期地使用于生产和消费过程,并在一个营业周期内变现、出售或耗用。流动资产在周转过渡中,从货币形态开始,依次改变其形态,经过储备资金、生产资金、产品资金以及结算资金四种资产形态,最后又回到货币形态,各种形态的资金与生产流通紧密结合,周转速度快,变现能力强。

资产满足下列条件之一的,应当归类为流动资产:①预计在一个正常营业周期中变现、出售或耗用。②主要为交易目的而持有。③预计在资产负债表日起1年内(含1年,下同)变现。④从资产负债表日起1年内,交换其他资产或清偿负债的能力不受限制的现金或现金等价物。

2. 流动资产的分类

企业的流动资产品种繁多、形态各异,可以按不同的标准进行分类。

1) 按流动资产在企业生产经营中的形态和作用分类

按流动资产在企业生产经营中的形态和作用分类,流动资产包括货币资金、储备资金、生产资金、产品资金以及结算资金。

货币资金,包括库存现金、银行存款和其他货币资金。

储备资金,是指从购买到投入生产为止,处于生产准备状态的流动资产,包括材料、燃料、修理备用件、低值易耗品、包装物、外购半成品等。

生产资金,是指从投入生产过程开始到产品制成入库为止,处于生产过程中的流动资产,包括在产品、自制半成品等。

产品资金,是指产品或外购商品入库到销售为止,处于待销售状态的流动资产,包括产成品或商品、准备销售的半成品等。

结算资金,是指企业因销售商品、提供劳务等形成的债权性资产,包括应收账款、应收票据和预付账款等。

2) 按流动资产取得或重置时的资金形态分类

按流动资产取得或重置时的资金形态分类,流动资产包括非实物性流动资产和实物性流动资产。

非实物性流动资产包括货币资金、短期债权以及短期证券投资等。这类资产的价值一般表现为确定的金额,评估不需要考虑价格变动的影响。

实物性流动资产,在实物形态上基本上体现为各种物资储备,包括:①处于生产和消费准备状态的流动资产,是指生产单位储备的生产资料和消费的消费品。②处于待售状态的流动资产,是指生产部门和流通部门库存尚未出售的生产资料和消费品储备以及储藏的后备性物资。③处于生产过程中的流动资产,是指生产单位的在产品、半成品储备。

在物价变动的情况下,实物性流动资产的价值将随着物价水平的升降而变动,因此,评估时必须考虑物价变动对其价值的影响。

3) 按照流动性大小分类

按照流动性大小分类,流动资产分为速动资产和非速动资产。

速动资产,是指在很短时间内可以变现的流动资产,如货币资金、交易性金融资产和各种应收款项。

非速动资产包括存货、预付账款、1年内到期的非流动资产以及其他流动资产。

3. 流动资产的特点

流动资产之所以作为单独的评估对象,主要是因为它与固定资产相比,无论是在运动方式上,还是在价值变化的规则上都有很大不同,即流动资产具有自己的特点,这些特点包括以下几个方面:

(1) 周转速度快。流动资产的主要特点就是流动性。各种流动资产除包装物和低值易耗品外,均只参加一次生产循环,其形态即发生改变,价值一次性地转移到产品中去,并最终通过销售得到补偿。它们并存在生产经营的不同阶段和领域,进行着不停息的循环和周转,并且每周转一次就会给企业带来增值。

(2) 变现能力强。根据定义,企业的流动资产是可以在1年内或者超过1年的一个营业周期内变现或者耗用的资产,它们具有较强的变现能力,是企业对外支付和偿债能力的手段和物质基础。尤其是流动资产中的货币资产,它本身就是各种存款和现金,根本就不存在变现的问题。

(3) 形态多样化。流动资产存在的形态多种多样,特别是其实物形态十分复杂。从行业来看,工业、交通、农业、商业、建筑等不同行业的企业中,流动资产的实物形态千差万别。即使在同一行业中不同企业,甚至于相同企业的不同部门,流动资产的实物形态也差别较大。但从流动资产在企业生产经营过程中的地位和作用来看,流动资产一般存在货币资金形态、储备资金形态、生产资金形态、产品资金形态以及结算形态等多种形态。

(4) 存量波动大。由于企业的流动资产一般要不断地经历采购和销售的全过程,因此它受市场商品供求变化和生产、消费的季节性影响较大。另外,还会受到外部经济环境、经济秩序等因素的制约,从而导致其占用总量、不同形态以及构成比例呈现出波动性。

(5) 现行市价与原始成本比较接近。由于流动资产除货币以外,从购进到耗用这一期间较短,因而其原始成本与市场价格一般比较接近。在生产经营周期短、物价波动不大的情况下,更是如此。

(二) 流动资产评估的特点

1. 流动资产评估属于单项资产评估

流动资产评估时以单项资产为对象进行的资产评估。因此,它不需要以其综合获利能力进行综合性价值评估。

2. 合理选择流动资产评估的基准时间

流动资产与其他资产的显著不同在于其流动性和波动性。不同形态的流动资产会随着时间发生变化,而评估则是确定其某一时点上的价值,不可能人为地停止流动资产的运转。因此,所选评估基准日应尽可能在会计期末,必须在规定的时点进行资产清查、登记和确定流动资产数量及账面价值,避免重复登记和遗漏登记的现象发生。

3. 既要认真进行资产清查,同时又要分清主次,掌握重点

流动资产评估之前必须进行认真仔细的资产清查,否则会影响评估结论的准确性。但是,流动资产一般具有数量大、种类多的特点,清查工作量很大,所以流动资产清查应考虑评估的时间要求和评估成本。对流动资产评估往往需要根据不同企业的生产经营特点和流动资产分布的情况,分清主次、分清重点,选择不同的方法进行清查和评估,做到突出重点,兼顾一般。清查采用的方法是抽样清查、重点清查和全面清查。当抽样清查核实中发现原始资料或清查盘点工作可靠性较差时,要扩大抽查面,直至核查全部流动资产。

4. 受企业牵制大,对企业流动资产会计核算资料的依赖程度很高

由于流动资产处于企业生产经营过程之中,不便于实地盘点,因而通常需要企业配合,在相对静止的条件下进行清查盘点和检查。另外,流动资产种类繁多、数量巨大,许多价格因素只有通过会计资料才能了解。

5. 流动资产账面价值基本上可以反映其现值

流动资产的周转速度快,变现能力强,在价格水平相对比较稳定的情况下,流动资产的账面价值基本上可以反映其现值。因此,在评估时可以直接采用流动资产的账面价值作为评估值。同时在评估流动资产时,不需要考虑资产的功能性贬值因素,而且实体贬值的计算一般也只适用于对低值易耗品以及滞销、积压存货类流动资产的评估。

(三) 流动资产评估的一般方法

选择流动资产的评估方法,一是基于评估目的,二是依据不同种类流动资产的特点。目前我国的流动资产评估通常有以下四种评估计价标准和评估方法可供选择。

1. 历史成本法

历史成本法是以企业流动资产的账面净值为评估值的方法。一般来说,在物价水平比较稳定且评估对象购入企业的时间不长的情况下,可以采用历史成本作为计价标准,企业的非流动资产,由于单位价值较大、变现周期长,历史成本与市场价值相差很大,一般不适用历史成本作为评估计价标准。这是流动资产与非流动资产评估的重要区别之一。

2. 重置成本法

重置成本法是企业在评估资产时按照评估对象的重置成本减去贬值因素来确定被评估资产价值的一种评估方法。其核心是通过一系列运算得出评估对象的现时成本。在物价水平变化较大币值不稳定的条件下,这种评估方法得出的评估结论具有真实性和公允性。

3. 现行市价法

现行市价法是指通过与被评估资产相同或相似的资产市场价格的对比分析,来确定被评估资产价值的一种评估方法。

运用现行市价法一般应具备两个条件:一是必须有一个充分发育、活跃的资产交易市场,且市场所反映的资产价格真实、准确、客观;二是被评估资产的市场参照物及相比较的指标、技术参数等资料能够收集。

4. 清算价格法

清算价格法是以清算价格为标准,对资产进行评估的一种方法。清算价格,是指企业由于破产或其他原因,要求其在一定期限内将企业或资产变现,在企业清算之日预期出售资产可回收的快速变现价格。

(四) 实物类流动资产的评估

企业中的存货可能有许多品种,这里主要以存货中的原材料、低值易耗品、在产品和产

成品及库存商品为例说明存货的评估。

1. 原材料的评估

1) 对近期购进原材料的评估

近期购进的材料库存时间较短,在市场价格变化不大的情况下,其账面价值与现行市价基本接近,可采用账面价值,也可以采用现行市价法。

【例 6-4】 企业的某种材料是两个月以前从外地购进的,数量 300 千克,单价 150 元/千克,当时支付的运杂费为 1 500 元。根据原始记录和清查盘点,评估时库存尚有 100 千克这种材料。

要求:确定该材料的评估价值。

解:根据题意,计算过程如下:

材料评估值 $= 100 \times (150 + 1\,500 \div 300) = 15\,500$(元)

2) 对购进批次间隔时间长、价格变化较大的原材料的评估

对购进批次间隔时间长、价格变化较大的库存材料进行评估时,可以采用最接近市场价格的材料价格或直接以市场价格作为其评估值。

【例 6-5】 某企业要对其库存的某种钢材进行评估。该种钢材是分两批购进的:第一批购进时间是去年 10 月,购进 1 000 吨,每吨 3 800 元;第二批是今年 4 月购进的,数量 100 吨,每吨 4 500 元。今年 5 月 1 日时,经核实去年购进的此种钢材尚存 500 吨,今年 4 月购进的尚未使用。因而,需评估的钢材数量是 600 吨。

要求:计算 600 吨钢材的评估值。

解:根据题意,计算过程如下:

两批钢材购进批次间隔时间长、价格变化较大的,因此钢材的评估价格可按每吨 4 500 元计算。

该钢材评估值 $= 600 \times 4\,500 = 2\,700\,000$(元)

3) 对缺乏准确现行市价的原材料的评估

企业库存的某些材料可能购进的时间早,市场已经脱销,目前无明确的市价可供参考或使用,对这类材料的评估,可以通过寻找替代品的价格变动资料来修正材料价格,也可以在分析市场供需的基础上,判断该项材料的供需关系,并以此修正材料价格,还可以通过市场可比同类商品的平均物价指数进行评估。

4) 对呆滞材料的评估

呆滞材料是指从企业库存材料中清理出来,需要进行处理的材料。首先应对其数量和质量进行核实和鉴定,然后区别不同情况进行评估,对其中失效、变质、残损、报废、无用的,应通过分析计算,扣除相应的贬值数额后,确定其评估值。

2. 低值易耗品的评估

1) 在库低值易耗品的评估

对在库低值易耗品的评估,可以根据具体情况,采用与库存材料评估相同的方法。对于全新低值易耗品的评估,可以采用现行市场价格,在账面价值的基础上乘以其物价变动指数确定在库低值易耗品的评估。如果价格变动不大,则可以直接采用其账面价值。

2) 在用低值易耗品的评估

在用低值易耗品的评估一般采用成本法进行评估。其计算公式为:

$$在用低值易耗品评估值 = 全新低值易耗品的价值 \times 成新率$$

关于在用低值易耗品损耗的计算,由于其使用期限较固定资产使用期限短,所以一般不考虑其功能性损耗和经济性损耗,其成新率的计算公式为:

$$成新率 = 1 - \frac{低值易耗品实际已使用月数}{低值易耗品可使用总月数} \times 100\%$$

需要注意的是,对低值易耗品进行评估的过程中,在确定成新率时应该根据其实际损耗程度确定,不能完全按照其摊销方法确定。

[例 6-6] 润泽公司 C 型低值易耗品,原价 750 元,预计使用 1 年,现已使用 3 个月。该低值易耗品现行市价为 800 元。

要求:确定该低值易耗品评估值。

解:根据题意,计算过程如下:

$$成新率 = 1 - \frac{3}{12} \times 100\% = 75\%$$

在用低值易耗品评估值 = $800 \times 75\% = 600$(元)

3. 在产品的评估

企业的在产品包括产品生产过程中尚未加工完毕的在制品和已加工完毕但不能单独对外销售的半成品。在此,外购的半成品视同材料评估,可直接对外销售的自制半成品视同产成品评估。

由于在产品的数量不太容易核查清楚,而且对其进行评估还需要估计其完工程度,所以对在产品的评估应结合它的特点,采用成本法或市场法。

1) 成本法

成本法即根据技术鉴定和质量检测的结果,按现行市场价格重置同等级在产品及半成品所需投入的合理工料计算评估值。这种方法适用于对继续生产、销售并且有盈利的在产品等的评估。具体来说又可分为以下三种情况:

(1) 按价格变动系数调整原成本。对生产经营正常、会计核算水平较高的企业的在产品的评估,可参照其原始成本,根据评估日市场价格的变动情况,调整成重置成本。其计算公式为：

在产品评估值＝原合理材料成本×(1＋价格变动系数)＋原合理工资费用×(1＋工资费用变动系数)

具体评估时，应注意将不合格的在产品成本和非正常的不合理费用从总成本中剔除。

(2) 按社会平均工艺定额和现行市价计算。这种情况是按重置同类资产的社会平均成本确定在产品的价值。这种方法要求掌握以下资料：①在产品的完工程度。②在产品相关工序的工艺定额。③在产品所耗物料的近期市价。④在产品正常生产情况下的合理工时费率。

其计算公式为：

$$\begin{matrix}\text{在产品}\\\text{评估值}\end{matrix} = \begin{matrix}\text{在产品}\\\text{实有数量}\end{matrix} \times \left(\begin{matrix}\text{该工序单件}\\\text{材料工艺定额}\end{matrix} \times \begin{matrix}\text{单位材料}\\\text{现行市价}\end{matrix} + \begin{matrix}\text{该工序单件}\\\text{工时定额}\end{matrix} \times \begin{matrix}\text{正常工}\\\text{资费用}\end{matrix} \right)$$

其中，对工艺定额的选取，如果有行业的平均物料消耗标准的，可按行业标准计算；没有行业统一标准的，按企业现行的工艺定额计算。

【例 6-7】 润泽公司处于第一生产阶段的在产品有 300 件。已知每件在产品消耗 A 型材料 50 千克，市场中 A 型材料的单价为 5 元/千克；在产品累计单位工时定额为 20 小时/件，每定额小时内：燃料和动力费用定额为 0.45 元、工资及附加费定额为 10 元、车间经费定额为 2 元、企业管理费用定额为 4 元。假设该在产品不存在变现风险。

要求：计算该在产品的评估值。

解：根据题意，计算过程如下：

原材料成本＝300×50×5＝75 000(元)

工资成本＝300×20×10＝60 000(元)

制造及管理费用＝300×20×(2＋4)＝36 000(元)

燃料和动力成本＝300×20×0.45＝2 700(元)

在产品评估值＝75 000＋60 000＋36 000＋2 700＝173 700(元)

(3) 按在产品的完工程度计算评估值。在产品的最终形式为产成品，所以可以在计算产成品重置成本的基础上，按在产品完工程度计算确定在产品评估值。其计算公式为：

$$\text{在产品评估值}＝\text{产成品重置成本}\times\text{在产品约当产量}$$

或：

$$\text{在产品评估值}＝\text{产成品重置成本}\times\text{在产品完工率}$$

在产品约当产量、在产品完工率可以根据其完成工序与全部工序比例、生产完成时间与生产周期比例确定。当然，确定时应分析完成工序，以及完成时间与其成本耗费的关系。

【例 6-8】 润泽公司在评估时，有 D 型在产品 40 件，材料随生产过程陆续投入。已知这批在产品的材料投入量为 75%，完工程度为 70%，该产品的单位定额成本为：材料定额 3 800 元，工资定额 500 元，制造费用定额 600 元。

要求：确定D型在产品的评估值。

解：根据题意，计算过程如下：

在产品材料约当产量＝40×75％＝30(件)

在产品工资、制造费用约当产量＝40×70＝28(件)

在产品的评估＝30×3 800＋28×(500＋600)＝144 800(元)

2) 市场法

市场法是指按同类在产品的市场价格，扣除销售过程中预计发生的费用后计算出评估值的方法。这种方法适用于因产品下架，在产品只能按评估时的状态向市场出售的情况。一般而言，在产品通用性强，能用于产品配件更换或用于维修，则其评估值就比较高。其计算公式为：

在产品评估值＝在产品实有数量×可接受的不含税单位市场价格－预计销售过程中发生的费用

如果在调剂过程中有一定的变现风险，还要考虑设立一个风险调整系数，计算可变现评估值。

对那些不能继续生产，又无法从市场调剂出去的专用配件，只能按废料回收价格进行评估。其计算公式为：

报废在产品评估值＝可回收废料的重量×单位重量现行的回收价格

【例6-9】 润泽公司因产品技术落后而全面停产，准备与顺和公司合并，有关在产品评估资料如下：

在产品原账面记载的成本为175万元。按在产品的状态及通用性的好坏分为三类：

第一类：已从仓库中领出，但尚未进行加工的原料。

第二类：已加工成部件，可通过市场调剂且流动性较好的在产品。

第三类：加工成的部件无法调剂出去，又不能继续加工，只能报废处理的在产品。

对于第一类在产品，可按实有数量、技术鉴定情况、现行市场价格计算评估值。

对于第二类在产品，可根据市场可接受现行价格、调剂过程中的费用、调剂的风险确定评估值。

对于第三类在产品，只能按废料的回收价格确定评估值。

根据评估资料可以确定评估结果，如表6-6至表6-8所示。

表6-6　　　　　　　　　　车间已领用尚未加工的原材料

材料编号	计量单位	实有数量	现行单位市价	按市价计算的资产价格
A001	吨	150	1 600元/吨	240 000元
A002	千克	3 000	18元/千克	54 000元
A003	千克	7 000	12元/千克	84 000元
合计				378 000元

表 6-7　　　　　　　　车间已加工成部件并可直接销售的在产品

部件编号	计量单位	实有数量	现行单位市价	按市价计算的资产价格
B001	件	1 800	54 元/件	97 200 元
B002	件	600	100 元/件	60 000 元
B003	台	100	250 元/台	25 000 元
B004	台	130	165 元/台	21 450 元
合计				203 650 元

表 6-8　　　　　　　　　　　报废在产品

部件编号	计量单位	实有数量	单位在产品可回收废料	可回收废料数量	回收价格	评估值
C001	件	5 000	35 千克/件	175 000 千克	0.4 元/千克	70 000 元
C002	件	6 000	10 千克/件	60 000 千克	0.4 元/千克	24 000 元
C003	件	4 500	2 千克/件	9 000 千克	6 元/千克	54 000 元
C004	件	3 000	11 千克/件	33 000 千克	5 元/千克	165 000 元
合计						313 000 元

4. 产成品及库存商品的评估

产成品及库存商品是指已完工入库和已完工并经过质量检验但尚未办理入库手续的产成品以及商品流通企业的库存商品等。对此类存货应依据其变现能力和市场可接受的价格进行评估，适用的方法有成本法和市场法。

1) 成本法

采用成本法对生产及加工业的产成品评估，主要根据生产、制造该项产成品全过程发生的成本费用确定评估值。在具体应用过程中，可分以下两种情况进行：

(1) 评估基准日与产成品完工时间接近。当评估基准日与产成品完工时间较接近，成本变化不大时，可以直接按产成品的账面成本确定其评估值。其计算公式为：

$$产成品评估值 = 产成品数量 \times 产成品单位成本$$

(2) 评估基准日与产成品完工时间间隔较长。当评估基准日与产成品完工时间相距较久，产成品的成本费用变化较大时，产成品评估值可按下列两种计算方法计算。

$$\text{产成品评估值} = \text{产成品实有数量} \times \left(\text{合理材料工艺定额} \times \text{材料单位现行价格} + \text{合理工时定额} \times \text{单位小时合理工时工资、费用} \right)$$

或：

$$\text{产成品评估值} = \text{产成品实际成本} \times \left(\text{材料成本比例} \times \text{材料综合调整系数} + \text{工资、费用成本比例} \times \text{工资、费用综合调整系数} \right)$$

【例 6-10】 某资产评估事务所对润泽公司进行资产评估。经核查，该企业产成品实有数量为 1 200 件，根据该企业的成本资料结合同行业成本耗用资料分析，合理材料工艺定额为500千克/件,合理工时定额为20小时。评估时,由于生产该产成品的材料价格上涨,由原来的60元/千克涨至62元/千克,单位小时合理工时工资、费用不变,仍为15元/小时。

要求：根据上述分析和有关资料,确定该企业产成品的评估值。

解：根据题意,计算过程如下：

产成品评估值＝1 200×(500×62＋20×15)＝37 560 000(元)

【例6-11】 某企业的产成品实有数量为60台,每台实际成本为48元,根据会计核算资料,生产该产品的材料费用与工资、其他费用的比例为60：40,根据目前价格变动情况和其他相关资料,确定材料调整系数为1.15,工资、费用综合调整系数为1.02。

要求：计算该产成品的评估值。

解：根据题意,计算过程如下：

产成品评估值＝60×48×(60％×1.15＋40％×1.02)＝3 162.24(元)

2) 市场法

应用市场法评估产成品及库存商品的价值,在选择市场价格时应注意考虑下面几项因素：①产成品及库存商品的使用价值,根据对产品本身的技术水平和内在质量进行鉴定,确定产品的使用价值与技术等级,进而确定合理的市场价格。②分析产品市场供求关系和被评估产成品的前景。③所选择的价格应是在公开市场上所形成的近期交易价格,非正常交易价格不能作为评估的依据。④对于产品技术水平先进,但产成品外表存有不同程度的残缺,可根据其损坏程度,通过调整系数予以调整。

采用市场法进行评估时,市场价格中包含了成本、税费以及利润等因素,对这部分利润和税费的处理应视产成品及库存商品评估的不同目的和评估性质而定。如果评估是为了销售,则应直接以现行的市场价格作为评估值,不需要考虑销售费用和税金的问题；如果评估是为了投资等,则这时税费要流出企业,销售费用也可得到补偿,应从市价中扣除各种税费作为评估值。

【例6-12】 润泽公司生产A型产品,评估基准日的账面价值为392 500.54元,评估中根据厂方提供的年度财务报表及评估人员的清查结果得知,评估基准日该产品的库存数量为5 000件,单位成本为50元/件,出厂价为60元/件(含增值税),该产品的销售费用率为4％,销售税金及附加占销售收入的3％,利润率为13％,该公司的增值税税率为13％。

要求：计算A型产品的评估值。

解：根据题意,计算过程如下：

A型产品的评估值＝$5\,000 \times \dfrac{60}{1+13\%} \times (1-4\%-3\%-13\%)＝212\,389$(元)

(五) 非实物类流动资产的评估

非实物类流动资产包括库存现金、银行存款、应收账款、预付账款、应收票据以及交易性金融资产等。

1. 库存现金的评估

库存现金的评估是对库存现金进行盘点,并与现金总账和现金日记账核对,账实相符后确认的数额作为评估值。

2. 银行存款的评估

银行存款是对评估基准日银行存款总账和日记账核对,并取得评估基准日银行存款对账单,通过编制银行存款余额调节表而确认的银行存款实有数额。如有外币存款,可按评估基准日的国家外汇牌价折算成人民币值,确认其评估值。

3. 应收账款的评估

应收账款主要指企业在经营过程中由于赊销原因而形成的尚未收回的款项。这些应收账款属于企业债权性流动资产。但由于存在回收风险,因此,在对这些资产评估时,一般应从两方面进行:一是清查核实应收账款数额,二是估计可能的坏账损失。应收账款评估的计算公式如下:

$$应收账款评估值 = 应收账款账面余额 - 已确定的坏账损失 - 预计坏账损失$$

其中,预计坏账损失的估计方法主要有:坏账比例法和账龄分析法。

1) 坏账比例法

坏账比例法是按坏账占全部应收账款的比例来判断不可收回的应收账款,从而确定预计坏账损失的数额的方法。坏账比例的确定,可以根据被评估企业前若干年(一般为3至5年)的实际坏账损失额与其应收账款发生额的比例确定。其计算公式为:

$$坏账比例 = \frac{评估前若干年发生的坏账数额}{评估前若干年应收账款发生额} \times 100\%$$

当然,如果一家企业的应收账款多年未清理,账面找不到处理坏账的数额,也就无法推算出坏账比例,在这种情况下就不能采用这种方法。

【例 6-13】 对某企业进行整体评估,经核实,截至评估基准日的账面应收账款余额为 900 万元,前 3 年的坏账损失合计为 110 万元,前 3 年应收账款余额合计为 1 700 万元。

要求:计算应收账款的评估值。

解:根据题意,计算过程如下:

前 3 年的平均坏账损失率 = (110÷1 700)×100% = 6.47%

预计坏账损失 = 900×6.47% = 58.23(万元)

应收账款的评估值 = 900 - 58.23 = 841.77(万元)

2) 账龄分析法

账龄分析法是根据应收账款账龄的长短,分析应收账款预计可收回的金额及产生坏账的可能性的方法。一般来说,应收账款账龄越长,产生坏账损失的可能性就越大。因此,可将应收账款按账龄长短分成不同的组别,按不同组别估计坏账损失的可能性,进而确定预计坏账损失的金额。

【例 6-14】 某企业评估时,经核实该企业应收账款实有额为 720 万元,其中账龄在 4 年以上的为 50 万元,3~4 年的为 70 万元,2~3 年的为 120 万元,1~2 年的为 150 万元,1 年以下的为 330 万元,根据以往经验,账龄在 4 年以上时,基本无法收回,3~4 年账龄的回收率为 45%,2~3 年账龄的回收率 75%,1~2 年账龄的回收率为 80%,1 年以下的回收率为 90%。

要求:计算该企业的应收账款评估值。

解:根据题意,计算过程如下:

预计坏账损失 = 50 + 70×(1−45%) + 120×(1−75%) + 150×(1−80%)
　　　　　　　+ 330×(1−90%) = 181.5(万元)

应收账款评估值 = 720 − 181.5 = 538.5(万元)

应收账款评估时,账面上的"坏账准备"科目按零值计算,因为"坏账准备"科目是应收账款的备抵账户,是按会计制度规定的一定比例(3%~5%)计提的。对应收账款评估时,是按照实际可回收价值确定的,因此,应收账款评估值就不必再考虑坏账准备数额。

4. 预付账款的评估

预付账款之所以作为资产,是因为这类费用在评估基准日之前企业已经支出,但在评估基准日之后才能产生效益,如预付的报刊费、预付保险金以及预付租金等。因而,可将这类预付账款看成未来取得服务的权利。

预付账款的评估主要依据其未来可产生效益的时间。如果预付账款的效益已在评估基准日前全部实现,只因发生的数额过大而采用分期摊销的办法,这种预付账款不应在评估中作价。只有那些在评估基准日之后仍将发挥作用的预付账款,才是评估的对象。

【例 6-15】 某公司评估基准日为 2021 年 6 月 30 日,经核实发现,评估基准日预付账款情况如下:2021 年 1 月 1 日,预付 1 年的保险金 6 万元,预付房租 24 万元,租期为 1 年。

要求:计算该公司预付账款的评估值。

解:根据题意,计算过程如下:

(1) 预付保险金的评估:

保险金月分摊数额 = 6÷12 = 0.5(万元)

预付保险金评估值 = 0.5×6 = 3(万元)

(2) 预付房屋租金的评估:

月房屋租金 = 24÷12 = 2(万元)

房屋租金评估值 = 2×6 = 12(万元)

(3) 预付账款的评估:

预付账款的评估值 = 3 + 12 = 15(万元)

5. 应收票据的评估

应收票据是指企业持有的还没有到期、尚未兑现的商业汇票。商业汇票是一种由出票人签发的,委托付款人在指定日期无条件支付确定金额给收款人或者持票人的票据。商业汇票可依法背书转让,也可以向银行申请贴现。应收票据按承兑人不同可分为商业承兑汇票和银行承兑汇票;按其是否带息分为带息商业汇票和不带息商业汇票。

应收票据的评估可采取下列两种方法:

(1) 按票据的本利和计算。由于商业汇票有带息商业汇票和不带息商业汇票之分,因此不带息商业汇票的票面金额为评估值;带息商业汇票的评估值则是本金和利息之和。其计算公式如下:

$$不带息票据的评估值=票面金额$$

$$带息票据的评估值=票面金额\times(1+利率\times 时间)$$

【例6-16】 某企业拥有一张期限为6个月的带息票据,本金80万元,年利率为6%,评估基准日离付款期尚差两个月的时间。

要求:确定该票据的评估值。

解:根据题意,计算过程如下:

$$评估值=80\times\left(1+\frac{6\%}{12}\times 4\right)=81.6(万元)$$

(2) 按应收票据的贴现值计算。应收票据的贴现值指对企业拥有的尚未到期的票据,按评估基准日到银行可获得的贴现值计算确定评估值。其计算公式如下:

$$应收票据评估值=票据到期价值-贴现利息$$

其中,不带息票据的到期价值为票面金额;带息票据的到期价值为票据到期时的本利和。

$$贴现利息=票据到期价值\times 贴现率\times 贴现期$$

$$贴现期=票据期限-持有期限$$

【例6-17】 某企业有一张面值为200万元,期限为5个月的不带息票据,至评估基准日,已经持有2个月,贴现率为6%。

要求:计算该票据的评估值。

解:根据题意,计算过程如下:

$$贴现利息=200\times\frac{6\%}{12}\times(5-2)=3(万元)$$

$$应收票据评估值=200-3=197(万元)$$

与应收账款相类似,如果被评估的应收票据是在规定时间内尚未能收回的票据,应按应收账款的评估方法,在分析调查其原因的基础上,做坏账处理。

6. 交易性金融资产的评估

交易性金融资产是指企业为了近期内出售而持有的金融资产。例如,企业以赚取差价为目的从二级市场购入的股票、债券、基金等,其价值评估可参照长期投资评估的方法。通常,对于公开挂牌交易的有价证券可按评估基准日的收盘价计算确定其评估值;不能公开交易的有价证券可按其本金加持有期间利息计算其评估值。

三、长期投资性资产评估

长期投资性资产是指企业不准备随时变现、持有时间超过1年的投资。

(一) 债券投资评估

债券投资具有投资风险较小、安全性较强、到期还本付息、收益相对稳定、流动性较强的特点。由于上市债券一般可以直接采用市场中的现行市价进行计量,如果需要评估可以评估基准日上市债券收盘价为准。对于非上市交易债券不能直接采用现行市价进行评估,而应该采取相应的评估方法进行价值评估。债券投资评估主要是指非上市债券的评估。

1. 债券投资的要素

1) 票面价值

债券票面价值又称面值,是指设定的债券票面金额。它代表债券发行人借入并且承诺于债券到期时偿付给债券持有人的金额。

2) 票面利率

债券的票面利率是指债券持有人定期获取的利息与债券面值的比率。多数债券的票面利率在债券持有期间不会变动,也有一些债券在发行时不明确规定票面利率,而是规定利率水平根据某一标准(如银行存款利率)的变化而同方向调整,这种债券的利率一般称为浮动利率。

还有一些债券根本不支付利息,但是会以大大低于面值的折价方式发行,因而会提供资本利得而不是利息收入,这类债券称为零息债券。

3) 到期日

债券一般都有固定的偿还期限,到期日即指期限终止之时。债券期限有的短至3个月,有的长达30年。往往到期时间越长,其风险越大,债券的票面利率也越高。

4) 市场利率

市场利率,又称为贴现率,是影响债券发行价格的主要因素。

2. 债券的估值模型

对距评估基准日1年内到期的债券,可以根据债券面值加上持有期间的利息之和确定评估值。超过1年到期的债券,可以根据本利和的现值确定评估值。但对于不能按期收回本金和利息的债券,评估人员应在调查取证的基础上,通过分析预测,合理确定评估值。

通过本利和的现值确定其评估值的债券,宜采用收益法进行评估。根据债券付息方法,债券又可分为平息债券、到期一次还本付息债券以及零息债券等。评估时应采用不同的方法计算。

1) 平息债券的价值评估

平息债券是指利息在到期时间内分次平均支付,到期一次还本的债券。支付的频率可能是一年一次、半年一次或每季度一次等。平息债券价值由两部分构成:一是未来所付利息的现

值,二是未来所付债券面值的现值。平息债券的价值评估宜采用收益法,其计算公式为:

$$P = I \cdot PVIFA_{r,n} + M \cdot PVIF_{r,n} = I \cdot \frac{1}{r}\left[1 - \frac{1}{(1+r)^n}\right] + \frac{M}{(1+r)^n}$$

式中:P 表示债券的评估值;

I 表示债券每年利息收益;

r 表示折现率;

M 表示债券面值;

n 表示评估基准日距债券到期日的期限。

【例 6-18】 某债券面值为 1 000 元,票面利率为 10%,期限为 5 年,某企业要对这种债券进行投资,市场利率为 12%。

要求:计算债券价格为多少时才能进行投资。

解:根据题意,计算过程如下:

$P = 1\,000 \times 10\% \times PVIFA_{12\%,5} + 1\,000 \times PVIF_{12\%,5}$

$= 100 \times 3.604\,8 + 1\,000 \times 0.567\,4$

$= 360.48 + 567.4$

$= 927.88$(元)

即这种债券的价格必须低于 927.88 元时,该投资者才能购买,否则得不到 12% 的投资报酬率。

确定债券发行价格的方法,理论上公司债券的发行价格通常有三种情况,即等价、溢价和折价。等价是指以债券的票面金额作为发行价格。多数公司债券采用等价发行。溢价是指按高于债券面额的价格发行债券。折价是指按低于债券面额的价格发行债券。

2) 到期一次还本付息债券的价值评估

对于一次还本付息的债券,其评估价值的计算公式为:

$$P = \frac{F}{(1+r)^n}$$

式中:P 表示债券的评估值;

F 表示债券到期时的本利和;

r 表示折现率;

n 表示评估基准日到债券到期日的间隔。

本利和 F 的计算还可以分为单利和复利两种计算方式。

在采用单利计算时:

$$F = M \cdot (1 + m \cdot i)$$

在采用复利计算时:

$$F = M \cdot (1+i)^m$$

式中：M 表示债券面值；

m 表示计息期限；

i 表示债券票面利率。

【例6-19】 某企业拟购买另一家企业发行的利随本清的企业债券,该债券面值为1 000元,期限为5年,票面利率为10%,不计复利,当前市场利率为8%。

要求：计算该债券发行价格为多少时企业才适合购买。

解：根据题意,计算过程如下：

$P = (1\,000 + 1\,000 \times 10\% \times 5) \times PVIF_{8\%,5} = 1\,500 \times 0.680\,6 = 1\,020.9(元)$

即债券价格必须等于或低于1 020.9元时,企业才能购买。

3) 零息债券的价值评估

有些债券以折现方式发行,没有票面利率,到期按面值偿还。这些债券的估价模型为：

$$P = \frac{M}{(1+r)^n} = M \cdot PVIF_{r,n}$$

式中：P 表示债券的评估值；

r 表示折现率；

M 表示债券面值；

n 表示评估基准日距到期日的期限。

【例6-20】 某债券面值为1 000元,期限为6年,以折现方式发行,期内不计利息,到期按面值偿还,当时市场利率为6%。

要求：计算债券的价格为多少时才值得购买。

解：根据题意,计算过程如下：

$P = 1\,000 \times PVIF_{6\%,6} = 1\,000 \times 0.705\,0 = 705(元)$

即该债券的价格只有等于或低于705元时,企业才能购买。

(二) 股权投资评估

股权投资的评估包括股票形式股权的评估和非股票形式股权的评估,股票形式股权的评估又具体分为上市交易股票评估和非上市交易股票评估,整个股权评估又包括控股股权评估和少数股权评估。

1. 股票形式股权的评估

上市股票评估一般采用评估基准日市场收盘价作为评估价值。非上市交易的股票,一般应运用收益法进行评估,即综合分析股票发行企业的经营状况及风险、历史利润水平和分红情况、行业收益等因素,合理预测股票投资的未来收益,并选择合理的折现率确定评估值。在具体评估非上市股票时又有以下参考方法：

1) 股票估值的基本模型

一项金融资产的价格是由其未来现金流的现值决定的。如果投资者打算永久持有股

票,则股票的未来现金流就是各期的股利收入。其计算公式为:

$$P = \sum_{t=1}^{\infty} \frac{D_t}{(1+r)^t}$$

式中:P 表示股票现在的估值;

r 表示股票的必要报酬率;

D_t 表示第 t 期的预期股利。

如果投资者打算在未来出售股票,则股票可以为投资者提供两种形式的现金流入:股利收入和未来出售股票的收入。其计算公式为:

$$P = \sum_{t=1}^{n} \frac{D_t}{(1+r)^t} + \frac{P_n}{(1+r)^n}$$

式中:P 表示股票现在的估值;

r 表示股票的必要报酬率;

D_t 表示第 t 期的预期股利;

n 为预计持有股票的期数;

P_n 为未来出售时预计的股票价格。

根据不同的股利特征,可以由基本模型推导出相应的股票估值模型。

2)固定股利模型

固定股利模型是假设企业经营稳定,分配股利固定,并且今后也能保持固定水平的模型。在这种假设条件下,普通股股票评估应采用收益途径中的年金法。其计算公式为:

$$P = \frac{D}{r}$$

式中:P 表示股票评估值;

D 表示股票未来收益额;

r 表示资本化率。

【例 6-21】 某企业购入一种股票准备长期持有,预计每年股利为 2 元,预期收益率为 10%。要求:计算该股票的价值。

解:根据题意,计算过程如下:

$$P = \frac{D}{r} = \frac{2}{10\%} = 20(元)$$

3)股利稳定增长模型

股利稳定增长模型适用于成长型股票的评估。成长型企业发展潜力大,收益率会逐步提高。该类型的假设条件是发行企业并未将剩余收益分配给股东,而是用于追加投资扩大再生产,因此,股利呈稳定增长趋势。在这种假设前提下,普通股股票价值评估应考虑将股票收益的预期增长率包含在资本化率中。其计算公式为:

$$P = \frac{D_0(1+s)}{r-s} = \frac{D_1}{r-s}$$

式中：P 表示股票评估值；

D_0 表示股票上年的股利额；

D_1 表示股票预计第一年的股利额；

r 表示资本化率；

s 表示股利增长率。

股利增长率 s 的计算方法：一是统计分析法，即根据过去股利的实际数据，利用统计学的方法计算出平均增长率，作为股利增长率的方法；二是趋势分析法，即根据被评估企业的股利分配政策，以企业剩余收益中用于再投资的比率与企业净资产利润率相乘确定股利增长率的方法。

4) 分段模型

分段型股利政策下股票价值评估的原理是：第一段，指能够较为客观地预测股票的收益期间或股票发行企业的某一经营周期；第二段，指以不易预测收益的时间为起点，以企业持续经营到永续。将两段收益现值相加，得出评估值。实际计算时，第一段以预测收益直接折现，第二段可以采用固定红利型或红利增长型，收益额采用趋势分析法或其他方法确定，先资本化再折现。

$$P = \sum_{t=1}^{n} \frac{D_t}{(1+r)^t} + \frac{D_{n+1}}{r(1+r)^n}$$

或：

$$P = \sum_{t=1}^{n} \frac{D_t}{(1+r)^t} + \frac{D_{n+1}}{(r-s)\cdot(1+r)^n}$$

【例 6-22】 某股票预计未来 5 年股利额分别是 1.2 元/股、1.5 元/股、1 元/股、1.1 元/股和 1.4 元/股。假定从第 6 年开始，以后各年股利均为 1.4 元/股，确定的折现率和资本化率均为 10%。

要求：估测该股票的评估值。

解：根据题意，计算过程如下：

(1) 确定企业未来 5 年股利之和的现值：

$P_1 = 1.2 \times PVIF_{1,10\%} + 1.5 \times PVIF_{2,10\%} + 1 \times PVIF_{2,10\%}$
$\quad\quad + 1.1 \times PVIF_{4,10\%} + 1.4 \times PVIF_{5,10\%}$
$\quad = 1.2 \times 0.909\,1 + 1.5 \times 0.826\,4 + 1 \times 0.751\,3 + 1.1 \times 0.683\,0 + 1.4 \times 0.620\,9$
$\quad = 4.702\,4(元)$

(2) 将第 6 年以后的股利进行资本化处理再折现：

$P_2 = \dfrac{1.4}{10\%} \times PVIF_{5,10\%} = 14 \times 0.620\,9 = 8.692\,6(元)$

(3) 确定该股票的评估值:
$P = P_1 + P_2 = 4.7024 + 8.6926 = 13.3950(元)$

2. 非股票形式股权的评估

《资产评估执业准则——企业价值》第38条要求:采用资产基础法进行企业价值评估,应当对长期股权投资项目进行分析,根据被评估单位对长期股权投资项目的实际控制情况以及对评估对象价值的影响程度等因素,确定是否将其单独评估。

对于非股票形式股权的评估,首先应了解非股票形式股权投资收益的分配形式,再根据投资协议的有关规定及股权比例等因素运用具体评估技术和方法评估其价值。

股权投资收益的分配形式,比较常见的有如下几种类型:①按投资额占被投资企业实收资本的比例,参与被投资企业净利润的分配。②按被投资企业销售收入或利润的一定比例提成。③按投资方出资额的一定比例支付资金使用报酬等。

1) 非控股型股权投资评估

对于非控股型长期股权投资评估,可以运用收益法,即根据历史上收益情况和被投资企业的未来经营情况及风险预测未来收益,再用适当的折现率折算为现值,得出评估值。

对于合同、协议明确约定了投资报酬的长期投资,可将按规定应获得的收益折为现值,作为评估值。

对到期收回资产的实物投资情况,可按约定或预测出的收益折为现值,再加上到期收回资产的现值,计算评估值。

对于不是直接获取资金收入,而是取得某种权利或其他间接经济效益的,可通过了解分析,测算相应的经济效益折现,作为评估值。

对于明显没有经济利益,也不能形成任何经济权利的投资则按零价值计算。在未来收益难以确定时,有条件的可以通过被投资企业进行评估来确定净资产数额,再根据投资方所占的份额确定评估值。

如果进行该项投资的期限较短,价值变化不大,被投资企业资产账实相符,则可根据核实后的被投资企业资产负债表上净资产数额,再根据投资方所占的份额确定评估值。

非控股型长期股权投资也可以采取成本法评估,如被评估企业长期投资收益相对稳定、收益水平正常,可以被评估企业经审核无误后的长期投资账面价值作为评估值。

不论采用什么方法评估非控股型长期股权投资,都应考虑少数股权因素对评估值的影响。

2) 控股型股权投资评估

对于控股型的股权投资,应对被投资企业进行整体评估后再测算被评估股权投资的价值。整体评估应以收益法为主,特殊情况下,可以采用其他评估方法,对于企业整体价值评估方法这里不再重述。对被投资企业整体评估,评估日与投资方的评估基准日相同。

《资产评估执业准则——企业价值》第38条指出:对专门从长期股权投资获取收益的控股型企业进行评估时,应当考虑控股型企业总部的成本和效益对企业价值的影响。对专门从长期股权投资获取收益的控股型企业的子公司单独进行评估时,应当考虑控股型企业管理机构分摊管理费对企业价值的影响。

评估人员评估控股股权价值,应当在适当及切实可行的情况下考虑由于控股权因素产生的溢价。

在对企业各个单项资产实施评估并将评估值加和后,就可以此作为运用资产加和法评估出的企业价值。

四、有形资产评估值之和加整体无形资产价值法

有形资产评估值之和加整体无形资产价值法是将企业价值分为两个部分:一是企业的所有有形资产价值;二是企业的全部无形资产价值。企业所有有形资产的评估可以采取单项资产评估值加总的方式,具体方式方法如前面所述资产加和法。企业整体无形资产价值的评估则采用了将被评估企业投资回报率与行业平均投资回报率的差乘以被评估企业的资产额而得到被评估企业的超额收益,再用行业平均投资回报率作为折现率或资本化率,将被评估企业超额收益资本化,从而得到被评估企业的整体无形资产价值的方法。将被评估企业的所有有形资产价值加上被评估企业的整体无形资产价值,便得到被评估企业的整体价值。

如果企业价值评估对象是企业的股东全部权益价值,则需要在企业整体价值基础上扣减企业的付息债务。

资产评估人员如对同一企业采用多种评估方法评估其价值时,应当对运用各种评估方法形成的各种初步价值结论进行分析,在综合考虑运用不同评估方法及其初步价值结论的合理性及所使用数据的质量和数量的基础上,形成合理评估结论。

章节测试

班级_____ 姓名_____ 学号_____ 日期_____ 平时分_____

一、单项选择题(每小题 5 分,共 20 分)

1. 当企业的整体价值低于企业单项资产评估值之和时,通常的情况是(　　)。
   A. 企业的资产收益率低于社会平均资金收益率
   B. 企业的资产收益率高于社会平均资金收益率
   C. 企业的资产收益率等于社会平均资金收益率
   D. 企业的资产收益率趋于社会平均资金收益率

2. 在企业价值评估中,投资资本是指(　　)。
   A. 所有者权益＋负债   B. 所有者权益＋流动负债
   C. 所有者权益＋长期负债   D. 长期投资

3. 企业价值评估的一般范围即企业的资产范围是从企业(　　)的角度界定。
   A. 资金   B. 规模   C. 技术   D. 产权

4. 运用收益法评估企业价值,其前提条件是(　　)。
   A. 企业具有生产能力   B. 企业各项资产完好
   C. 企业能够持续经营   D. 企业具有商誉

二、多项选择题(每小题 8 分,共 40 分)

1. 下列内容中,属于企业价值评估一般范围的资产有(　　)。
   A. 被评估企业本部拥有的资产
   B. 被评估企业全资子公司资产
   C. 被评估企业控股子公司中拥有的相关资产
   D. 被评估企业拥有非控股子公司相关资产

2. 运用收益法评估企业价值时,通常需要剥离的溢余资产有(　　)。
   A. 非生产性资产   B. 自身功能与整体企业功能不协调资产
   C. 融资租赁资产   D. 闲置资产

3. 企业价值评估对象通常包括(　　)。
   A. 企业整体价值   B. 企业投入资本

C. 企业股东全部权益价值 D. 企业股东部分权益价值

4. 从投资回报的角度，企业投资资本收益体现的权益包括（   ）。
   A. 所有者的权益 B. 劳动者的权益
   C. 债权人的权益 D. 政府的权益

5. 在企业价值评估中，在处理企业存在的溢余资产时，通常可以采取（   ）等方式进行。
   A. 零值处理 B. 不予考虑
   C. 资产剥离 D. 单独评估

三、判断题（每小题 4 分，共 20 分）

1. 企业价值取决于其要素资产组合的整体盈利能力，不具备现实或潜在盈利能力的"企业"也就不存在持续经营前提下的企业价值。（   ）
2. 上市公司的内在价值应该等同于该公司全部股票市值之和。（   ）
3. 用收益法评估企业价值时，评估时点企业的实际收益可以直接用来评估企业价值。（   ）
4. 企业价值评估中的企业自由现金流量对应的折现率是股权资本成本。（   ）
5. 企业价值评估中的价值比率包括市盈率、市销率、市净率等。（   ）

四、计算题（共 20 分）

某企业预计未来 5 年收益额分别为 12 万元、15 万元、13 万元、11 万元和 14 万元。假定从第 6 年开始，以后各年收益均为 15 万元，确定的折现率和资本化率均为 10%。

要求：估测该企业在永续经营条件下的评估值。

第七章 资产评估报告

知识导航

```
               ┌ 资产评估报告的基本概念与类型
    资产评估报告概述 ┤ 资产评估报告的作用
               └ 资产评估报告的内容

资产         ┌ 编制资产评估报告的基本要求
评估  资产评估报告的编制 ┤ 资产评估报告的编制步骤
报告         └ 资产评估报告的编制实例

               ┌ 委托人及合同中约定的其他使用人对资产评估报告的使用
    资产评估报告的使用 ┤ 资产评估监管机构对资产评估报告的使用
               └ 其他有关部门对资产评估报告的使用
```

学习目标

1. 理解资产评估报告的概念。
2. 了解资产评估报告的类型。
3. 掌握资产评估报告的内容。
4. 掌握资产评估报告的编制步骤与要求。
5. 了解资产评估报告的作用。

思政课堂

方正评估公司成立于2012年9月,其经营范围为单项资产评估、资产组合评估、企业价值评估,其他资产评估及相关的咨询业务。该公司的法定代表人为田某雁,乔某芸为该公司评估师。2019年12月24日,田某雁因涉嫌犯出具证明文件重大失实罪被榆林横山警方刑拘,2020年1月22日因涉嫌犯提供虚假证明文件罪被批捕。乔某芸于2020年1月15日因涉嫌犯出具证明文件重大失实罪被刑拘。

该案一审判决书显示,该评估公司就涉案煤矿评估的可采储量为165万吨,而陕西省矿产资源调查评审中心专家审查并出具的核实报告显示,该煤矿保有资源储量为662.3万吨。

2021年9月,榆林市靖边县法院作出一审判决,判决该评估公司负责人田某雁犯提供虚假证明文件罪,判处其有期徒刑四年,并处罚金五万元。

资料来源:网易新闻,2021-11-17,《接受司法委托后出具虚假评估,榆林一评估公司老板一审获刑》,https://www.163.com/dy/article/GP085FAJ0514R9P4.html,有删改。

思考与讨论:

就田某燕被判刑处罚一案,你认为资产评估人员应如何发挥工匠精神作出优质资产评估报告?

第一节 资产评估报告概述

资产评估行业作为一个独立的社会中介行业在国外有上百年的发展历史。我国资产评估行业诞生于20世纪80年代末,经过30多年的努力,我国资产评估行业为维护国有资本权益、规范资本市场运作、防范金融系统风险、保障社会公共利益和国家经济安全作出了重要贡献。全国人大常委会于2016年7月2日审议通过并于当年12月1日开始施行的《资产评估法》正式奠定了我国资产评估的法律地位,标志着我国资产评估行业进入了法治化发展的新阶段。

资产评估机构及人员在完成资产价值评定估算工作后,需要按照一定程序和形式的要求,撰写资产评估报告书,以书面的形式向委托人及相关当事人报告评估过程和结果。为贯彻落实《资产评估法》,规范资产评估执业行为,保证资产评估执业质量,保护资产评估当事人合法权益和公共利益,中国资产评估协会于2018年10月29日,再次对《资产评估执业准则——资产评估报告》进行了修订(2019年1月1日起施行)。新修订的《资产评估执业准则——资产评估报告》,对评估报告的编制要求、内容构成等做了原则性的规定,资产评估机构及人员在编制资产评估报告时需要遵循这一规范。

一、资产评估报告的基本概念与类型

(一)资产评估报告的概念

从一般意义上讲,资产评估报告是指资产评估机构在完成资产评估工作后向委托方提交的说明资产评估过程及结果的书面报告。《资产评估执业准则——资产评估报告》中规定的资产评估报告是指资产评估机构及其评估专业人员遵守法律、行政法规和资产评估准则,根据委托履行必要的资产评估程序后,由资产评估机构对评估对象在评估基准日特定目的下的价值出具的专业报告。

在不同的国家和地区,政府及行业自律主管部门对资产评估报告的要求并不一致。在一些国家和地区,资产评估报告不仅仅是一种书面文件,而且还是一种工作制度。这种工作制度规定资产评估机构在完成资产评估工作之后必须按照一定程序和形式的要求,用书面

形式向委托方及相关主管部门报告资产评估过程和结果。我国目前实行的就是这种资产评估报告制度，资产评估报告制度亦称广义的资产评估报告。

(二) 资产评估报告的类型

资产评估报告按不同的标志可以划分为若干种类，资产评估机构和人员可以根据评估业务的具体情况及委托人的不同要求，选择适当类型的评估报告表达评估意见。在世界范围内，资产评估报告的类型与具体形式是多种多样的，这就为资产评估人员恰当表达评估过程和评估结果提供了选择空间和载体。

资产评估报告书的类型与资产评估机构向委托人或客户表达或披露评估信息的内容和繁简程度直接相关。《资产评估执业准则——资产评估报告》中也指出，资产评估报告的详略程度可以根据评估对象的复杂程度、委托人要求合理确定。资产评估机构可以根据委托人的要求，以及资产评估机构对评估报告披露信息的详略程度和规避风险的要求，选择适宜类型的评估报告表达资产评估师的专业意见。目前，国际上的资产评估报告类型主要是从以下几个角度和标准进行划分的。

1. 按资产评估业务是否为法律要求划分

根据《中华人民共和国资产评估法》的规定，涉及国有资产或者公共利益等事项，法律、行政法规规定需要进行资产评估的业务属于法定资产评估业务，所出具的评估报告就是法定评估业务的评估报告，如国有资产评估报告；反之，法律、行政法规未作要求，由自然人、法人或其他组织自愿选择进行的资产评估业务则属于非法定资产评估业务，出具的评估报告就是非法定业务评估报告。法定评估业务的资产评估报告应当由至少两名承办该项业务的资产评估师签名并加盖资产评估机构印章；非法定业务的资产评估报告应当由至少两名承办该项业务的资产评估专业人员签名并加盖资产评估机构印章。

2. 按评估报告披露内容的繁简程度划分

按评估报告披露内容的详尽程度划分，可将评估报告分为完整型(详细型)评估报告和简明型评估报告。

(1) 完整型(详细型)资产评估报告是指向委托方或客户提供最详尽信息资料的评估报告。以美国《专业评估执业统一准则》对不动产完整型资产评估报告的要求为例来说明完整型评估报告披露信息的程度。

完整型(详细型)资产评估报告的内容必须与报告的预期用途相一致，且至少包括以下内容：

A. 明确说明客户和预期使用者的身份，包括姓名和类型。评估人员在明确客户的身份时必须小心谨慎，既要清楚明确，又要遵守职业道德条款的保密性规定。

B. 明确评估的预期用途。

C. 明确并用充分的信息资料描述被评估的不动产。这种描述包括与评估业务有关的财产的物理和经济方面的特性。说明评估中不动产的实体可通过以下的任何组合来完成，包括法律描述、地址、参考地图、测量或地图的复印件、财产的草图和(或)照片，以及其他类似的证据。除了书面描述可以对与评估报告的预期用途和目的相关的不动产的物理、法律和经济特征进行说明,财产的草图和照片也可对被评估的不动产进行一定的说明和描述。

D. 明确说明被评估的不动产权益。如果需要的话,对被评估的不动产权益的说明必须用对不动产具有约束力的权益的描述文件或者其他已知的文件的概述或者复制件来进行实质性的证明。

E. 明确说明评估目的。这包括对被评估不动产的价值定义和类型以及其来源的说明。对被评估不动产的价值进行定义需要采用适当的相关定义,并且就定义如何运用要向评估报告阅读者进行必要的解释。

F. 说明评估生效日和报告日。评估生效日建立了评估的基础,而评估报告日表明了资产评估人员基于被评估不动产生效日的市场状况观点是未来的、现行的还是历史的。

G. 明确叙述足以向评估客户和评估结果使用者说明评估工作范畴的信息。评估客户和评估结果使用者预期得到的评估结果,会受到资产评估人员调查研究工作范畴的影响。资产评估师应恪尽职守,使评估客户和评估结果使用者了解资产评估人员的工作范畴,从而对其工作不产生误解。

H. 明确说明影响评估分析、意见和结论的所有假设和限制性条件。典型的或一般的假设和限制性条件可以一并置于资产评估报告的某一确定部分。

I. 明确描述评估中所考虑的信息,所采用的程序和支持其分析、意见和结论的推理过程。评估人员应确信评估报告已提供足够的信息,以使客户和评估报告的预期使用者能够理解评估结果或者结论的合理性。

J. 明确描述评估日期现存不动产的用途,以及明确描述在评估报告中反映出来的不动产的用途。

另外,还需有经资产评估人员签署的证明文件。

(2) 简明型评估报告是指资产评估机构在保证不误导评估报告使用者的前提下,向委托方或客户提供简明扼要的信息资料的评估报告。它与完整型(详细型)评估报告的区别,主要是提供信息资料的详略程度不同,不存在报告水准上的差别。以美国《专业评估执业统一准则》对不动产简明型评估报告的要求为例来说明简明型评估报告披露信息的程度。

简明型评估报告的内容必须与评估的预期用途相一致,并且至少包括以下内容:

A. 明确说明客户和预期使用者的身份,包括姓名和类型。

B. 明确评估的预期用途。

C. 明确并用充分的信息资料概述被评估的不动产,这种概述包括与评估业务有关财产的物理和经济方面的特性。

D. 明确说明被评估的不动产权益。

E. 说明评估的目的,包括对被评估不动产的价值定义和类型以及其来源的说明。

F. 说明评估生效日和报告日期。

G. 概述足以向评估客户和评估结果使用者说明评估工作范畴的信息。

H. 说明影响评估分析、意见和结论的所有假设和限制性条件。

I. 概述评估中所考虑的信息,所采用的程序和支持其分析、意见及结论的推理过程。

J. 描述评估日现存不动产的用途,并描述在评估报告中反映出来的不动产的用途。当评估业务的目的是要得出市场价值时,评估报告必须概略描述评估人员对不动产最佳用途分析意见的合理性和推理过程所用的论据。

另外,还需有经评估人员签署的证明文件。

3. 按符合资产评估准则的要求的程度划分

按符合资产评估准则的要求的程度划分,将资产评估报告划分为正常型评估报告和限制型评估报告。

(1) 正常型评估报告是指资产评估机构出具的评估报告完全符合资产评估准则的要求,对评估报告使用者并无格外的特别限制性使用要求,如完整型评估报告和简明型评估报告。

(2) 限制型评估报告是指评估机构对限定评估报告使用人出具的、评估过程中有低于或不同于评估准则或指南要求行为的评估报告。限制型评估报告仅限于特定评估客户使用,其他任何使用限制型评估报告的人都被视为非预期使用者。以美国《专业评估执业统一准则》对不动产限制型评估报告的要求为例来说明限制型评估报告披露信息的程度。

限制型评估报告的内容必须与评估的预期用途相一致,并且至少包括以下内容:

A. 明确说明客户和预期使用者的身份,包括姓名和类型。

B. 明确评估的预期用途。

C. 明确并用充分的信息资料描述被评估的不动产,这种描述包括与评估业务有关的财产的物理和经济方面的特性。

D. 明确说明被评估的不动产权益。

E. 说明评估的目的,包括对被评估不动产的价值定义和类型,并参考与评估目的相关的价值的定义。

F. 说明评估生效日和报告日期。

G. 说明数据的收集、检验和报告过程的范围,或者摘引保存在评估人员工作文档中的评估合同对评估工作范围的叙述。

H. 说明影响评估分析、意见和结论的所有假设及限制性条件。

I. 描述评估中所采用的评估程序、评估结果分析和结论,以及参考工作文档的内容。

J. 描述评估日现存不动产的用途,并描述在评估报告中反映出来的不动产的用途。当评估业务的目的是要得出市场价值时,评估报告必须描述评估人员对不动产最佳用途分析意见的合理性和推理过程所用的论据。

另外,还需有经评估人员签署的证明文件。

4. 按资产评估的性质划分

按资产评估的性质划分,将资产评估报告划分为一般评估报告和复核评估报告。

一般评估报告是指资产评估人员接受客户委托,为客户提供的关于资产价值的估价意见的书面报告,如完整型评估报告、简明型评估报告和限制型评估报告等。

复核评估报告是指复核资产评估师对一般评估报告的充分性和合理性发表意见的书面报告,是复核评估师对一般评估报告进行评估和审核的报告。

资产评估复核或复核资产评估不同于一般的资产评估,它更接近于我国国有资产评估中的资产评估确认,只不过复核资产评估也是由执业的资产评估师完成,而我国的资产评估确认是由政府有关部门进行的。

5. 按资产评估对象划分

按资产评估对象划分,将评估报告划分为房地产评估报告、机器设备评估报告、无形资产评估报告以及企业价值评估报告等。

从严格的意义上讲,资产评估报告的基本要素和基本要求不会因评估对象不同而有重大区别。就是说,从规范资产评估报告的角度,按评估对象不同划分评估报告的种类的意义并不大。但是,由于我国目前资产评估行业尚未完全统一,在资产评估、房地产估价和土地估价的执业标准和操作技术规程方面还有不同的要求。表现在评估报告方面,三种报告书不仅具体格式不相同,而且在内容上也存在较大的差别。

从规范资产评估报告的角度,一般资产评估报告应采用或选择完整型(详细型)评估报告、简明型评估报告和限制型评估报告三种类型为宜。由上述内容可见,我国资产评估报告制度本身与国际惯例仍有较大差别。按我国现行资产评估报告制度的规定,资产评估报告书包括了资产评估报告书正文、资产评估说明、资产评估明细表及相关附件等。而《国际资产评估准则》(IVS)、《专业评估执业统一准则》(USPAP)以及其他资产评估较发达的国家和地区的评估准则,对资产评估报告的规定一般都是从报告类型与报告要素来进行规范的。它们更强调评估报告的构成要素,如评估假设、评估价值前提、价值类型、价值定义、评估途径和方法、评估结果的适用用途和范围、评估责任以及评估报告的类型(即完整型资产评估报告、简明型资产评估报告和限制型资产评估报告)。随着中国加入WTO后国际评估业务的增加,对我国评估界也提出了熟悉国际资产评估报告规范并按照国际惯例进行操作的要求,但要注意,在国际业务中按照国际评估报告的语言要求和类型要求进行评估结果的表述,并不是要我们盲目模仿。关于资产评估报告,其关键是要保证有利于报告使用者对评估结果的正确使用,并避免在未来的经济行为中给资产评估机构与注册资产评估师带来潜在的法律责任。

6. 按评估基准日划分

按评估基准日的选择的不同划分,评估报告一般分为现时性评估报告、追溯性评估报告和预测性评估报告。

现时性评估报告是对资产现时价值判断的书面报告,其评估基准日与评估报告日期是相同(或接近)。追溯性评估报告是对资产过去价值判断的书面报告,其评估基准日早于评估报告日期。如司法诉讼评估涉及的了解诉讼标的在两年前某一时点的市场价值,此时出具的评估报告就属于追溯性评估报告。预测性评估报告是对资产未来价值判断的书面报告,其评估基准日晚于评估报告日期。如银行发放抵押贷款时,需要了解抵押物在一年后某一时点的市场价值,委托评估机构进行评估,此时出具的评估报告就是预测性评估报告。

7. 按评估目的的不同划分

按评估目的的不同划分,评估报告分为以资产交易为目的的评估报告、以企业兼并为目的的评估报告、以资产抵押为目的的评估报告、以资产征税为目的的评估报告、以编制财务报告为目的的评估报告、以国有资产产权变动为目的的评估报告等。资产评估的目的不同,评估报告的具体内容和侧重点有所不同。

二、资产评估报告的作用

编制并提交资产评估报告是资产评估工作的最终环节,体现了资产评估工作的成果。资产评估报告不但载明了资产评估的结果,也描述了资产评估的过程。资产评估报告对于委托人、资产评估机构及评估管理机构均具有重要的作用。从资产评估机构和资产评估人员的角度看,资产评估报告书主要有以下几方面的作用。

(一)有利于委托人评估目的的实现

对于资产评估业务的委托人,评估报告是资产价值专家意见的书面表达。资产评估报告书对被评估资产提供较为全面、客观的价值判断和专业意见,是委托人进行资产评估业务的重要作价依据,从而有助于实现资产评估委托的目的。

(二)有利于资产评估机构执业管理的规范

对于资产评估机构而言,资产评估报告用文字的形式对委托评估的资产的使用状况、评估目的、评估范围、评估依据、评估程序、评估方法和评估结果等进行说明,可以反映和体现资产评估工作的具体完成情况,是评估机构对履行评估合同情况的总结,同时也是评估机构及人员为资产评估项目承担相应法律责任的证明文件。另外,资产评估报告是评估档案资料的重要内容,所形成的相关资料和记录对于后期的评估业务有重要的参考作用。同时,资产评估报告也是资产评估机构向委托人或有关当事方收取评估费用的直接依据。因此,资产评估报告对于规范资产评估机构的业务管理具有极为重要的作用。

(三)有利于评估行业管理部门对资产评估机构的监督管理

对于资产评估行业的自律组织和管理机构,资产评估报告是反映评估机构和评估人员职业道德、执业能力情况以及评估质量高低和机构内部管理机制完善程度的重要依据。评估行业管理部门可以通过对评估报告的审查,监督评估机构和人员的执业情况,加强资产评估行业管理,促进资产评估业的发展。

三、资产评估报告的内容

资产评估机构及人员应当在评估报告中提供必要的信息,反映评估委托的基本情况、评估的理论依据、评估资料的取得情况、评估采用的方法、评估的实施过程及评估结论。根据中国资产评估协会 2018 年 10 月 29 日发布的《资产评估执业准则——资产评估报告》的要求,资产评估报告的内容包括标题及文号、目录、声明、摘要、正文和附件几方面。具体内容如下。

(一) 标题及文号、目录

评估报告的封面应当包括标题及文号。评估报告的标题应当简明清晰,需要涵盖评估对象的名称、评估经济行为关键词等内容。一般采用"委托人名称＋经济行为关键词＋评估对象＋评估报告"的形式,也可适当简化。评估报告文号由文字和数字组成,包括评估机构特征字、种类特征字、年份、报告序号,按一定顺序排列。评估报告要求按一定规律和顺序编排文号。资产评估机构及其资产评估专业人员执行与估算相关的其他业务时,虽然可以参照评估报告准则出具相关报告,但此类报告并不是评估报告,不得以"评估报告"标题出具,以免给委托人和报告使用人造成误解。

目录应当包括每一部分的标题和相应页码。目录一般只列出评估报告的一、二级标题。

(二) 声明

资产评估报告的声明通常包括以下内容:

(1) 说明本资产评估报告依据财政部发布的资产评估基本准则和中国资产评估协会发布的资产评估执业准则和职业道德准则编制。

(2) 指出委托人或者其他资产评估报告使用人应当按照法律、行政法规规定和资产评估报告载明的使用范围使用资产评估报告;委托人或者其他资产评估报告使用人违反前述规定使用资产评估报告的,资产评估机构及其资产评估专业人员不承担责任。

(3) 指明资产评估报告仅供委托人、资产评估委托合同中约定的其他资产评估报告使用人和法律、行政法规规定的资产评估报告使用人使用;除此之外,其他任何机构和个人不能成为资产评估报告的使用人。

(4) 强调资产评估报告使用人应当正确理解和使用评估结论,评估结论不等同于评估对象可实现价格,评估结论不应当被认为是对评估对象可实现价格的保证。

(5) 指明资产评估报告使用人应当关注评估结论成立的假设前提、资产评估报告特别事项说明和使用限制。

(6) 强调资产评估机构及其资产评估专业人员应遵守法律、行政法规和资产评估准则,坚持独立、客观、公正的原则,并对所出具的资产评估报告依法承担责任。

值得注意的是,以上准则的要求属于一般性声明,在执行具体资产评估业务时,资产评估人员还应根据评估项目的具体情况,调整或细化声明内容。

(三) 资产评估报告摘要

摘要是评估报告的浓缩,评估人员在撰写评估报告时,应以较少的篇幅,将评估报告书中的关键内容摘要并刊印在评估报告书正文之前,以便使各有关方了解该评估报告书提供的主要信息。资产评估报告摘要通常提供资产评估业务主要信息及评估结论,主要包括如下内容:①评估目的。②评估对象和评估范围。③价值类型及其定义。④评估基准日。⑤评估方法。⑥评估结论。

摘要应当与评估报告揭示的结果一致,不能有误导性内容。

(四) 资产评估报告正文

正文是评估报告的重要组成部分,资产评估报告正文应当包括下列内容。

1. 委托人及其他资产评估报告使用人

资产评估报告使用人包括委托人、资产评估委托合同中约定的其他资产评估报告使用人和法律、行政法规规定的资产评估报告使用人。在评估报告中应当阐明委托人和其他资产评估报告使用人的身份，包括名称或类型。该名称可以是可确指的法人、自然人，也可以是不确指的一类群体，如国有资产管理部门等。评估报告正文应当介绍委托人、产权持有单位和业务委托合同约定的其他评估报告使用者的概况。委托人和业务委托合同约定的其他评估报告使用者概况信息一般包括：名称、法定住所及经营场所、法定代表人、注册资本及主要经营范围等。

2. 评估目的

资产评估报告载明的评估目的应当唯一。资产评估是为特定的经济行为服务的，评估报告应当说明本次评估经济行为的相关情况，并说明该经济行为获得批准的相关情况或者其他经济行为依据。目前国内资产评估业务涉及的评估目的主要包括：转让定价评估目的，抵押和质押评估目的，公司设立、改制、增资评估目的，财务报告评估目的，税收评估目的，司法诉讼评估目的等。

3. 评估对象和评估范围

资产评估报告中应当载明评估对象和评估范围，并描述评估对象的基本情况。评估对象和评估范围是两个不同的概念，在评估报告中要注意进行区分。在企业价值评估中，评估对象可以是企业整体价值、股东全部权益价值或股东部分权益价值，与此对应的评估范围是评估对象涉及的资产及负债内容，包括房地产、机器设备、股权投资、无形资产、债权和债务等。在对单项资产的价值评估中，各具体准则都对评估对象进行了规范。比如在《文化企业无形资产评估指导意见》中就规定，文化企业无形资产评估对象，是指文化企业无形资产的财产权益，或者特定无形资产组合的财产权益。《资产评估执业准则——机器设备》规定机器设备的评估对象分为单台机器设备和机器设备组合对应的全部或者部分权益。单台机器设备是指以独立形态存在、可以单独发挥作用或者以单台的形式进行销售的机器设备。机器设备组合是指为了实现特定功能，由若干机器设备组成的有机整体。

4. 价值类型

资产评估报告应当说明选择价值类型的理由，并明确其定义。一般情况下可供选择的价值类型包括市场价值、投资价值、在用价值、清算价值和残余价值等。

5. 评估基准日

资产评估报告载明的评估基准日应当与资产评估委托合同约定的评估基准日保持一致，可以是过去、现在或者未来的时点。

6. 评估依据

资产评估报告应当说明资产评估采用的法律法规依据、准则依据、权属依据及取价依据等。

法律依据应包括资产评估的有关法律、法规等，如《公司法》《证券法》《拍卖法》《国有资产评估管理办法》和《资产评估行业财政监督管理办法》等。

准则依据主要包括财政部发布的作为我国资产评估准则体系基础的《资产评估基本准则》,中国资产评估协会发布的《资产评估职业道德准则》《资产评估执业准则——资产评估报告》《资产评估执业准则——资产评估程序》等一系列程序性准则,以及《资产评估执业准则——企业价值》《资产评估执业准则——无形资产》等一系列实体性准则、指南和指导意见。

资产法律权属状况本身是个法律问题,对资产的所有权及其他与所有权相关的财产权进行界定或发表意见需要履行必要的法律程序。因此,资产评估专业人员应当根据与评估项目相关的原则,在评估报告中说明执行资产评估业务所依托的评估对象的权属依据。权属依据通常包括国有资产产权登记证书,投资人出资权益的证明文件,与不动产、知识产权、资源性资产、运输设备等动产相关的权属证书或其他证明文件,债权持有证明文件,从事特定业务所需的经营许可证书等。

取价依据应包括资产评估中直接或间接使用的企业提供的财务会计、经营方面的资料,国家有关部门发布的统计资料和技术标准资料,以及评估机构收集的有关询价资料和参数资料等。由于统计口径不同等原因,不同部门发布同一指标的统计资料其结果可能存在差异,因此评估取价依据应当列示相关资料的名称、提供或发布的单位及时间等信息。

7. 评估方法

资产评估报告应当说明所选用的评估方法及其理由,因适用性受限或者操作条件受限等原因而选择一种评估方法的,应当在资产评估报告中披露并说明原因。根据《资产评估基本准则》,确定资产价值的评估方法包括市场法、收益法和成本法三种基本方法及其衍生方法。

8. 评估程序实施过程和情况

资产评估报告应当说明资产评估程序实施过程中现场调查、收集整理评估资料、评定估算等主要内容,一般包括以下程序:①接受项目委托,确定评估目的、评估对象与评估范围、评估基准日,拟定评估计划等过程。②指导被评估单位清查资产、准备评估资料,核实资产与验证资料等过程。③选择评估方法、收集市场信息和估算等过程。④评估结论汇总、评估结论分析、撰写报告和内部审核等过程。

9. 评估假设

资产评估报告应当披露所使用的资产评估假设。评估结论是在一定的假设前提下得出来的。资产评估专业人员执行资产评估业务,应当科学合理地使用评估假设。在国际评估惯例中,资产评估假设主要包括前提假设、基本假设、具体假设、特别假设和非真实性假设等。资产评估人员应当合理使用评估假设,并在资产评估报告中披露所使用的资产评估假设。这既可以让评估结论构建基础更加合理,又可以让评估报告使用人能够正确理解评估结论。

10. 评估结论

资产评估报告应当以文字和数字形式表述评估结论,并明确评估结论的使用有效期。评估结论通常是确定的数值。经与委托人沟通,评估结论可以是区间值或者其他形式的专业意见。

11. 特别事项说明

资产评估报告的特别事项说明包括：权属等主要资料不完整或者存在瑕疵的情形；委托人未提供的其他关键资料情况；未决事项、法律纠纷等不确定因素；重要的利用专家工作及相关报告情况；重大期后事项；评估程序受限的有关情况、评估机构采取的弥补措施及对评估结论影响的情况。

12. 资产评估报告使用限制说明

资产评估报告的使用限制说明应当载明：①资产评估报告的使用范围。②委托人或者其他资产评估报告使用人未按照法律、行政法规规定和资产评估报告载明的使用范围使用资产评估报告的，资产评估机构及其资产评估专业人员不承担责任。③除委托人、资产评估委托合同中约定的其他资产评估报告使用人和法律、行政法规规定的资产评估报告使用人之外，其他任何机构和个人不能成为资产评估报告的使用人。④资产评估报告使用人应当正确理解和使用评估结论，评估结论不等同于评估对象可实现价格，评估结论不应当被认为是对评估对象可实现价格的保证。

13. 资产评估报告日

资产评估报告载明的资产评估报告日通常为评估结论形成的日期，可以不同于资产评估报告的签署日。评估报告日不同于评估基准日，它是形成最终专业评估意见的日期，这一日期必须在评估报告中明确，以公历年、月、日的形式表现。

14. 资产评估专业人员签名和资产评估机构印章

评估报告编制完成后，经资产评估机构对资产评估专业人员编制的评估报告复核认可，至少由两名承办该业务的资产评估专业人员签名并加盖资产评估机构印章。对于法定资产评估业务的资产评估报告，应当由至少两名承办该评估业务的资产评估师签名并加盖资产评估机构印章。声明、摘要和评估明细表上通常不需要另行签名盖章。

（五）附件

评估报告附件是附在资产评估报告后面的文件与资料。评估报告阅读者根据评估报告中披露的附件的名称以及附件内容，能够判断评估报告的合法性，并在相应的评估工作底稿以及相关法律、行政法规和部门规章中找到相应的评估依据。评估报告附件的内容应当与评估目的、评估方法、评估结论相关联，在评估中形成的一些无关的操作资料不应当作为评估报告的附件。资产评估报告附件通常包括以下几个。

1. 评估对象所涉及的主要权属证明资料

权属依据证明材料主要包括企业产权登记证书、房屋所有权证书、专利证书、设备购置发票、交通运输设备的行驶证等。

2. 委托人和其他相关当事人的承诺函

委托人和其他相关当事人的承诺函是评估报告附件中不可缺少的一部分。资产评估专业人员在撰写评估报告时应当收集到针对本次评估项目的委托人和其他相关当事人的承诺函。委托人和相关当事方应当承诺，资产评估所对应的经济行为符合国家规定，出具的资产权属证明文件合法有效，提供的资料真实完整，在评估操作过程中不干预评估人员独立、客观、公正地执业。

3. 资产评估机构及签名资产评估专业人员的备案文件或者资格证明文件

评估报告应当将评估机构的备案公告、证券期货业务资格证书复印件、资产评估师的职业资格证书登记卡复印件作为评估报告附件进行装订。

4. 资产评估汇总表或者明细表

为了让委托人和其他评估报告使用人能够更好地了解委托评估资产的构成及具体情况，资产评估人员应当以报告附件的形式提供资产评估汇总表或明细表。

5. 资产账面价值与评估结论存在较大差异的说明

资产评估报告附件置于正文之后，以目录形式列出附件的名称，并将具体的文件、证明材料、函件、清单、证书等材料的原件或复印件装订其后。相关附件应当清晰、完整，内容应当与评估报告摘要、正文一致。如果附件为复印件，应当保证其真实性，内容与原件一致。

第二节 资产评估报告的编制

编制资产评估报告是资产评估工作的一个重要环节。评估机构和人员需要遵循资产评估报告编制的基本要求，按规定的步骤编制评估报告。

一、编制资产评估报告的基本要求

资产评估报告是资产评估价值专业意见的书面表达。为了满足不同服务对象的需要，实现报告的编制目的，资产评估机构和人员在履行了必要的评估程序后，应当按照准则和相关规范的要求编制资产评估报告。编制资产评估报告的基本要求如下。

(一) 编制态度客观端正

资产评估报告必须建立在真实、客观的基础上，得出的评估结论应有充分的依据。资产评估结论是评估人员根据被评估资产的状况及其所处的市场条件，在充分分析的基础上得出的结果。资产评估机构和评估人员应保持形式和实质上的独立。报告拟定人员应是全面了解评估项目情况的主要资产评估人员。

(二) 内容完整翔实

资产评估报告应当完整、清晰、准确地表述评估过程及评估结论，不得使用误导性的表述，并保证提供必要信息，使资产评估报告的使用者能够合理理解评估结论。另外，由于市场主体对评估专业服务的需求日趋多样化，资产评估报告使用人可能会要求资产评估专业人员在评估报告中不仅提供评估结论，还要提供相应的过程和说明，因此，评估机构和人员要根据评估对象的复杂程度和委托人的合理要求确定资产评估报告的详略程度。

(三) 文字表述及格式规范

资产评估报告是对被评估资产价值具有鉴证和咨询作用的文书。资产评估报告将提供给委托人、评估委托合同中约定的其他资产评估报告使用人和法律法规规定的使用人使用。除委托人以外,其他资产评估报告使用人都要依赖报告中的文字表述来理解和使用评估结论。这就要求资产评估报告的文字表述要做到措辞准确、用语规范、简明扼要。资产评估报告应当使用中文撰写,需要同时出具外文资产评估报告的,以中文资产评估报告为准。资产评估报告一般以人民币为计量币种。使用其他币种计量的,应当注明该币种与人民币的汇率。资产评估报告的格式要按《资产评估执业准则——资产评估报告》等相关准则指南的要求规范排版、装订。

(四)责任明确

资产评估报告是明确评估机构和人员责任的依据。资产评估报告应当由至少两名承办该项业务的资产评估专业人员签名,并由评估机构盖章。资产评估报告是在履行评估程序的基础上完成的。在执行资产评估业务的过程中,如果评估程序受到限制,需要资产评估专业人员采取相关的替代程序。因法律法规规定、客观条件限制,无法或者不能完全履行资产评估基本程序,经采取措施弥补程序缺失,且未对评估结论产生重大影响的,可以出具资产评估报告,但应当在资产评估报告中说明评估程序受限情况、处理方式及其对评估结论的影响,并明确资产评估报告的使用限制。如果程序受限对评估结论产生重大影响或者无法判断其影响程度的,不应出具资产评估报告。此外,评估结论所反映的价值结果仅在评估基准日成立,所以资产评估报告应当明确评估报告的使用有效期。通常,只有当评估基准日与经济行为实现日相距不超过一年时,才可以使用资产评估报告。

二、资产评估报告的编制步骤

资产评估人员在履行了前期的评估程序,经过资产价值评定估算环节后,即进入了资产评估报告的撰写阶段。资产评估报告的编制包括以下几个步骤。

(一)整理和收集评估报告所需资料

资产评估的前期工作结束后,评估人员需要对评估资料进行整理、分类,形成评估工作底稿,为撰写资产评估报告准备资料。编制资产评估报告所需要的资料主要包括工作记录、现场调查记录资料、收集的评估资料、评定估算过程记录等,并对评估数据进行汇总。在评估资料的整理过程中,如果发现资料不准确,应当进一步落实和核查并进行修正;如果发现资料不完整,应当及时补充。

(二)汇总分析评估数据

在整理资料的基础上,资产评估人员应进行评估数据和评估明细表的数字汇总工作,并召集参与评估工作的有关人员,对资产评估报告初步数据形成的结论进行分析和讨论,对存在作价不合理的部分评估数据进行调整。

(三)撰写资产评估报告

在完成资产评估初步数据的分析与讨论并对有关部分的数据进行调整后,应由具体参加评估的各组负责人员草拟出各自负责评估部分的资产评估说明,同时提交全面负责、熟悉本项目评估具体情况的人员,草拟出资产评估报告。评估机构需要对评估报告书进行多级审核检查,对资产评估报告中存在的疏忽、遗漏和错误之处进行修正。随后,可就评估基本情况和资产评估报告初稿的初步结论与委托人交换意见,听取委托人的反馈意见后,在坚持独立、客观、公正的前提下,认真分析委托人提出的问题和建议,考虑是否应该修改资产评估报告。资产评估报告经检查无误后,形成正式的资产评估报告。

(四)印刷装订资产评估报告

资产评估报告编制完成后,应当印刷装订成册。资产评估报告应当用 A4 规格纸张印刷。资产评估报告封面应当载明资产评估报告标题及文号、评估机构全称和评估报告日。资产评估报告标题及文号一般在封面上方居中位置,评估机构名称及评估报告日应当在封面下方居中位置。资产评估报告一般分册装订。各册应当具有独立的目录、声明、摘要、正文和附件合订成册。资产评估报告封底或者其他适当位置应当标注评估机构名称、地址、邮政编码、联系电话、传真、电子邮箱等。

三、资产评估报告的编制实例

根据前文述及的资产评估报告的内容及编制要求和程序,本部分将给出具体事例进行说明。例如,ZD 公司拟收购 ZE 公司所持有的 ZF 公司部分股权。为此,需对该经济行为所涉及的 ZF 公司的股东全部权益进行评估,为本次经济行为的实现提供价值参考依据。QH 资产评估有限责任公司接受了 ZD 公司的委托,经过必要的评估过程后,撰写出资产评估报告,其内容与格式如下。

(一)资产评估报告封面

本报告依据中国资产评估准则编制

ZD 公司拟收购 ZE 公司所持有的 ZF 公司部分股权项目资产评估报告

QH 评报字〔2020〕第 132 号

(共 1 册,第 1 册)

QH 资产评估有限责任公司

2020 年 10 月 3 日

(二)资产评估报告目录

目 录
声明 ··· 1
资产评估报告摘要 ··· 2
资产评估报告 ·· 3

一、委托人、产权持有者和其他评估报告使用者 …………………………	3
二、评估目的 ………………………………………………………………	4
三、评估对象和评估范围 …………………………………………………	4
四、评估价值类型 …………………………………………………………	4
五、评估基准日 ……………………………………………………………	4
六、评估依据 ………………………………………………………………	4
七、评估方法 ………………………………………………………………	5
八、评估程序实施过程和情况 ……………………………………………	6
九、评估假设 ………………………………………………………………	7
十、评估结论 ………………………………………………………………	8
十一、特别事项说明 ………………………………………………………	8
十二、评估报告使用限制说明 ……………………………………………	9
十三、评估报告日 …………………………………………………………	9
签字盖章 …………………………………………………………………	9
资产评估报告附件 …………………………………………………………	9

(三) 资产评估报告声明

评估报告声明

1. 资产评估师在执行本项资产评估业务中，恪守独立、客观和公正的原则，遵循有关法律、法规和资产评估准则的规定。资产评估师根据在执业过程中掌握的事实，出具评估报告，并按照相关法律规定承担相应的责任。

2. 资产评估师与评估报告中的评估对象没有现存或者预期的利益关系；与相关当事方没有现存或者预期的利益关系，对相关当事方不存在偏见。

3. 资产评估师已根据评估准则的要求进行了现场勘查，对评估对象的法律权属状况给予必要的关注，对评估对象法律权属资料进行查验，但无法对评估对象的法律权属真实性做任何形式的保证，请关注该事项可能对评估结果产生的影响。

4. 遵守相关法律、法规和资产评估准则，对评估对象价值进行估算并发表专业意见，是资产评估师的责任；提供必要的资料并保证所提供资料的真实性、合法性和完整性，恰当使用评估报告是委托人和相关当事方的责任。

5. 资产评估师出具的评估报告中的分析、判断和结论受评估报告中假设和限定条件的限制，评估报告使用者应当充分关注评估报告中载明的特别事项说明及其对评估结论的影响。

6. 评估报告的使用仅限于评估报告中载明的评估目的,因使用不当造成的后果与注册评估师及其所在评估机构无关。

QH 资产评估有限责任公司

2020 年 10 月 3 日

(四) 资产评估报告摘要

ZD 公司拟收购 ZE 公司所持有的 ZF 公司部分股权项目资产评估报告

QH 评报字〔2020〕第 132 号

摘　要

ZD 公司拟收购 ZE 公司所持有的 ZF 公司部分股权。为此,需对该经济行为所涉及的 ZF 公司的股东全部权益进行评估,为本次经济行为的实现提供价值参考依据。

QH 资产评估有限责任公司接受 ZD 公司委托,根据国家有关资产评估及企业价值评估的规定,本着独立、客观、公正的原则,按照公认的资产评估方法,对纳入评估范围 ZF 公司的股东全部权益进行了评估。在评估过程中,QH 资产评估有限责任公司评估人员对被评估单位进行了资产清查,对企业提供的法律性文件、会计记录及其他相关资料进行了验证审核,期间还进行了必要的专题调查与询证。在此基础上,分别采用资产基础法、收益法对被评估单位股东全部权益在评估基准日所表现的市场价值进行了评估。

本次评估采用的价值类型为市场价值。根据评估对象特点,本报告最终采用资产基础法的评估结果作为最终评估结果。根据上述评估工作,得出如下评估结论:在评估基准日 2020 年 8 月 30 日持续经营的前提下,ZF 公司涉及本次经济行为范围内的账面总资产为××万元,总负债为××万元,净资产为××万元;评估后总资产为××万元,总负债为××万元,净资产为××万元;净资产评估增值××万元,增值率××。本评估结论在本报告所列的各项前提假设及限制条件下成立,提请报告使用者关注"特别事项说明"对本评估结论的影响。本评估结果自评估基准日起一年内使用有效,即评估结果使用有效期为 2020 年 8 月 30 日至 2021 年 8 月 29 日止。

重要提示:以上内容摘自资产评估报告,欲了解本评估项目的全面情况,请认真阅读资产评估报告全文。

(五) 资产评估报告正文

ZD 公司拟收购 ZE 公司所持有的 ZF 公司部分股权项目资产评估报告

QH 评报字〔2020〕第 132 号

ZD 公司:

QH 资产评估有限责任公司接受贵公司的委托,根据相关法律、法规和资产评估准则,按照必要的评估程序,采用资产基础法、收益法,对 ZD 公司拟收购 ZE 公司所持有的 ZF 公司部分股权事宜所涉及的 ZF 公司股东全部权益在 2020 年 8 月 30 日的市场价值进行了评估。现将资产评估情况报告如下:

一、委托人、产权持有者和其他评估报告使用者

(一)委托人概况

1. 单位名称:ZD 公司

2. 住所:××省××市××路××号

3. 法定代表人:×××

4. 注册资本:×××万元

5. 企业类型:有限责任公司

6. 经营范围:房地产开发经营、国内商业、物资供销业、建筑技术咨询、进出口贸易。

7. 委托人简介:(略)

(二)产权持有者概况

1. 单位名称:ZE 公司

2. 住所:××省××市××路××号

3. 法定代表人:×××

4. 注册资本:×××万元

5. 企业类型:有限责任公司

6. 经营范围:房地产开发、销售自行开发的商品房、物业管理等。

7. 产权持有者简介:(略)

(三)被评估单位

1. 单位名称:ZF 公司

2. 住所:××省××市××路××号

3. 法定代表人:×××

4. 注册资本:×××万元

5. 企业类型:有限责任公司

6. 经营范围:房地产开发、销售自行开发的商品房等。

7. 产权持有者简介:(略)

二、评估目的

ZD 公司拟收购 ZE 公司所持有的 ZF 公司部分股权。为此,需对该经济行为所涉及的 ZF 公司的股东全部权益进行评估,为本次经济行为的实现提供价值参考依据。

三、评估对象和评估范围

(一)评估对象:评估对象为 ZF 有限公司的股东全部权益。

（二）评估范围：评估基准日 ZF 公司的全部资产及负债,包括流动资产(含存货开发成本)、非流动资产(包括电子设备)以及流动负债等。评估基准日账面资产总额为××万元,总负债为××万元,净资产为××万元。纳入评估范围的资产与委托人及被评估单位提供的资产范围一致。

四、评估价值类型

依据本次评估目的,确定本次评估的价值类型为市场价值。

市场价值是指自愿买方和自愿卖方在各自理性行事且未受任何强迫的情况下,评估对象在评估基准日进行正常公平交易的价值估计数额。

五、评估基准日

本项目资产评估的基准日是 2020 年 8 月 30 日。一切计价标准均为基准日有效的价格标准,所有资产均为基准日实际存在的资产。

此基准日是由委托人、财务顾问、律师、审计师及评估师结合此次经济行为实现的进度,共同讨论后确定的。

六、评估依据

我们在本次资产评估工作中所遵循的国家、地方政府和有关部门的法律法规,以及在评估中参考的文件资料主要有：

（一）行为依据

ZE 公司第二届董事会第三次会议决议。

（二）法规依据

1.《中华人民共和国公司法》,2013 年 12 月 28 日第十二届全国人民代表大会常务委员会第六次会议修订。

2.《企业会计准则》,财政部令第 33 号。

3. 其他有关法律、法规、通知文件等。

（三）准则依据

1.《资产评估基本准则》。

2.《资产评估职业道德准则》。

3.《资产评估执业准则——资产评估报告》。

4.《资产评估执业准则——资产评估程序》。

5.《资产评估执业准则——资产评估委托合同》。

6.《资产评估执业准则——资产评估档案》。

7.《资产评估执业准则——企业价值》。

（四）权属依据

1. 企业产权登记证明。

2. 土地使用权证及其他产权证明文件。

3. 房屋所有权证及其他产权证明文件。

4. 车辆行驶证、设备购置合同、发票等。

5. 长期投资协议、持股证明文件。

(五) 取价依据

1. 资产占用方提供的前三年会计报表(资产负债表、利润表、现金流量表)。

2. 资产占用方提供的前三年收入构成及分析资料。

3. 国家有关部门发布的统计资料、技术标准和政策文件。

4. 评估机构收集的产业经济、宏观经济、市场资料、评估参数等资料。

七、评估方法

按照《资产评估基本准则》,需根据评估目的、价值类型、资料收集情况等相关条件,恰当选择一种或多种资产评估方法。根据国资委产权〔2006〕274号文《关于加强企业国有资产评估管理工作有关问题的通知》,涉及企业价值的资产评估项目,以持续经营为前提进行评估时,原则上要求采用两种以上方法进行评估,并在评估报告中列示,依据实际状况进行充分、全面分析后,确定其中一个评估结果作为评估报告使用结果。

资产评估通常采用的评估方法有三种,即市场法、收益法和成本法(资产基础法)。对于本评估项目,由于类似的交易案例资料缺乏,市场法难以有效实行,因此采用资产基础法和收益法对纳入评估范围的被评估单位进行整体评估,并根据分析,确定各单位的最终评估结果。具体方法分述如下:

(一) 资产基础法

资产基础法评估根据各项资产的实际情况适当地选择相应的具体评估方法进行评估,然后加和得出评估对象的评估值。

1. 关于流动资产的评估。

2. 关于长期投资的评估。

3. 关于机器设备的评估。

4. 关于房屋建筑物的评估。

5. 关于无形资产的评估。

6. 关于流动负债的评估。

7. 关于长期负债的评估。

(以上各项目的具体评估思路略。)

(二) 收益法

收益法,就是运用适当的折现率或资本化率,将未来的纯收益折算为现值的估价方法。具体操作时可以采用净利润折现、净现金流折现或未来收益资本化。

本次评估采用净现金流折现法进行估算。由于被评估企业非付息债务极少,本次评估不考虑非付息债务价值。评估思路为:

企业整体价值＝有效资产评估价值＋溢余资产评估价值＋非经营性资产评估价值

股东全部权益价值＝企业整体价值－有息债务

1. 收益现金流量的确定。
2. 收益期的确定。
3. 折现率的确定。
4. 溢余资产评估价值的确定。
5. 非经营性资产评估价值的确定。

(以上各项目的具体确定方法略。)

八、评估程序实施过程和情况

(一) 接受委托

根据委托人的资产评估意向,在正式评估之前,我公司与ZD公司就评估事项进行了交流,明确了评估目的、评估对象和评估范围、评估报告提交时间及方式、评估服务费总额、支付时间和方式等事项。接受委托后,于2020年7月10日签订了业务委托合同。

(二) 制订评估计划

根据评估目的,制订了本次资产评估操作方案和计划,对资产评估工作步骤、工作时间和评估人员所作的规划和安排,并拟定了收集资料提纲。

(三) 现场调查

QH资产评估有限责任公司根据ZE公司提供的资产评估申报表,成立了以现场项目负责人为主的清查小组,制订了详细的现场清查实施计划;根据企业资产管理模式和资产类型及分布特点,在企业相关人员配合下,于2020年7月15日至2020年8月15日进行了现场清查核实。清查工作结束后,各小组均提交了清查核实及现场勘查作业工作成果。

(四) 资料收集与分析

在资料收集阶段,评估人员收集了资产占用方提供的前三年的资产负债表、利润表和现金流量表,分析了收入与费用的构成及各年变化原因,掌握了各类资产状况。同时评估人员收集了产业经济和宏观经济资料,以及相关的市场资料。在此基础上,评估人员对所收集的资料进行了归纳、整理与分析,最终形成了具体的评估参数。

(五) 评定估算

分别采用资产基础法和收益法,对ZF公司的股东全部权益价值进行了评估,在综合分析的基础上,确定最终的评估结果。根据资产基础法和收益法评估过程、结果撰写评估技术说明和评估报告,经过审核后,出具资产评估报告终稿。

九、评估假设

本次评估建立在下述假设之上,根据资产评估的要求,认定这些假设条件在评估基准日成立。当未来经济环境发生较大变化时,本公司将不承担由于假设条件改变而推导出不同评估结论的责任。

（一）一般性假设和限定条件

1. 本次评估测算各项参数取值未考虑通货膨胀因素。

2. 影响企业经营的国家现行的有关法律、法规及企业所属行业的基本政策无重大变化，宏观经济形势不会出现重大变化；企业所处地区的政治、经济和社会环境无重大变化。

3. 国家现行的银行利率、汇率、税收政策、政策性征收费用等无重大改变。

4. 企业会计政策与核算方法和编写此份报告时所采用的会计政策在重要方面基本一致。

5. 企业投资建设所需的主要原材料、辅料等的供应无重大变化。

6. 针对评估基准日资产的实际状况，企业管理团队无重大变化，并尽职尽责按照目前的经营方式和经营计划持续经营。

7. 假设公司在现有的管理方式和管理水平的基础上，经营范围、方式与目前方向保持一致。

8. 除评估报告中已有揭示以外，假定企业已完全遵守所有有关的法律法规。

9. 无其他不可预测和不可抗力因素对企业造成的重大不利影响。

（二）特殊性假设和限定条件

1. 本次预测以公司评估基准日股权结构为框架，未考虑基准日后可能发生的股权变化或重组。

2. 本次评估均是基于企业开发的项目均能按计划顺利开发完成，能如期实现工程的竣工验收，并根据与业主的合同约定如期交房。本次测算资产价值及企业价值时，未考虑可能出现的工程质量问题、工期后延所产生的成本增加及或有负债对评估结果的影响，开发成本能有效控制在预算范围内。

3. 本次评估是基于评估基准日的存量资产为基础进行的，并未考虑企业在未来可能取得的新项目开发所产生的价值，假设收益期为预测期。

4. 对销售价格进行了适当合理判断，但未考虑未来项目所在地房地产市场发生较大变化对评估结果产生的影响。

5. 本次评估是基于已取得的规划方案进行预测的。若企业在未来年度对规划方案进行调整并获得政府批准，会对评估结果产生影响。

6. 由于评估师还无法准确预计未完工程后续专业支出，本次评估时采用的该部分项目的后续专业支出为管理层预计项目总专业支出减去在评估基准日已投入的专业支出金额，未考虑该部分项目工程竣工决算时项目专业支出（土地、建安、前期、市政配套、基础设施及开发间接费）与此预算金额可能存在的差异对评估结果产生的影响。

十、评估结论

根据国家有关资产评估及企业价值评估的规定，本着独立、客观、公正的原则，按照公认的资产评估方法,对纳入评估范围的 ZF 公司股东全部权益进行了评估。在评估过程中,QH 资产评估有限责任公司评估人员对被评估单位进行了资产清查,对企业提供的法律性文件、会计记录及其他相关资料进行了验证审核,期间还进行了必要的专题调查与询证。在此基础上分别采用资产基础法、收益法对被评估单位股东全部权益在评估基准日所表现的市场价值进行了评估,得出如下评估结论:

(一)资产基础法评估结果

采用资产基础法评估,在评估基准日 2020 年 8 月 30 日持续经营的前提下,ZF 公司股东全部权益价值为××万元。各项资产、负债的评估情况表(略)。

(二)收益法评估结果

采用收益法评估,在评估基准日 2020 年 8 月 30 日,ZF 公司股东全部权益评估价值为××万元。

(三)评估结论的确定

资产基础法与收益法评估的评估结果相差××万元。差异产生原因是两种评估方法考虑的角度不同。收益法是从企业的未来获利能力角度考虑的,而资产基础法是从资产的再取得途径考虑的。本次评估中的主要资产为房地产类存货,公司经营期限相对于制造业来说很短,收益法中未来不确定因素的变动对评估结果会产生较大的影响。因此,评估师充分考虑各种因素后,认为资产基础法的评估结果更能公允反映本次评估目的下公司股东全部权益价值,故选取资产基础法得出的评估值作为最终评估结果。

十一、特别事项说明

以下为在评估过程中已发现可能影响评估结论但非评估人员执业水平和能力所能评定估算的有关事项(包括但不限于):

1. 本评估结论是反映评估对象在本次评估目的下,根据公开市场原则确定的市场价格,没有考虑承担的抵押、担保事宜,以及特殊的交易方可能追加付出的价格等对评估价值的影响,也未考虑国家宏观经济政策发生变化以及遇有自然力和其他不可抗力对资产价格的影响。当前述条件以及评估中遵循的持续经营原则等发生变化时,评估结论一般会失效。

2. 由委托人和资产占用方提供的与评估相关的所有资料,是编制本报告的基础。委托人及资产占用方应对其提供资料的真实性、全面性负责。

3. 评估基准日后,若资产数量及作价标准发生变化,对评估结论造成重大影响时,不能直接使用本评估结论,须对评估结论进行调整或重新评估。

4. 评估结论是 QH 资产评估有限责任公司出具的,受本机构评估人员的执业水平和能力的影响。

十二、评估报告使用限制说明

1. 本次评估结果仅作为委托人本次评估目的价值参考依据,若为其他用途,需根据指定评估目的另行评估。

2. 本评估报告书的使用权归委托人所有。未经委托人许可,评估报告的全部或部分内容不得向其他单位和个人提供,也不得见诸公开媒体。

3. 本评估报告的结果自评估基准日起一年内使用有效。

十三、评估报告日

本评估报告提出日期为2020年10月3日。

法定代表人：_____（签章）

资产评估师：_____（签章）

资产评估师：_____（签章）

QH资产评估有限责任公司(盖章)

（六）资产评估报告附件

资产评估报告附件
目录

一、经济行为文件

二、委托人、产权持有者、被评估单位营业执照复印件

三、被评估单位专项审计报告

四、被评估资产产权证明文件（国有建设用地使用权出让合同及其他相关权属证明文件）

五、委托人和被评估单位承诺函

六、资产评估师承诺函

七、评估机构营业执照和资格证书复印件

八、评估人员资格证书复印件

第三节 资产评估报告的使用

资产评估机构出具并提交资产评估报告后,意味着资产评估工作已基本完成。在资产评估报告的使用中,委托人及其他评估报告使用者应当认真阅读资产评估报告的内容,正确理解评估结果的含义,恰当使用资产评估报告,合理实施评估目的对应的经济行为。《中华人民共和国资产评估法》第32条要求:"委托人或者评估报告使用人应当按照法律规定和评

估报告载明的使用范围使用报告。委托人或者评估报告使用人违反前款规定使用评估报告的,评估机构和评估专业人员不承担责任。"资产评估报告的使用人不仅包括委托人,还包括资产评估委托合同中约定和法律、行政法规规定的其他资产评估报告使用人,主要包括资产评估委托合同中约定的其他资产评估报告使用者、资产评估监管部门和其他相关部门等。资产评估机构及人员有义务帮助评估报告使用者正确理解资产评估报告的内容,指引其合理使用资产评估报告。

一、委托人及合同中约定的其他使用人对资产评估报告的使用

委托人是委托评估机构及人员对资产的价值进行分析、估算并发表专业意见的单位或个人。合同中约定的其他资产评估报告使用人,是由委托人提出,经评估机构同意后,列示在业务约定书中的使用人。这主要是因为,引发资产评估的经济行为可能较为复杂,为满足资产业务的需要、实现特定的评估目的,除了委托人、产权持有者,还有其他人需要作为资产评估报告的使用者。

资产评估机构从事资产评估业务,必须接受委托人的委托,与委托人签订业务约定书,并最终向委托人提交资产评估报告。委托人在收到受托资产评估机构送交的正式资产评估报告及有关资料后,可以依据资产评估报告所揭示的评估目的和使用范围,合理使用资产评估报告。一般来说,委托人及资产评估委托合同中约定的其他资产评估报告使用者在使用资产评估报告时需要注意以下几个方面的问题。

(一)资产评估报告结论的使用

资产评估报告结论只能用于资产评估报告载明的评估目的和用途,为特定的资产业务或经济行为服务。一份评估报告只允许按一个用途使用,不允许用于其他用途。资产评估报告所载明的评估结论,是资产评估师对评估对象价值的专业判断,旨在为委托人或相关当事方的相关经济行为提供价值参考。在正常情况下,委托人可以在资产评估报告限定的条件下和范围内,根据自身的需要合理使用评估结论,不建议直接将评估结论作为资产业务的唯一标准。另外,涉及国有资产产权变动的资产评估报告及有关资料必须经国有资产管理部门或授权部门核准或备案后方可使用。作为企业会计记录和调整企业账项使用的资产评估报告及有关资料须根据国家有关法规规定执行。

(二)资产评估报告的使用者限制

资产评估报告只能由其载明的资产评估报告使用者使用。如果其他使用者运用了资产评估报告及结论,可能导致错误的经济行为,因此,资产评估报告及其结论不适用于其他人。

(三)资产评估报告的使用期限

资产评估报告的使用有效期通常为一年,有效期从评估基准日开始。资产评估报告使用者在运用资产评估报告及结论时应当注意,只有当评估基准日与经济行为实现日相距不超过一年时,才可以使用资产评估报告。超过资产评估报告的有效期,原资产评估结果无效。

(四)资产评估报告的结论调整

在资产评估报告的有效期内,如果市场条件、评估对象数量等发生较大变化,对资产价值产生明显影响,应由原评估机构或者资产占有单位按原评估方法对资产评估报告做相应调整,或委托评估机构重新评估,然后才能使用。委托人若不按资产评估报告揭示的目的、预期使用者、价值类型、有效期等使用评估报告及其结论并造成损失的,需要自行承担相应后果。

二、资产评估监管机构对资产评估报告的使用

资产评估监管机构主要是指对资产评估行政管理的主管部门和资产评估行业自律管理的行业协会。在我国,资产评估行政管理的主管机关是政府财政部门,资产评估行业自律组织是中国资产评估协会。资产评估监管机构对资产评估报告的使用主要体现在对资产评估机构出具的资产评估报告的检查。资产评估报告是资产评估行政管理部门和行业自律组织履行监督管理职能的重点检查对象。

资产评估行政管理部门和行业自律组织通过对资产评估机构出具的资产评估报告的检查,主要可以实现对资产评估机构的评估质量的客观评价。资产评估监管机构通过检查,能大体了解评估机构从事评估工作的业务能力和组织管理水平,进而能够有针对性地对评估机构的人员构成、技术能力和职业修养进行管理。当然,资产评估监管机构对资产评估报告的使用同样也应该是全面和客观的,资产评估管理机构应结合评估项目的评估目的、评估前提以及评估结果的价值类型和定义等,合理评价资产评估报告及其结论。

三、其他有关部门对资产评估报告的使用

除了资产评估行政管理部门和行业自律组织可运用资产评估报告外,其他相关管理部门在履行职责时也可能需要查阅相关的资产评估报告,利用资产评估报告的结论。这些部门主要包括法院、证券监督管理部门、保险监督管理部门、市场监督管理部门、税务和金融等有关部门。这些部门大都拥有或可以行使司法或行政权力。它们在使用资产评估报告及其结果时,往往因为司法和行政权力的行使,使得评估结果可能直接成为强制执行的裁决结论,因而容易混淆资产评估的价值咨询意见与评估对象可实现价格之间的区别。因此,拥有司法行政权力的部门更应该注意正确和合理地使用资产评估报告及其结论。

(一)法院对资产评估报告的使用

法院对资产评估报告的使用,主要体现在法院在通过司法程序解决财产纠纷和经济纠纷时,大量使用资产评估报告及其结论来处理财产分割等案件。评估结果一经法院裁决就意味着必须依法强制执行。但即便如此,资产评估不会因使用者的不同而改变其自身的性质。必须强调的是,资产评估提供的是专业的价值咨询服务,评估结论是对资产客观价值的估计,它不会因法院的使用就演变成评估机构对资产的定价。因此,包括法院在内的权力机关,无论是作为仲裁者还是作为执法者,都应在综合考虑经济纠纷双方的申辩和理由的基础

上，参考资产评估报告及其结论，来最终裁定涉及经济纠纷的资产价值。

(二)证券监督管理部门对资产评估报告的使用

证券监督管理部门对资产评估报告的使用，主要体现在以下五个方面：一是对申请上市的公司有关申报材料招股说明书中的有关资产评估数据的审核；二是对上市公司的股东配售发行股票时申报材料配股说明书中的有关资产评估数据的审核；三是对上市公司重大资产重组行为有关申报材料的审核；四是对上市公司及其资产其他产权变动或财务报告编制行为的监管；五是对取得证券期货从业资格的资产评估机构开展证券期货资产评估业务情况进行监管时，对相关资产评估机构出具的资产评估报告等资料进行检查。

以对首次公开发行股票(IPO)提交的有关申报材料的审核为例，根据有关规定，首次公开发行股票的公司信息披露需要列示以下资产评估信息：

(1)发行人在设立时以及在报告期内进行资产评估的，应简明扼要地披露资产评估机构名称及主要评估方法，资产评估前的账面值、评估值及增减情况，增减变化幅度较大的，应说明原因。

(2)募集资金拟用于向其他企业增资或收购其他企业股份的，应披露增资资金折合股份或收购股份的评估、定价情况。

(3)募集资金拟用于收购资产的，应披露拟收购资产的评估、定价情况。

总的来说，证券监督管理部门对资产评估报告和有关资料的使用，实际上是对取得证券业务评估资格的资产评估机构及其人员的业务监管。因此，这种对于资产评估报告的使用带有更多的管理意味，类似于资产评估管理部门对资产评估报告的使用。这就要求证券监督管理部门对资产评估报告和有关资料的使用要与资产评估管理部门一样，注意全面、客观地使用资产评估报告及其结论，进而实现保护公众投资者的利益和资本市场的秩序的目的。

(三)保险、市场、税务和金融等其他部门对资产评估报告的使用

保险监督管理部门、市场监督管理部门、税务和金融等其他部门因相关业务的需要，对资产评估报告的使用也在逐年上升。这些部门在使用资产评估报告时，应充分认识到资产评估结论是针对特定的资产评估目的，依据一系列假设和前提得出的。资产评估报告是资产评估师对评估对象在评估基准日的价值发表的书面专业意见。在使用资产评估报告的过程中，上述这些部门必须恰当理解评估报告中的专业术语，结合本部门的具体资产业务，合理使用资产评估报告及其结论。

资产评估报告是资产评估过程的反映和总结。本章系统地描述了资产评估报告制度的具体内容，分析了资产评估报告类型，阐述了资产评估报告的编制步骤与编制技术要点，并介绍了利益相关者对资产评估报告的使用。按照国家现行规范的要求撰写资产评估报告，不仅要在形式上符合要求，更重要的是能够清楚地表达评估结果，充分地阐明评估依据。同时，还要注意借鉴国际资产评估行业在资产评估报告方面的科学合理的做法，不断完善我国资产评估报告制度，提高资产评估报告水平，更好地发挥资产评估服务社会、服务市场经济的作用。

章节测试

班级_____ 姓名_____ 学号_____ 日期_____ 平时分_____

一、单项选择题（每小题 5 分，共 30 分）

1. 狭义的资产评估报告是（   ）。
   A. 一种工作制度   B. 资产评估报告书
   C. 法律责任文书   D. 公证性报告

2. 下列各项中，不属于按评估基准日划分的评估报告的是（   ）。
   A. 现时性评估报告   B. 追溯性评估报告
   C. 完整性评估报告   D. 预测性评估报告

3. 下列各项中，不应列入资产评估报告摘要的是（   ）。
   A. 评估目的   B. 评估对象与范围
   C. 价值类型及其定义   D. 评估收费

4. 下列各项中，不属于资产评估报告内容的是（   ）。
   A. 标题及文号   B. 目录
   C. 正文   D. 收费标准

5. 下列关于委托人合理使用评估报告的说法中，不正确的是（   ）。
   A. 一份评估报告允许用于多个用途使用
   B. 评估报告只能由限定的期望使用者使用
   C. 原资产评估结果超过有效期就无效
   D. 在资产评估报告有效期，资产评估数量发生较大变化时，评估结果需要做出调整方可使用

6. 广义的资产评估报告是（   ）。
   A. 一种工作制度   B. 资产评估报告书
   C. 法律责任文书   D. 公证性报告

二、多项选择题（每小题 8 分，共 40 分）

1. 按评估报告披露内容的详尽程度划分，资产评估报告可以划分为（   ）。
   A. 正常型评估报告   B. 完整型评估报告

C. 限制型评估报告　　　　　　　　D. 简明型评估报告
2. 资产评估报告的正文应包括的内容有（　　）。
　　A. 评估基准日　　　　　　　　　　B. 评估依据
　　C. 评估方法　　　　　　　　　　　D. 摘要
3. 资产评估报告制作的编制技术要求有（　　）。
　　A. 编制态度客观端正　　　　　　　B. 内容完整翔实
　　C. 文字表述清晰　　　　　　　　　D. 格式规范
4. 资产评估报告的编制步骤包括（　　）。
　　A. 整理和收集评估报告所需资料　　B. 汇总分析评估数据
　　C. 撰写资产评估报告　　　　　　　D. 印刷装订评估报告
5. 按资产评估的性质划分，资产评估报告可以分为（　　）。
　　A. 一般评估报告　　　　　　　　　B. 咨询评估报告
　　C. 复核评估报告　　　　　　　　　D. 说明评估报告

三、判断题(每小题5分，共30分)

1. 资产评估报告对资产业务定价具有强制执行的效力。　　　　　　　　　　（　　）
2. 资产评估报告日为评估师将资产评估报告提交给委托人的日期。　　　　　（　　）
3. 资产评估的行政管理的主管机关是政府财政部门。　　　　　　　　　　　（　　）
4. 法定评估业务的资产评估报告应当由至少两名承办该项业务的资产评估师签名并加盖资产评估机构印章。　　　　　　　　　　　　　　　　　　　　　　　　　　（　　）
5. 资产评估报告的使用人仅包括委托人，不包括资产评估委托合同中约定和法律、行政法规规定的其他资产评估报告使用人。　　　　　　　　　　　　　　　　　（　　）
6. 在执行资产评估业务的过程中，如果评估程序受到限制，不需要资产评估专业人员采取相关的替代程序。　　　　　　　　　　　　　　　　　　　　　　　　　（　　）

第八章 资产评估主体与行业管理

> **知识导航**
>
>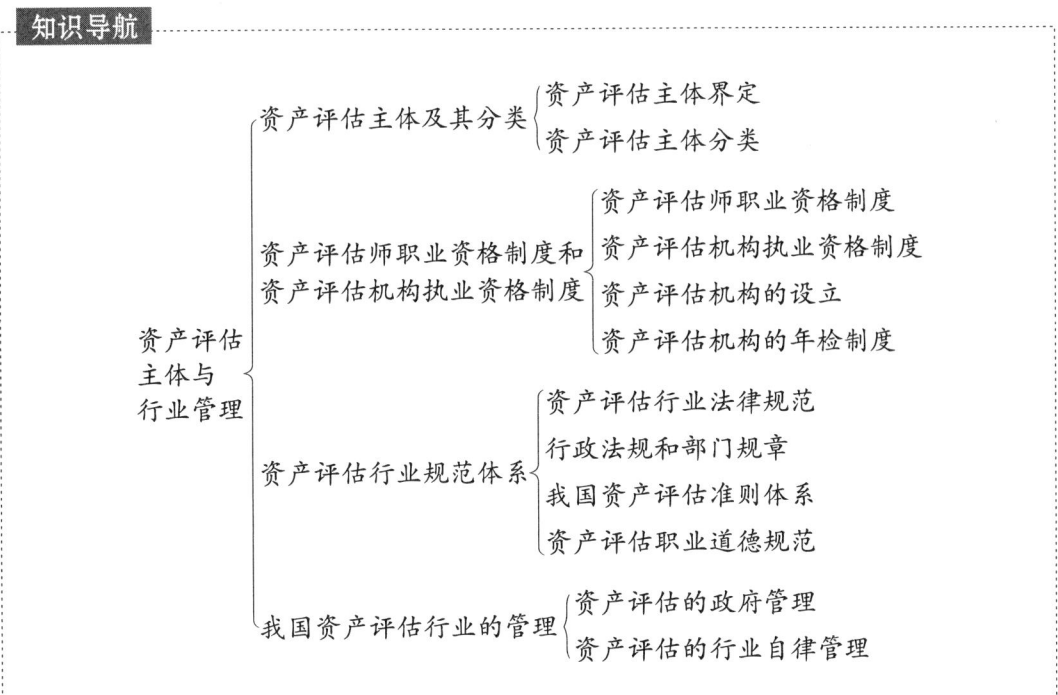

学习目标

1. 掌握资产评估主体的主要类型。
2. 掌握资产评估行业规范体系。
5. 掌握资产评估行业监管的主要形式。
6. 了解资产评估的行业自律管理。

思政课堂

在中国资产评估协会发布的第一批已认证资产评估执业辅助系统中,7家机构积极响应,自主研发的系统现已上线并投入实际运用。这标志着行业在科技的引领下迈出了一大步,为资产评估专业人士提供了更为高效、精准的工具。通过辅助系统,评估业务流程得以优化,数据处理更加迅捷,为整个行业注入了新的活力。

中和资产评估有限公司技术总监李龙表示,了解用户的需求和使用场景很有必要,可以确保系统能够满足资产评估实际需求,提供实用、便捷的功能。要考虑数据的收集、存储、处理和管理,确保数据的准确性、完整性和安全性。

在功能设计方面,系统需要确定主要功能和模块,紧密结合实际业务流程,构建合理的功能结构和用户交互界面。

在李龙看来,自动化和智能化是现代系统设计的趋势,也是设计执业辅助系统时需要重点关注的方向。考虑到未来的业务发展,系统可扩展性显得尤为重要,要能够适应未来业务的变化情况,保障系统长期有效性。

资料来源:中国资产评估协会,2024-02-20,《数字化变革下推动评估流程进一步优化》,http://www.cas.org.cn/xwbd/zhxx/a2e6b5f88e3a475e96e64b231686c308.htm,有删改。

思考与讨论:

数字化时代,评估流程得到优化的同时,对行业管理提出了哪些要求?

第一节 资产评估主体及其分类

一、资产评估主体界定

资产评估主体是指资产评估业务的承担者,具体包括资产评估工作的从业人员及由评估人员组成的评估机构。资产评估是一项技术性、政策性很强的专业活动,而且是跨专业、跨学科、跨行业的边缘学科及综合性社会活动。资产评估的质量将影响委托人及有关当事人的经济决策和经济利益。因此,作为资产评估的具体操作机构及从业人员必须具备执业的技术业务素质和职业道德。评估机构是由评估从业人员构成的,评估人员必须具备多方面的专业知识、与资产评估相关的丰富的实践经验以及良好的职业道德。

二、资产评估主体分类

从目前发展趋势来看,我国的资产评估主体大致可以从以下两个方面进行分类。

(一)从评估主体的执业范围的角度划分

从评估主体的执业范围的角度划分,可以分为综合性资产评估机构和专项资产评估机构两种类型。

1. 综合性资产评估机构

综合性资产评估机构是指专门从事资产评估业务,而不从事其他中介业务的资产评估事务所或资产评估公司。一般情况下,综合性资产评估机构的评估业务范围比较广泛,评估人员比较固定,评估人员的素质相对较高。

2. 专项资产评估机构

专项资产评估机构是指专门评估某一种或某一类资产的专项评估机构,如土地估价事务所、房地产估价事务所等。专项资产评估机构由于评估范围较窄,评估对象的性质、功能比较统一,专业性比较强,因而,专项资产评估机构的专业化程度和专业技术水平比较高,具有比较明显的专业优势。

(二) 从资产评估主体的企业组织形式的角度划分

从资产评估主体的企业组织形式的角度划分,大致可划分为合伙制的资产评估机构和有限责任制的资产评估机构。

1. 合伙制的资产评估机构

合伙制的资产评估机构由发起人共同出资设立,共同经营,对合伙债务承担无限连带责任。

2. 有限责任制的资产评估机构

有限责任制的资产评估机构由发起人共同出资设立,评估机构以其全部财产对其债务承担责任。

为了建立与市场经济相适应、与国际惯例相衔接的资产评估新体制,杜绝资产评估机构在执业中的行政干预、行政垄断、地区垄断,强化资产评估机构风险意识,激励资产评估机构提高服务质量,使资产评估机构真正成为独立、客观、公正的社会中介组织,中国资产评估协会根据相关规定,已全面部署了资产评估机构改制的形式、程序以及管理工作,以促进我国的资产评估事业朝着健康有序的方向发展。

第二节 资产评估师职业资格制度和资产评估机构执业资格制度

一、资产评估师职业资格制度

在2015年之前,我国实施资产评估师注册管理制度。2015年4月,人力资源和社会保障部与财政部联合颁布了《资产评估师职业资格制度暂行规定》和《资产评估师职业资格考试实施办法》。2016年2月,中国资产评估协会印发了《资产评估师职业资格证书登记办法》。根据上述管理制度,我国开始实施资产评估师职业资格制度。

对于从事资产评估业务的专业人员,国家设立资产评估师水平评价类职业资格制度,面向全社会提供资产评估师能力水平评价服务,纳入全国专业技术人员职业资格证书制度统一规划。资产评估师的职业资格要通过考试取得,通过考试并获得职业资格证书的人员,表明其已具备从事资产评估专业岗位工作的职业能力和水平。

资产评估师职业资格考试实行全国统一大纲、统一命题、统一组织的考试制度。中国资产评估协会负责资产评估师职业资格考试的组织和实施工作。组织成立资产评估师职业资格考试专家委员会,研究拟定资产评估师职业资格考试科目、考试大纲、考试试题和考试合格标准。人力资源和社会保障部、财政部对中国资产评估协会实施的考试工作进行监督和检查,指导中国资产评估协会确定资产评估师职业资格考试科目、考试大纲、考试试题和考试合格标准。资产评估师职业资格考试合格,由中国资产评估协会颁发,人力资源和社会保障部、财政部监制,中国资产评估协会用印的《中华人民共和国资产评估师职业资格证书》,该证书在全国范围有效。

取得资产评估师职业资格证书的人员,应当遵守国家法律、法规及资产评估行业相关制度准则,恪守职业道德,秉承客观公正原则,维护国家和社会公共利益。同时,还应当按照国家专业技术人员继续教育以及资产评估行业管理的有关规定,参加继续教育,不断更新专业知识,提高职业素质和业务能力。

资产评估师职业资格证书实行登记服务制度。登记服务的具体工作由中国资产评估协会负责。中国资产评估协会定期向社会公布资产评估师职业资格证书的登记情况,建立持证人员的诚信档案,并为用人单位提供取得资产评估师职业资格证书人员的信息查询服务。取得资产评估师职业资格证书的人员,应自觉接受中国资产评估协会的管理,其在工作中违反相关法律、法规、规章或者职业道德,造成不良影响的,由中国资产评估协会取消登记,并收回其职业资格证书。

二、资产评估机构执业资格制度

按照国际惯例和规范的做法,我国现行的资产评估机构管理制度规定,资产评估执业的中介机构,必须满足国家对资产评估机构工商登记、人员构成、内部制度建设等方面的要求和条件,并取得相应资产评估管理行政主管部门的备案。国家对已取得资产评估执业资格的资产评估机构实行等级制度,并采取"统一政策、分级管理"的原则。

三、资产评估机构的设立

(一) 资产评估机构设立的条件

根据 2016 年 7 月全国人民代表大会常务委员会通过并发布的《中华人民共和国资产评估法》的相关条款,资产评估机构的设立除符合国家有关法律法规规定外,还必须具备以下条件:①合伙形式的评估机构,应当有两名以上评估师;其合伙人 2/3 以上应当是具有 3 年以上从业经历且最近 3 年内未受停止从业处罚的评估师。②公司形式的评估机构,应当有 8 名以上评估师和两名以上股东,其中 2/3 以上股东应当是具有 3 年以上从业经历且最近 3 年内未受停止从业处罚的评估师。③评估机构的合伙人或者股东为两名的,两名合伙人或者股东都应当是具有 3 年以上从业经历且最近 3 年内未受停止从业处罚的评估师。④设立评估机构,应当向工商行政管理部门申请办理登记。评估机构应当自领取营业执照之日起 30 日内向有关评估行政管理部门备案。评估行政管理部门应当及时将评估机构备案情况向社会公告。

(二) 资产评估机构的分级制度

资产评估机构的职业资格主要划分为 A 级和 B 级两个等级。A 级资产评估机构可以从事包括股票上市企业资产评估在内的所有资产评估项目;B 级资产评估机构可从事除企业股份化上市外的所有资产评估项目。凡经资产评估行政管理部门审查合格,取得相应等级资产评估资格的机构,均可以从事国有资产及非国有资产评估。其中,非专项资产评估机构,可以从事与其职业资格等级相适应的土地、房地产、机器设备、流动资产、无形资产、其他长期资产及整体资产评估项目;从事土地、房地产或无形资产等专项资产评估业务的机构,其评估资格等级只限于 B 级以下,评估范围只限在各该专项资产相应的范围之内。各等级的资产评估机构开展资产评估业务不受地区、部门的限制,可在全国范围内从事与各该资格等级相适应的资产评估业务。

四、资产评估机构的年检制度

为了加强对资产评估机构的管理,促进资产评估行业的健康发展,各级国有资产管理行政主管部门对所管辖的资产评估机构,除加强日常管理、监督与检查外,应按照国家规定进行年检。年检内容包括以下几个方面:

一是资产评估机构持续符合《资产评估法》第 15 条规定的评估机构设立条件的情况。二是办理备案情况。三是资产评估执业质量情况。其主要检查项目的评估依据、过程、方法、结果是否科学、合理,是否符合有关规定。四是评估机构内部机构设置及人员配备情况。综合性资产评估机构是否建立了正常的内部治理机制和工作制度,评估人员的数量、年龄结构、专业结构、技术职务结构是否符合规定,评估人员内部培训及参加外部培训的情况。五是评估机构业务开展情况,评估的项目类型、数量、执业水平。六是资产评估机构信誉情况。七是对法律法规的执行情况及遵守职业道德情况。八是评估机构的收费情况等。

凡通过年检要求和基本符合要求的评估机构,可作为合格处理。对于年检不合格的评估机构要限期整改。对于经过限期整改仍不合格或者有严重错误的评估机构,要吊销其资产评估资质。

第三节 资产评估行业规范体系

资产评估行业规范是保证我国资产评估行业健康发展的重要制度基础。资产评估行业规范体系主要包括资产评估行业法律规范、行政法规和部门规章以及资产评估准则体系等不同层次的规则和制度安排。

一、资产评估行业法律规范

目前,我国关于资产评估行业法律规范已有雏形并正在不断完善之中。道德和法律之间存在着密切的关系,职业活动既需要道德规范,也需要法律规范。在现实中,许多重要的职业道德也都被写进了宪法、法律和法规,道德法律化是将道德的软约束变为法律硬约束。与资产评估职业道德规范的自律形式不同,资产评估行业法律规范是通过他律的形式来实现的。由于目前我国尚未制定和颁布规范资产评估行业的专门法律,其法的形式主要体现在法律、行政法规和部门规章某些条款中。

根据《资产评估法》,关于资产评估行为的法律规定主要有：

第47条　评估机构违反本法规定,有下列情形之一的,由有关评估行政管理部门予以警告,可以责令停业1个月以上6个月以下;有违法所得的,没收违法所得,并处违法所得1倍以上5倍以下罚款;情节严重的,由工商行政管理部门吊销营业执照;构成犯罪的,依法追究刑事责任:

利用开展业务之便,谋取不正当利益的;允许其他机构以本机构名义开展业务,或者冒用其他机构名义开展业务的;以恶性压价、支付回扣、虚假宣传,或者贬损、诋毁其他评估机构等不正当手段招揽业务的;受理与自身有利害关系的业务的;分别接受利益冲突双方的委托,对同一评估对象进行评估的;出具有重大遗漏的评估报告的;未按本法规定的期限保存评估档案的;聘用或者指定不符合本法规定的人员从事评估业务的;对本机构的评估专业人员疏于管理,造成不良后果的。

评估机构未按本法规定备案或者不符合本法第十五条规定的条件的,由有关评估行政管理部门责令改正;拒不改正的,责令停业,可以并处1万元以上5万元以下罚款。

第48条　评估机构违反本法规定,出具虚假评估报告的,由有关评估行政管理部门责令停业6个月以上1年以下;有违法所得的,没收违法所得,并处违法所得1倍以上5倍以下罚款;情节严重的,由工商行政管理部门吊销营业执照;构成犯罪的,依法追究刑事责任。

第49条　评估机构、评估专业人员在1年内累计3次因违反本法规定受到责令停业、责令停止从业以外处罚的,有关评估行政管理部门可以责令其停业或者停止从业1年以上5年以下。

第50条　评估专业人员违反本法规定,给委托人或者其他相关当事人造成损失的,由其所在的评估机构依法承担赔偿责任。评估机构履行赔偿责任后,可以向有故意或者重大过失行为的评估专业人员追偿。

第51条　违反本法规定,应当委托评估机构进行法定评估而未委托的,由有关部门责令改正;拒不改正的,处10万元以上50万元以下罚款;情节严重的,对直接负责的主管人员和其他直接责任人员依法给予处分;造成损失的,依法承担赔偿责任;构成犯罪的,依法追究刑事责任。

第52条　违反本法规定,委托人在法定评估中有下列情形之一的,由有关评估行政管理部门会同有关部门责令改正;拒不改正的,处10万元以上50万元以下罚款;有违法所得的,没收违法所得;情节严重的,对直接负责的主管人员和其他直接责任人员依法给予处分;造成损失的,依法承担赔偿责任;构成犯罪的,依法追究刑事责任:

未依法选择评估机构的;索要、收受或者变相索要、收受回扣的;串通、唆使评估机构或者评估师出具虚假评估报告的;不如实向评估机构提供权属证明、财务会计信息和其他资料的;未按照法律规定和评估报告载明的使用范围使用评估报告的。

前款规定以外的委托人违反本法规定,给他人造成损失的,依法承担赔偿责任。

第53条 评估行业协会违反本法规定的,由有关评估行政管理部门给予警告,责令改正;拒不改正的,可以通报登记管理机关,由其依法给予处罚。

第54条 有关行政管理部门、评估行业协会工作人员违反本法规定,滥用职权、玩忽职守或者徇私舞弊的,依法给予处分;构成犯罪的,依法追究刑事责任。

根据《中华人民共和国证券法》《中华人民共和国公司法》和《中华人民共和国刑法》的相关法律规范:

为股票发行出具资产评估报告的资产评估机构和资产评估人员,在该股票承销期内和期满后6个月内,不得买卖该股票。为上市公司出具资产评估报告的资产评估机构和资产评估人员,自接受上市公司委托之日起至该资产评估报告公开后5日内,不得买卖该股票。为证券的发行、上市或者证券交易活动出具资产评估报告的资产评估机构,就其所应负责的内容弄虚作假,没收违法所得,并处以违法所得1倍以上5倍以下的罚款,并由有关主管部门责令该机构停业,吊销直接责任人员的资格证书。造成损失的,承担连带赔偿责任。构成犯罪的,依法追究刑事责任。承担资产评估的机构提供虚假证明文件的,没收违法所得,处以违法所得1倍以上5倍以下的罚款,并可由有关主管部门依法责令该机构停业,吊销直接责任人员的资格证书。构成犯罪的,依法追究刑事责任。承担资产评估的机构因过失提供有重大遗漏的报告的,责令改正,情节较重的处以所得收入1倍以上5倍以下的罚款,并可由有关主管部门责令该机构停业,吊销直接责任人员的资格证书。保险事故的财产评估人员故意提供虚假的证明文件,为他人诈骗提供条件的,以保险诈骗的共犯论处。承担资产评估职责的中介组织的人员故意提供虚假证明文件,情节严重的,处5年以下有期徒刑或者拘役,并处罚金。承担资产评估职责的中介组织的人员,索取他人财物或者非法收受他人财物,犯扰乱市场秩序罪的,处5年以上10年以下有期徒刑,并处罚金。

二、行政法规和部门规章

根据《国有资产评估管理办法》《国有资产评估管理办法施行细则》《国务院办公厅转发财政部〈关于改革国有资产评估行政管理方式加强资产评估监督管理工作意见〉的通知》和财政部令第15号《国有资产评估违法行为处罚办法》的相关行政法规和部门规章条款的规

定,我国目前资产评估行业的法律规定主要有:

国有资产评估应当遵循真实性、科学性、可行性原则,依照国家规定的标准、程序和方法进行评定和估算。持有国务院或省、自治区、直辖市人民政府国有资产管理行政主管部门颁发的国有资产评估资格证书的资产评估机构,可以接受国有资产占有单位的委托,从事国有资产评估业务。资产评估机构应当对国有资产占有单位提供的有关情况和资料保守秘密,不得向外泄露。对资产评估中涉及的国家机密,应严格按照国家保密法规的各项规定执行。资产评估机构作弊或者玩忽职守,致使资产评估结果失实的,国有资产管理行政主管部门可以宣布资产评估结果无效,并可根据情节轻重,对该资产评估机构给予下列处罚:警告;停业整顿;吊销国有资产评估资格证书。

承担资产评估工作的各类中介机构,应严格按照国家有关法律法规规定的评估程序、评估方法和标准,独立、客观、公正地进行资产评估,不得违规执业或出具虚假评估报告。资产评估机构在国有资产评估活动中违反有关法律、法规和规章,应予以行政处罚的,按《国有资产评估违法行为处罚办法》的规定给予处罚。省级人民政府财政部门是负责对本地区资产评估机构和设立在本地区资产评估分支机构的违法行为实施行政处罚的执业主体。国务院财政部门可以直接对资产评估机构严重评估违法行为进行处罚。对资产评估机构违法行为的行政处罚种类有:警告;罚款;没收违法所得;暂停执行部分或者全部业务,暂停执业期限为3~12个月;吊销资产评估资格证书。

资产评估机构有下列情形之一的,予以警告:不按照执业准则、职业道德准则的要求执业的;拒绝、阻挠财政部门依法实施检查的;泄露委托人或者被评估单位商业秘密的。

对第三种情形中有违法所得的资产评估机构,并处以违法所得3倍以下的罚款,最高的罚款不超过3万元;对没有违法所得的资产评估机构,处以1万元以下的罚款。

资产评估机构有下列情形之一的,责令改正,并予以警告:冒用其他机构名义或者允许其他机构以本机构名义执行评估业务的;向委托人或者被评估单位索取、收受业务约定书约定以外的酬金或者其他财物,或者利用业务之便,谋取其他不正当利益的;对其能力进行虚假广告宣传的;向有关单位和个人支付回扣或者介绍费的;对委托人、被评估单位或者其他单位和个人进行胁迫、欺诈、利诱的;恶意降低收费的;与委托人或者被评估单位存在利害关系应当回避没有回避的。

同时,对以上所列情形有违法所得的资产评估机构,处以违法所得3倍以下罚款,最高的罚款不超过3万元;对没有违法所得的资产评估机构,处以1万元以下的罚款。

资产评估机构因过失出具有重大遗漏的报告的,责令改正,情节较重的,处以所得收入1倍以上3倍以下的罚款,并予以暂停执业。资产评估机构与委托人或被评估单位串通作弊,故意出具虚假报告的,没收违法所得,处以违法所得1倍以上5倍以下的罚款,并予暂停执业;给利害关系人造成重大经济损失或者产生恶劣社会影响的,吊销资产评估资格证书。

资产评估机构有下列情形之一的,应当从轻、减轻行政处罚:主动改正违法行为或主动消除、减轻违法行为危害后果的;主动向有关部门报告其违法行为的;主动配合查处违法行为的;受他人胁迫而有违法行为的;其他应予从轻、减轻处罚的情形。

资产评估机构有下列情形之一的,应当从重处罚:同时具有两种或两种以上应予处罚的行为的;在两年内发生两次或两次以上同一性质的应予处罚的行为的;对投诉人、举报人、证人等进行威胁、报复的;违法行为发生后隐匿、销毁证据材料的;其他应予从重处罚的情形。

资产评估师在国有资产评估中有违法行为的,按照有关规定处理。

三、我国资产评估准则体系

资产评估准则是在资产评估理论和资产评估实践总结的基础上形成的资产评估职业规范和技术标准,是资产评估行业统一的行为和技术指引,是资产评估行业向社会提供高水平专业服务的保证。从1997年开始,中国资产评估协会就着手进行资产评估准则的起草和建设工作。到2001年9月,《资产评估准则——无形资产》正式颁布,标志着我国资产评估执业技术规范建设已经有了实质性的进展。大规模的建设成果完成于2007年,共形成15项准则。截至2022年2月底,我国已经出台了32项评估准则、5项资产评估操作指引以及14项资产评估专家指引。

(一)我国资产评估准则建设原则

我国资产评估准则应当是综合性的评估准则体系,包括不动产、动产、机器设备、企业价值、无形资产等各类别资产的评估准则。我国资产评估准则体系应当高度重视程序性准则与专业性准则。我国资产评估准则体系中应当将职业道德准则放在与业务性准则同等重要的高度。我国资产评估准则体系应当层次清晰,逻辑严密,并具有一定的灵活性。

(二)我国资产评估准则体系框架

目前,我国资产评估准则体系主要有资产评估基本准则、资产评估职业道德准则和资产评估执业准则。其中,资产评估执业由于涉及面广,在纵向关系上划分为不同的层次。

1. **资产评估基本准则**

资产评估基本准则是资产评估师执行各种资产类型、各种评估目的资产评估业务的基本规范。目前在各国评估准则及国际评估准则中并没有类似的基本准则部分可供我们参考。确切地说,目前我们制定的资产评估准则体系和资产评估基本准则是第一次试图将各类资产评估的共同规范有机地结合在一起。

2. **资产评估职业道德准则**

职业道德是指资产评估机构及其资产评估专业人员开展资产评估业务应当具备的道德品质和体现的道德行为。为规范资产评估机构及其资产评估专业人员职业道德行为,提高职业素质,维护职业形象,根据《资产评估基本准则》制定了《资产评估职业道德准则》。资产评估机构及其资产评估专业人员开展资产评估业务,遵守职业道德是保证评估质量的前提。

3. 资产评估执业准则

资产评估执业准则分为评估具体准则、评估指南和评估指导意见。

资产评估具体准则可以分为程序性准则和实体性准则两个部分。程序性准则是关于资产评估专业人员通过履行一定的专业程序完成评估业务、保证评估质量的规范,包括评估业务约定书、评估计划、评估工作底稿、评估报告等。程序性准则的制定需要与目前我国资产评估行业的理论研究和实践发展相结合。资产评估专业人员只有履行必要的资产评估程序,才能保证资产评估的质量,至少在程序上避免重大的遗漏或疏忽。同时,在争取司法部门对资产评估准则认可的前提下,程序性准则也是资产评估专业人员合理保护自身权益的重要依据,将有助于把客户、社会公众和司法部门对资产评估责任的关注点从资产评估专业人员具体的专业判断引向对评估专业人员履行资产评估程序的充分性和恰当性方面上来。资产评估实体性准则也可以理解为资产评估技术规范,是对资产评估专业人员在资产评估执业过程中所使用的专业术语、执业标准、操作程序和报告披露等所作的统一要求。

资产评估指南包括对特定评估目的、特定资产类别(细化)评估业务以及对评估中某些重要事项的规范。资产评估专业人员在执行不同目的的评估业务中,所应当关注的事项也是不同的。资产评估指南拟对我国资产评估行业中涉及主要评估目的的业务进行规范,如公司注册、公司股份经营、关联交易、抵押贷款、不良资产处置、法律诉讼等。资产评估指南也将涉及一些具体的资产类别评估业务,如专利、商标等。

此外,资产评估指南还将包括一些对资产评估工作中重要特定事项的规范,如资产评估专业人员在关注评估对象法律权属方面的责任等。资产评估指南将根据评估实践的发展不断增加或进行修订。

资产评估指导意见是针对资产评估业务中的某些具体问题的指导性文件。该层次较为灵活,针对评估业务中新出现的问题及时提出指导意见,待实践一段时间或成熟后再上升为具体准则或指南。

四、资产评估职业道德规范

资产评估职业道德规范是指资产评估机构及其资产评估专业人员在资产评估执业过程中应当具有的职业品格和应当遵守的职业标准要求。

(一)资产评估专业人员的职业品格

资产评估专业人员职业品格的基本内容主要反映在资产评估专业人员的职业理想、职业态度和职业荣誉等方面。

1. 职业理想

职业理想是资产评估专业人员对资产评估工作的一种总体认识,即资产评估专业人员是把资产评估作为一种事业看待,还是仅仅作为一种谋生的手段来看待。只有将资产评估作为一种事业来做,才能在资产评估工作中不断地提高,并自觉地遵守资产评估执业纪律和职业规范。

2. 职业态度

职业态度就是资产评估专业人员的工作态度。资产评估专业人员的执业态度是否端正将直接影响资产评估工作的效果和质量。树立为客户、为社会服务的思想,树立提供高质量的专业服务的工作态度,是资产评估专业人员应有的职业态度。

3. 职业荣誉

职业荣誉是指资产评估专业人员在执业过程中形成的职业形象,包括资产评估专业人员个人的社会认同度以及资产评估机构的社会公信度。资产评估专业人员在日常执业过程中不断地培养和塑造职业形象,保持职业荣誉,以取信于民、取信于社会。

(二) 资产评估的职业标准和要求

资产评估的职业标准和要求主要包括资产评估机构及其资产评估专业人员遵守职业纪律的要求,坚持独立、客观、公正和专业性执业原则的要求,坚持胜任能力的要求以及承担职业责任的要求。

资产评估机构及其资产评估专业人员遵守职业纪律是指资产评估机构及其资产评估专业人员应当遵守国家的有关法律法规和资产评估执业准则,保证资产评估在合法和合规的前提下进行。资产评估机构及其资产评估专业人员在执业过程中应坚持独立、客观、公正和专业性的执业原则,应主要体现在资产评估机构和资产评估专业人员两个方面。

资产评估中的独立性原则包含两层含义:一是评估机构本身应该是一个独立的、不依附于他人的社会公正性中介组织(法人),在利益及利害关系上与资产业务各当事人没有任何联系;二是评估机构在执业过程中应始终坚持独立的第三者地位,评估工作不受委托人及外界的意图及压力的影响,进行独立公正的评估。

客观公正性原则是指资产评估专业人员在执业过程中应以客观的数据资料为依据,而不可以以自己的好恶或其他个人的情感为依据进行评估。资产评估结果是评估人员认真调查研究,通过合乎逻辑的分析、推理得出的,具有客观公正的评估结论。

同时资产评估是一项技术性很强的工作,要保证资产评估工作客观公正以及为客户提供良好的咨询服务,资产评估从业人员必须是与资产评估相关的各个方面的专业人士或专家。资产评估机构必须拥有一批专业人士、专家。这些专业人士或专家应该具有良好的教育背景、丰富的实践工作经验和良好的职业道德修养,以保证资产评估结论是一种客观公正的具有专业水准的专家判断或专家意见。

专业胜任能力要求是指资产评估机构与资产评估专业人员在承揽资产评估项目时,要衡量自身的专业胜任能力,以判断评估机构和评估专业人员是否有能力完成该评估项目。任何超过自身能力而承揽评估项目的行为都是违反资产评估职业道德的。

承担职业责任的要求是指资产评估专业人员必须对自己的执业行为和评估结果承担经济责任和法律责任。资产评估专业人员在行使对资产进行鉴证和估值的权利的过程中,也必须承担为客户保守秘密以及公正执业的责任。任何违背资产评估职业道德的行为都将承担相应的民事责任和刑事责任。

(三) 资产评估职业道德准则

《资产评估职业道德准则》规定了资产评估机构和评估专业人员在执业过程中的基本要求、专业胜任能力以及与委托方关系等方面的基本道德标准。

第四节 我国资产评估行业的管理

随着社会主义市场经济的发展,我国资产评估行业在不断发展壮大,客观上要求建立健全资产评估行业管理体制,对整个资产评估行业加强管理和监督。资产评估行业管理的核心是政府管理与行业自律的关系的问题。

一、资产评估的政府管理

根据2017年颁布的《资产评估行业财政监督管理办法》,财政部门对资产评估行业的监督管理,实行行政监管、行业自律与机构自主管理相结合的原则。

财政部统一部署对资产评估行业的监督检查,主要负责以下工作:制定资产评估专业人员、资产评估机构、资产评估协会和相关资产评估业务监督检查的具体办法;组织开展资产评估执业质量专项检查;监督检查资产评估机构从事证券期货相关资产评估业务情况;指导和督促地方财政部门对资产评估行业的监督检查,并对其检查情况予以抽查。

省级财政部门开展监督检查,包括年度检查和必要的专项检查,对本行政区域内资产评估机构包括分支机构下列内容进行重点检查,并将检查结果予以公开,同时向财政部报告:资产评估机构持续符合《资产评估法》第15条规定条件(资产评估机构设立条件)的情况;办理备案情况;资产评估执业质量情况。

省级财政部门对地方资产评估协会实施监督检查,并将检查情况向财政部汇报,重点检查资产评估协会履行以下职责情况:地方资产评估协会章程的制定、修改情况;指导会员落实准则情况;检查会员执业质量情况;开展会员继续教育、信用档案、风险防范等情况;机构会员年度信息管理情况。

财政部门开展资产评估行业监督检查,应当由本部门两名以上执法人员组成检查组,具体按照财政检查工作的有关规定执行。财政部门如果在检查中认定虚假资产评估报告和重大遗漏资产评估报告,应当以资产评估准则为依据,组织相关专家进行专业技术论证,也可以委托资产评估协会组织专家提供专业技术支持。在检查过程中,财政部和省级财政部门发现资产评估专业人员、资产评估机构和资产评估协会存在违法情形的,应当依照资产评估法等法律、行政法规和本办法的规定处理、处罚。涉嫌犯罪的,移送司法机关处理。当事人对行政处理、行政处罚决定不服的,可以依法申请行政复议或者提起行政诉讼。

二、资产评估的行业自律管理

我国的资产评估工作是从国有资产开始的,因此它一直是由政府来进行管理的,而且主要是由政府国有资产管理部门来管理的。随着我国社会主义市场经济的发展,产权流动和资产重组在范围上的日益扩大,资产评估的对象已不仅是国有资产,主要维护所有产权主体的财产权益,这就需要建立全国性的资产评估行业管理组织,对我国资产评估实行社会性的行业管理。因此,我国的资产评估由政府管理逐渐转向在政府指导下的行业自律管理,是形势所迫。这既是社会主义市场经济发展的需要,也是与国际惯例接轨的需要。要充分发挥协会的行业管理作用,必须有一个健全的协会组织体系。为此,1993年12月10日,我国成立了中国资产评估协会。它是一个自我教育、自我约束、自我管理的全国性资产评估行业组织。资产评估协会作为独立的社团组织,具有跨地区、跨部门、跨行业、跨所有制的特点,使资产评估管理工作覆盖整个行业和全社会。它既可以把培训评估人员、研究评估理论方法、制定评估技术标准和执业标准、进行国内外业务交流合作等作为己任,又可以接受政府授权和委托,办理属于政府职能的工作。

(一) 资产评估协会的工作范围

资产评估协会是资产评估机构和资产评估专业人员的自律性组织,接受有关财政部门的监督,不得损害国家利益和社会公共利益,不得损害会员的合法权益。资产评估协会通过制定章程规范协会内部管理和活动。协会章程应当由会员代表大会制定,经登记管理机关核准后,报有关财政部门备案。根据2016年发布的《中国资产评估协会章程》,资产评估协会的工作范围主要包括以下几个方面:

经政府有关部门批准,制定行业发展目标和规划,并负责组织实施;为会员从事资产评估等业务提供服务;组织开展相关政策理论研究、行业宣传,开展国际交流与合作等活动;开展行业党建工作。

(二) 资产评估协会行业自律监管的主要内容

资产评估协会应当依法履行职责,向有关财政部门提供资产评估师信息,及时向有关财政部门报告会员信用档案、会员自律检查情况及奖惩情况。资产评估协会对资产评估机构及其资产评估专业人员进行自律检查。资产评估机构及资产评估专业人员应当配合资产评估协会组织实施的自律检查。资产评估协会应当重点检查资产评估机构及其资产评估专业人员的执业质量和职业风险防范机制。

资产评估协会应当结合自律检查工作,对资产评估机构及其分支机构按照相关规定报送的材料进行分析,发现不符合法律、行政法规和本办法规定的情况,及时向有关财政部门报告。资产评估协会应当与其他评估专业领域行业协会加强沟通协作,建立会员、执业、惩戒等相关信息的共享机制。中国资产评估协会应当会同其他评估专业领域行业协会,根据需要制定共同的行为规范,促进评估行业健康有序发展。

章节测试

班级_____ 姓名_____ 学号_____ 日期_____ 平时分_____

一、单项选择题（每小题 5 分，共 35 分）

1. 资产评估主体是指（　　）。
   A. 资产评估师　　　　　　　　　B. 资产评估机构
   C. 资产评估专业人员　　　　　　D. 资产评估专业人员及资产评估机构

2. 下列关于资产评估准则概念的表述中，正确的是（　　）。
   A. 纯粹是技术原则　　　　　　　B. 是评估惯例的汇总
   C. 是一个单独的标准　　　　　　D. 是一种资产评估约定标准

3. 针对特定资产类别（细化）评估业务以及对评估中某些重要事项进行规范的资产评估准则层次是（　　）。
   A. 资产评估基本准则　　　　　　B. 资产评估具体准则
   C. 资产评估指南　　　　　　　　D. 资产评估指导意见

4. 针对资产评估业务中的某些具体问题的指导性文件是（　　）。
   A. 资产评估基本准则　　　　　　B. 资产评估指导意见
   C. 资产评估指南　　　　　　　　D. 资产评估具体准则

5. 资产评估专业人员采用不同于资产评估执业准则规定的程序和方法时，不得违背（　　）。
   A. 资产评估基本准则　　　　　　B. 程序性准则
   C. 专业性准则　　　　　　　　　D. 资产评估指南和指导意见

6. 我国资产评估准则体系框架中不包含（　　）。
   A. 资产评估基本准则　　　　　　B. 资产评估职业道德准则
   C. 资产评估执业准则　　　　　　D. 资产评估具体准则

7. 我国资产评估执业技术规范建设有实质性进展的年份为（　　）。
   A. 2009 年　　　B. 2010 年　　　C. 2008 年　　　D. 2007 年

二、多项选择题（每小题 8 分，共 40 分）

1. 我国目前的资产评估准则体系框架主要由三个部分构成，具体包括（　　）。

A. 程序性准则 　　　　　　　　B. 基本准则
C. 执业准则 　　　　　　　　D. 专业性准则

2. 资产评估指导意见所具有的特征包括(　　)。
   A. 较为灵活 　　　　　　　　B. 属于指导性文件
   C. 针对具体评估业务 　　　　D. 可能上升为准则

3. 资产评估专业人员职业品格的主要内容包括(　　)。
   A. 职业标准 　　　　　　　　B. 职业荣誉
   C. 职业态度 　　　　　　　　D. 职业理想

4. 我国资产评估主体从执业范围角度划分,可以分为(　　)。
   A. 综合性资产评估机构 　　　B. 合伙制资产评估机构
   C. 专项资产评估机构 　　　　D. 责任制资产评估机构

5. 我国资产评估主体从企业组织形式角度划分,可以分为(　　)。
   A. 综合性资产评估机构 　　　B. 合伙制的资产评估机构
   C. 专项资产评估机构 　　　　D. 有限责任制的资产评估机构

三、判断题(每小题5分,共25分)

1. 资产评估指导意见待实践一段时间或成熟后可以上升为具体准则或指南。(　　)
2. 中国资产评估协会是我国资产评估行业唯一的行业自律组织。(　　)
3. 资产评估指南包括对特定评估目的、特定资产类别(细化)评估业务以及对评估中某些重要事项的规范。(　　)
4. 资产评估机构可以从事包括股票上市企业资产评估在内的所有资产评估项目。(　　)
5. 在2017年以前,我国实施资产评估师注册管理制度。(　　)

第九章　资产评估管理制度的国际比较

知识导航

资产评估管理制度的国际比较
- 资产评估管理体制的国际比较
  - 以德国为代表的政府干预型管理模式
  - 以英国为代表的行业自律型管理模式
  - 以美国为代表的政府监管下的行业自律型管理模式
  - 对改革我国评估行业管理体制的启示
- 资产评估行业规范的国际比较
  - 《国际评估准则》
  - 《专业评估执业统一准则》
  - RICS 评估准则
- 资产评估法律规范的国内外比较
  - 国外资产评估的法律规范
  - 我国资产评估法律规范

学习目标

1. 掌握资产评估管理体制的主要模式。
2. 了解资产评估行业规范的国际比较。
3. 了解资产评估法律规范的国内外比较。

思政课堂

改革开放40年来，我国对外开放程度不断提高，经济实力和国际影响力不断提升。在此背景下，我部承担的对外财金交流合作职能不断加强，参与国际经济治理及发展合作的程度不断加深。

资产评估是我国为"一带一路"国家提供跨境专业服务和国际公共产品的重要领域。主动聚焦国家政策倡议，统筹考虑资产评估行业发展，积极服务"一带一路"倡议顶层设计，有助于把握"一带一路"倡议带来的重要发展机遇。

未来，财政部国际经济关系司愿进一步利用现有多双边对话机制，积极助力评估行业开展国际合作，在国际交流、人才培养及业务培训等方面给予更多支持。希望中评协利用好在国际评估组织中的任职优势，坚持以我为主，积极参与和引领国际评估领域的规则制定，推动国内外评估专业的有效沟通，为我国资产评估行业发展提供更多政策空间，支持和引导我国资产评估机构在"一带一路"倡议实施中发挥更大作用。

资料来源：中国资产评估协会微信公众号，2020-02-17，《对接"一带一路"倡议 推动资产评估发展》，https://www.chinaacc.com/zichanpinggushi/ksdt/wa20200217173300.shtml，有删改。

思考与讨论：

"一带一路"倡议，中国应该以什么样的姿态开展资产评估的国际交流合作？

第一节 资产评估管理体制的国际比较

资产评估在国外已有百余年的发展历史，不仅具有坚实的理论基础，而且建立了较为完善的管理制度，对国外的资产评估管理制度进行分析研究，将有助于理清我国资产评估行业的改革思路，进一步完善我国资产评估管理制度。

由于政治体制、经济体制、法律体制和资产评估行业发展的程度不同，世界各国对资产评估行业的管理体制也各有不同，从而形成了以德国为代表的政府干预型、以英国为代表的行业自律型和以美国为代表的政府监管下的行业自律型三种主要的管理模式。

一、以德国为代表的政府干预型管理模式

政府干预型管理模式是指对资产评估行业的管理，在充分发挥资产评估行业协会自我管理的基础上，由政府进行较大范围和程度干预的一种管理模式。德国的资产评估管理体制就是典型的政府干预型管理模式。

在德国，房地产估价及其他产业的估价由独立的专门机构——估价委员会（估价委员会相当于评估事务所，只不过它具有较强的行政色彩）负责实施。估价委员会是联邦政府通过法令授权州政府成立的。估价委员会的办公室一般挂靠在地籍局。每个市、县均设有估价委员会，地区设有高级估价委员会，负责辖区内的估价工作。德国政府管理评估师行业的途径是联邦立法与地方立法。

在德国，行业协会基本不参与评估师的管理，主要从事维护评估行业的形象、为会员组织培训、争取利益最大化等工作。

政府干预型管理模式的特点是：①由国家制定和颁布专门法律，对资产评估的地位、资格、事务所的设立以及从事评估的依据、工作规范等做出明确规定。②政府与协会配合密切，政府参与资产评估执业规范的制定，政府在评估执业规范和评估质量监督中起着重要作用。

政府干预型管理模式的主要优点在于通过政府与协会的相互协作，共同制定执业规范并监督其执行，可以较为全面地考虑双方意愿，协调双方利益，从而使执行规范既有科学性和指导性，又有权威性和严肃性，而能够合理有效地制定和执行评估规范正是行业自律型管理模式所欠缺的。在法律不完善、行业准则未建立的情况下，这种管理模式有其客观必然

性。但是,政府干预型管理模式也具有其自身的缺点,主要表现在资产评估行业的独立性受到影响。在该体制下,政府在较大范围和程度上进行了干预,从而导致资产评估行业自身的独立性受到影响,不利于行业的发展。

二、以英国为代表的行业自律型管理模式

行业自律型管理模式是指主要由民间职业团体对资产评估行业进行监管的一种模式。在这种模式下,政府除了进行一些必要的国家立法之外,很少干预行业的发展。一般不设立专门的资产评估政府监管机构,对行业的管理主要由民间协会实行自律管理。资产评估行业协会具有比较健全的自我管理机制,强调评估业的自我约束、自我管理的作用。行业自律型管理模式适合资产评估依市场需求自发形成的国家和资产评估行业发展比较成熟的国家。该模式以英国为代表。

英国民间评估机构在发展过程中,逐渐建立了行业协会组织。行业协会组织目前有三家,分别是皇家特许测量师协会(RICS)、估价师与拍卖师联合协会(ISVA)和税收评估协会(IRRV)。其中,影响最大的是英国皇家特许测量师协会(RICS),该协会成立于1868年。在这之前,英国民间已经存在一些规模较小的、地方性的测量师协会或俱乐部,其成员主要从事不动产管理、土地测量和建筑预算等业务。1868年,他们中的一部分人联合在一起,组成了一家规模较大的协会,即RICS的前身。其最初的会员不到200人,但在随后的发展过程中规模不断扩大,影响力也越来越大。目前,该协会已发展成为英国最大的、涉及面最广的、最具权威性的评估行业专业协会组织。拥有会员超过18万人,遍布全球146个国家。RICS的主要职能是:规范和促进专业发展,保持最高的教育和专业准则,通过严格的职业道德准则保护客户和消费者,并提供中肯的建议和指导。

行业自律型管理模式具有以下优点:

(1)独立性强。采用该模式,由行业协会对行业实行自律监管,政府干预很少,从而增强了资产评估行业的独立性。

(2)适应性强。采用该模式,行业协会能够准确了解从业人员的意愿,及时发现评估环境和评估实践的变化,并通过制定和完善评估准则尽快进行调整,从而既可以保持评估准则的指导性和科学性,又能增强资产评估行业的适应性。

(3)能动性强。在该体系下,由于事务所和从业人员不受部门垄断和地区封锁的阻碍,可以开展公平竞争,从而有利于促进资产评估行业整体水平的提高。

但是,行业自律型管理模式也具有一定的缺点,主要表现为行业协会制定的行业监管制度及处罚措施效力等方面具有局限性。一是在适用范围上受到限制。行业协会制定的有关行业监管制度只能适用于其会员,而对会员以外的其他人则无约束力。二是在采取处罚措施的效力上受到限制。行业协会对违规会员最重的处罚是开除会籍,而不能给予吊销资产评估资格及勒令事务所停业或解散等处罚。近年来实行行业自律型管理模式的国家评估诉

讼案件十分频繁,从侧面也反映了这种体制的局限性。

三、以美国为代表的政府监管下的行业自律型管理模式

政府监管下的行业自律型管理模式既强调政府管理又强调行业自律管理。目前美国和澳大利亚都采用这种模式,以下以美国为例进行阐述。

(一) 美国政府对资产评估的管理

在20世纪80年代以前,美国政府对资产评估行业不予直接管理。20世纪80年代末期,美国银行贷款呆坏账严重,大批金融机构倒闭,损失了上千亿美元的联邦储备基金。一些金融分析家认为,这种状况与资产评估机构低评银行贷款抵押品价值有关。联邦政府于1989年颁布了《不动产评估改革》。这是美国联邦政府有关资产评估最具代表性的法律文件。各州均依据该文件制定了相应的州政府文件。该法令对从事不动产评估人员的资格标准和职业道德规范做了规定。美国联邦政府还依据该法令成立了联邦金融制度监察委员会评估分会(简称"评监委")。评监委的主要职责是:监督各州评估人员注册制度的实施,监督联邦金融管理机构与联邦信托公司所制定的与国有储备基金利益有关原交易中评估方面法规的实施,推行涉及联邦权益评估人员的注册工作,监督评估促进委员会(美国评估自律管理组织联合体)的工作等。美国各州均设有专职注册机构,对有能力从事与联邦储备基金利益相关资产评估业务的评估人员办理注册手续。同时,美国各州所属郡、县政府以征收不动产税为目的,也都设有资产评估操作部门,为地方征收不动产税提供依据。需要指出的是,这些政府设立的资产评估操作部门并不负责评估行业的管理,而且,他们在从事评估操作时,也须遵守政府有关法规和评估自律管理部门颁布的制度、准则及职业道德规范。

(二) 行业自律管理

美国的资产评估行业主要实行行业自律管理。全美资产评估行业自律性管理组织主要有:美国注册评估协会(AACA)、美国评估师协会(ASA)、美国评估学会(AI),以及一些专业性协会,如机器设备、不动产、公路、铁路评估师协会等。这些协会大都在20世纪二三十年代就成立了,且都有自己的章程和执业标准,并制发会员证书。随着行业的发展,各协会认识到需要统一资产评估执业标准。美国评估师协会(ASA)联合其他协会于1987年成立了美国评估促进会(AF),到1995年已有16个评估协会(学会)加入该组织。美国评估促进会下设评估资格委员会和评估标准委员会。评估资格委员会负责对申请加入该协会的会员进行资历审查,按规定的课程进行考试及后续培训;评估标准委员会负责制定、修改全行业的评估标准——《专业评估执业统一准则》(USPAP)。

政府监管下的行业自律型管理模式的特点是:政府监管部门与资产评估行业协会在履行各自的监管职责时,相互配合、相互补充、相互协作。一是管理重点的相互补充。政府监管部门更多的是资产评估行业法律、政策的制定者与执行者,一般拥有对资产评估机构的准入审批(审核)权以及对影响行业发展的有关事件的最终调查权,而资产评估行业协会是有

效维护评估市场运作最直接的执行者,主要制定行业准则和规范,对会员实施日常管理,监督行业的执业质量等。二是管理职责的相互补充。资产评估行业协会作为介于政府宏观管理与资产评估市场微观活动之间的自律性组织,通过行使其管理职责发挥着连接政府管理部门与市场中介机构的桥梁与纽带作用,在一定程度上弥补了政府监管的不足。三是管理主体的相互协作。世界主要国家和地区的资产评估监管部门和资产评估行业协会在各自职责范围内实施管理,维持稳定的关系,并在此基础上相互协作,形成监管合力。这主要体现在信息共享方面,对资产评估机构的检查一般由资产评估行业协会的自律组织完成,资产评估行业协会有义务向政府监管部门报告其发现的资产评估机构的违法、违规行为,配合政府监管机构对资产评估部门进行调查,向其提供证据,移交超出其监管职责范围的违法、违规案件。政府监管部门一般按情节轻重分别将案件交由资产评估行业协会和相关政府部门来处理。

四、对改革我国评估行业管理体制的启示

以上几种模式是世界评估行业管理体制中比较有代表性的模式,尽管各种模式具有不同的特点,但有几点是相同的:

(1) 政府对评估行业的管理介入少,而且没有多个部门插手评估管理的现象。从以上几种模式看,美国政府是在经历了20世纪80年代的金融危机以后才开始介入评估管理的,但介入的程度并不深,主要是以政府法令的形式对评估行业进行管理;德国政府对评估行业的管理介入要深一些,但其管理评估师行业的途径也是联邦立法与地方立法。在以上几种模式中,尽管有少数国家的政府对评估行业实行某种程度的管理,但是没有哪一个国家是多个政府部门同时管理评估行业的。

(2) 行业自律管理是评估行业管理的主要形式。从以上几种模式看,在评估行业发展比较成熟的国家都有评估行业自律性组织。而且,评估行业自律性组织在评估行业管理中发挥主导作用,由其对评估行业的人员资格、后续培训、执业标准、职业道德等进行相应的规范管理,为评估人员和客户提供相应的服务。在评估行业的发展过程中,评估行业自律性组织也不断完善和成熟,许多国家的评估行业自律性组织(如英国的RICS、美国的ASA和AF等)已发展成为具有广泛影响的、世界知名的行业自律性管理组织。这反映了评估行业作为一项市场性的社会中介行业的特点和要求。

(3) 评估行业自律性组织都经历了从分散走向联合统一的发展历程。综观上述几种模式,无论是评估行业高度发达的美国、英国等市场经济发达国家,还是评估行业发展起步稍晚的新兴市场经济国家,其评估行业自律性组织都经历了从分散到联合统一这样一个发展历程。实行统一管理,有利于评估行业统一行业准入条件、统一执业行为、统一执业标准、统一服务规范。实行统一管理不仅有利于管理部门对评估行业进行科学、规范的管理,也有利于消除评估行业的内部壁垒,使评估人员在同一起点上,在同一执业准则下,为客户提供更规范、更优质的服务,从而使社会对评估行业更加信任,评估行业自身也能得到更好的发展。

从世界范围来看,评估行业管理从分散到统一,是评估行业历史发展的客观现实,也是评估行业进一步发展的必然趋势。

总之,实行统一管理并且主要由行业自律组织进行管理,是世界评估行业发展的趋势。这种管理体制符合评估行业的行业特点,符合市场经济的客观要求。

事实上,自1988年3月第一份资产评估报告出炉至今,30多年来,中国资产评估行业已发展成为一个拥有资产评估机构5 000多家、资产评估师6万余人、从业人员超过10万人的行业,并凭借着专业的资产清查核实、价值衡量尺度功能,为保障国有资产保值增值、维护国家和人民利益、服务经济体制改革发挥了重要作用。

但是,中国目前的评估管理体制与国际惯例还存在较大差距,主要表现在:多个政府部门参与管理评估,形成部门分割、多头管理的格局;行业协会在评估行业管理方面的作用有限,且独立性较差;有关资产评估的法律、法规不完善、不统一,政府评估管理部门管理评估的方式带有浓厚的计划经济色彩。按照评估行业的特点和市场经济的要求,对现行评估管理体制进行改革是必要的,改革的方向既要尊重国际惯例,借鉴国外的先进经验,又要结合中国的国情,考虑中国评估行业发展的自身特点。目前我国资产评估管理体制改革的基本思路是:在由政府部门实行统一管理的同时,充分发挥行业协会自律性管理的作用。

评估行业应按照专业领域依法设立全国性评估行业协会,根据需要设立地方性评估行业协会,实行自律管理。国务院有关资产评估行政管理部门组织制定评估行业协会管理办法。无论是行业自律管理还是行政管理,都应结束分门别类、多头管理的局面,即应彻底结束由于资产评估对象的不同,要划分不同的行政管理部门、设立不同的评估师协会、制定不同的评估准则、规定不同的评估师资格、进行不同的评估师资格考试的混乱局面。

同时,强化中国资产评估协会的行业自律管理职能,使之真正成为中国资产评估业的管理主体,实现社会中介服务业由政府直接管理向政府监督、指导下的行业自律管理过渡。资产评估协会的主要职责是:建立一支稳定的具有丰富经验的评估师队伍,开展专业培训和评估师的后续教育;开展业务交流,继续办好协会刊物,提高评估水平;开展国际交流,与国际组织建立联系,架设通向国际市场的桥梁;开展评估理论与方法、准则和标准的研究,制定资产评估准则体系;制定本行业自律管理规范,建立内部约束机制;向政府有关部门就评估政策法规制定提出建议或意见,协助政府做好管理工作。

第二节 资产评估行业规范的国际比较

资产评估准则是资产评估理论研究成果和实践经验的高度浓缩,是指导评估实践、保证评估质量、维护评估行业声誉的行业规范。衡量一个国家评估业务水平的标准之一就是其准则体系的成熟度。评估业务越发展,对评估准则的要求就越强烈;同时,资产评估准则体系越完善,资产评估业务就越规范。

在国外的资产评估准则中,最为典型的是《国际评估准则》《专业评估执业统一准则》和 RICS 评估准则。

一、《国际评估准则》

《国际评估准则》(International Valuation Standards,IVS)是由国际评估准则理事会(IVSC,原名"国际评估准则委员会"International Valuation Standards Committee,现更名国际评估准则理事会 International Valuation Standards Council)制定的,是对世界资产评估业的发展有重要影响的准则之一。

(一)国际评估准则委员会产生背景及其宗旨

国际资产评估准则委员会(International Assets Valuation Standards Committee,IAVSC)于1981年成立,它是联合国的非政府组织成员(NGO),并于1985年获得了联合国经济社会理事会的注册,是重要的国际性评估专业组织。1995年3月,在南非开普敦召开的第14届年会上,决定更名为国际评估准则委员会。2008年国际评估准则委员会改组后更名为国际评估准则理事会(International Valuation Standards Council,IVSC)。IVSC 是在美国伊利诺伊州注册的一个非营利性组织,其办公室在伊利诺伊州的芝加哥,营运总部设于英国伦敦。该组织刚设立时只有20个团体会员,到目前已经发展成为拥有超过100个成员的国际评估组织,并在国际评估界发挥着主导作用。其制定和努力推广的《国际评估准则》是目前最具影响力的国际性评估专业准则之一,为超过100个国家所认可或采纳。1985—2021年,IVSC 已先后发布了12版《国际评估准则》。

该组织的主要宗旨是:为公共利益制定和发布资产评估准则和技术资料文件,以满足财务报告、国际资本市场和国际经济领域的需要;促使《国际评估准则》和指南在世界范围内得到认可和遵守;在世界各国之间统一资产评估准则,致力于促进地方或地区性准则规定与《国际评估准则》之间的协调和统一;促使《国际评估准则》在《国际会计准则》及其他相关报告准则中得到认可,促使其他专业领域理解专业评估和评估师的作用,并教育评估师了解相关专业领域的要求。国际评估准则理事会也与诸如国际会计准则理事会(IASB)、国际会计师联合会(IFAC)、国际证券事务监察委员会组织(IOSCO)等准则制定机构保持紧密联系。

(二)《国际评估准则》的结构体系

国际评估准则委员会于1985年制定了第一版《国际评估准则》。由于国际资产评估准则委员会的成立背景和当时评估业务的国际发展情况,第一版《国际评估准则》带有明显的不动产评估特色。之后经过多次重大修订,越来越多地考虑了不动产之外的其他评估业务,朝综合化方向发展。2005年,为了满足《国际会计准则》中关于执行公允价值会计模式对评估行业的需求,国际评估准则委员会发布了第七版《国际评估准则》,并于2007年发布了第八版,2011年发布了第九版,2013年发布了第十版,2017年发布了第十一版,2021年发布了第十二版,于2022年1月31日生效。

《国际评估准则》(2017版)被认为是在世界范围实现价值实践的重要里程碑,同时还被当作服务全球评估专业人员的关键指引,并将为作为投资决策和财务报告关键要素的估价的一致性、透明性和可靠度提供支撑。

《国际评估准则》(2017版)主要由两部分构成。一是定义和框架。定义部分主要涉及在该准则中多次重复出现的术语;框架部分主要介绍了准则中的基本概念。二是准则。《国际评估准则》(2017版)已形成了一个很好的顺序及框架,与中国的资产评估准则体系非常类似。其包括五项基本准则和六项资产准则。其中基本准则包含普遍适用于大多数评估目的下对各种类型的资产或负债进行评估所需遵循的评估准则。资产准则包含适用于不同资产类别的评估准则。资产准则应当与基本准则相结合,这些资产准则旨在阐明运用基本准则时适用于特定资产类型的附加要求。《国际评估准则》(2017版)在包括大型会计师事务所和评估专业组织的成员单位的要求下,增加了深度。

《国际评估准则》(2021版)紧跟国际评估行业现状,与《国际评估准则》(2017版)相比,增加了非金融负债、存货两部分资产准则内容,准则框架更加充实,对具体实践提供应用指导。

《国际评估准则(2021版)》中的基本准则包括:IVS101 工作范围;IVS102 调查和遵循;IVS103 报告;IVS104 价值类型;IVS105 评估途径和方法。

《国际评估准则(2021版)》中的资产准则包括:IVS200 企业和企业权益;IVS210 无形资产;IVS220 非金融负债;IVS230 存货;IVS300 厂房和设备;IVS400 不动产权益;IVS410 开发性不动产;IVS500 金融工具。

(三)《国际评估准则》中的价值定义

《国际评估准则》中很重要的概念就是市场价值评估和市场价值以外的价值评估,这是理解国际评估准则的基础。以下是《国际评估准则》(2021版)中对价值类型的阐述。

价值类型(有时称为价值标准)描述了报告价值基于的基础假设。根据评估业务约定的评估目的选择适当价值类型(或多项价值类型)是非常重要的,价值类型可能影响或支配评估师对于方法和假设的选择,最终影响评估结论。虽然评估中存在许多不同的价值类型,但大多数有确定的共同要素,如假设的交易、假设的交易日期和假设的交易方。根据价值类型的不同,假设的交易可以是几种形式:一项虚拟的交易;一项真实的交易;一项购买(进入)交易;一项出售(退出)交易;一个具有特性的或虚拟市场上的一项交易。交易的假设日期将影响评估师在评估中考虑的信息和数据。绝大多数价值类型禁止考虑评估基准日/计量日市场参与者通过正常的尽职调查无法获知或不可能获知的信息或市场条件。多数价值类型反映了对于一项交易的相关方的假设和对于各方一定程度的描述,这些相关方可能包括一项或多项实际或假设的特征,如:假设的;已知的或特定方;已确定的潜在买方或卖方群组的成员;相关方在假设日期是否受制于特别条件或动机(如强迫);设定的知识水平。

除了 IVS 定义的价值类型,IVS 还不完全地列示了非 IVS 定义的、由司法辖区法律或国际协议认可和采用的价值类型。IVS 定义的价值类型:市场价值;市场租金;公平价值;投资价值;协同价值;清算价值。其他价值类型(不完全列示):公允价值(国际财务报告准则);公允市场价值(经济合作与发展组织(OECD));公平市值(美国国税局);公允价值(法律/法令),比如美国的示范商业公司法以及加拿大的判例法。根据 IVS101 工作范围,价值类型必须与评估目的相适应,使用的任何价值类型定义必须引证其来源或者解释其基础。

1. **市场价值**

市场价值是指自愿买方和自愿卖方在评估基准日进行正常市场营销后达成的非关联交易中,某项资产或负债应有的交换价值的估计数额,当事方各自精明、理性行事且未受强迫。

市场价值的定义必须根据下述概念框架进行应用:

(1)"估计数额"是指资产在公平市场交易以应付货币表示的价格。市场价值是评估基准日市场上能够合理取得的符合市场价值定义的最可能价格,既是卖方能够合理获取的最好售价,也是买方能够合理取得的最有利价格。该估计数额特别扣除了被特殊条款或情形抬高或降低的估计价格,例如非典型融资、售后租回安排、相关销售人员给予的特殊考虑或优惠,或仅对特殊拥有者或买方可行的价值因素。

(2)"某项资产或负债应有的交换价值"是指资产或负债价值是一个估计金额,而不是事先确定的金额或实际销售的价格。它是满足评估基准日市场价值定义的所有要素的一个交易价格。

(3)"在评估基准日"要求该估值仅限于一个规定的具体时间。由于市场和市场条件可能会发生变化,评估值在另一个时点可能就会变成错误的或不适当的。估计数额反映的是有效评估基准日市场的状态和情形,而不是其他时点。

(4)"自愿买方"是指一个有动机而非被迫的买方。这个买方既不是过度渴望要买,也不是任何价位都要买。这个买方还要根据当前市场现实和当前市场预期去购买,而不是根据不可描绘的或不能预期退出的、想象中的或虚拟的市场。假设的买方不会以高于市场要求的价格去支付。当前资产拥有者包含在构成市场的参与者当中。

(5)"自愿卖方"是指既不过度渴望也未被强迫以任何价格出售,也不准备坚持当前市场认为不合理的价格的卖方。自愿卖方有动机在适当市场营销后,以市场条款按可得到的最佳价格出售资产,不论该价格结果如何。实际资产拥有者的真实情形不是这里要考虑的,因为这个自愿卖方是一个假设的拥有者。

(6)"非关联交易"是指交易方之间没有特定的或特殊的关系,如母公司与子公司、出租方与承租方,这些特殊关系可能使价格水平反映非典型的市场特征,或者由于特殊价值因素被抬高。以市场价值的交易假设是不相关联的双方的独立行为。

(7)"正常市场营销"是指根据市场价值定义,该项资产以最适当的方式在市场上展示且能合理取得最佳价格。其销售方法被认为是卖方所在市场上得到最佳价格的最适当的方法。市场上展示的时间长度不是一个固定期间,而会因资产类型和市场条件的不同而发生变化。唯一的标准是,必须有充分的时间去吸引足够多的市场参与者关注该资产。展示期间发生在评估基准日之前。

(8)"当事方各自精明、理性行事"是指假设自愿买方与自愿卖方能够合理地知晓评估基准日该项资产的性质和特征、真实的和潜在的使用状况以及市场状况。还进一步假设各方会使用掌握的知识,理性地寻求对自身交易地位最有利的价格。谨慎性是根据评估基准日的市场状况衡量的,而不是其后某时点事后的利益评定。例如,在一个价格下跌的市场,卖方以低于之前市场价格水平的价格出售资产未必是不理性的。在这种情形下,像市场中改变价格的其他交易方一样,理性的买方或卖方将根据当时可得的最佳市场信息去行事。

(9)"且未受强迫"是指各方都有动机去从事该项交易,任何一方都不是被迫地或被过分强制地完成该项交易。

资产的市场价值将反映其最高最佳用途。最高最佳用途是指资产潜力的最大化的使用,该用途在技术上可能、法律上许可、财务上可行。最高最佳用途可能是资产现有用途的延续或一些改变的使用,它是由市场参与者在确定报价意向价格时可能考虑的资产用途决定的。

2. 投资价值

投资价值是一项资产对于特定所有者或预期的所有者实现个人投资或运营目标的价值。投资价值是一个针对特定实体的价值标准。尽管一项资产对其所有者的价值可能与出售给另一方实现的金额相同,但该价值类型不以交换为前提,仅反映了某一个实体持有该资产可获得的经济利益。投资价值体现了评估时实体面对的环境和财务目标,通常用于衡量投资业绩。

3. 市场租金

市场租金是指公平交易中,自愿出租方和自愿承租方在评估基准日,在正常营销后的市场中通过适当租约达成的不动产应该收取的租金的估计数额,当事方应当各自精明、理性行事且未受强迫。市场租金可以作为评估租约或租约权益时的价值类型,这时需要考虑合同租金和市场租金的异同。支撑上述市场价值的概念性框架可以帮助理解市场租约的概念。特别地,估计的数量不包含由特殊条款、特别安排或让步约定的租金的上涨或缩减。"适当租约"是指在评估基准日同类型物业在市场参与者之间达成的典型约定。市场租金的测算结果应该仅针对假设的主要租约条款。

4. 协同价值

协同价值是两项或多项资产或利益合并后的价值。该价值通常大于单项资产和权益的价值之和。如果协同仅适用于某一特定买方,则协同价值将不同于市场价值,因为协同价值反映的是该资产对某一个特定买方的特别贡献。上述单独价值整合后增加的价值通常称为"结合价值"。

5. 公平价值

公平价值是在已确认的、了解情形的并有自愿交易愿望的交易双方中转移一项资产或负债时估计的价格,相关方的利益可以分别得到体现。公平价值需要根据特定交易方各自从交易中获取的优势和劣势,评价交易价格对交易双方的公允性。相反,市场价值一般不考虑一般市场参与者自身有利或不利因素对交易价格的影响。公平价值是比市场价值更宽泛的概念。虽然在许多情形中,双方达成的公允价格等于市场上可获取的价格,但也存在评估公平价值时考虑了估算市场价值中应剔除的事项,如由于权益合并带来的协同价值。

6. 清算价值

清算价值是一项资产或一组资产按件出售时实现的数值。清算价值应该考虑使资产达到可出售条件的成本,以及处置活动的成本。清算价值可以在两种不同的价值前提下确定:①在正常的营销期内的有序交易;②在缩短的营销期后的强制交易。

(四)《国际评估准则》中的《行为守则》

《国际评估准则》中的《行为守则》包括下列内容:引言、范围、定义、职业道德、胜任能力、披露要求、评估报告。《国际评估准则》实施的基础是,应当由诚实且具有专业胜任能力的专业评估师,遵守《国际评估准则》,不偏不倚、不受个人利益影响开展评估业务,所出具的评估报告应清楚地披露与正确理解评估相关的所有重要事项,不得误导。评估师应当致力于提升并保持评估行业的公众信任。

"范围"对《国际评估准则》的适用范围进行了说明。要求评估师必须按照所在国家和地区的要求,具有相应的专业资格、能力和经验,并明确内部评估师主要是指拥有资产的企业的雇员或者在会计公司负责企业财务记录或者财务报告的评估师,外部评估师是指与其辅助人员一起与委托人公司或者待估对象没有实质联系的评估师。

"职业道德"规定,评估师在任何时候都应保持高水准的诚实、正直和公正,遵守保密原则,其从事的活动不应损害委托人、公众、行业或者相关的全国性专业评估团体的利益。例如,评估师不得未经适当的分析或者仅根据独立的信息来源予以确认,而信任委托人或者其他方面提供的有瑕疵的信息,除非将这种信任的性质和程度作为一个限制条件确切说明;评估师不得接受报告中具有在合理的一段时间内不可能实现的假设前提条件的业务;评估报告中应包括具有合理可能性的前提条件,并对实现假设的前景和对价值的影响进行讨论,且应反映正在发生的真实情况,例如,委托人想了解除斥期间土地价值的情形;在复核另一个评估师的报告时,评估师应当表现出公正的判断,并说明同意或者不同意报告结论的正当理由。

"胜任能力"对承接业务、外部帮助、效率与勤勉尽责等方面作出了规定。在承接业务或者着手订立业务约定书之前,评估师必须正确识别该业务存在或可能存在的问题,确认具有经验和知识。在海外的业务,应与具有胜任能力完成业务,并具有经验和市场、语言、法律知识的专业人员联系。当需要借助外部力量来补充评估师自己的技能时,评估师首先要确认辅助人员具有必需的技能和道德原则,同时应取得委托人的同意,辅助人员的身份以及他们在其中参与的程度应在评估报告中披露。评估师在执行委托人的评估业务时,应当快速高效,并让委托人随时了解业务进程,当出现妨碍评估师进行充分、勤勉的调查,影响工作质量,并在合理的时间内完成评估业务的情况时,评估师应婉拒委托人的要求。在出具评估报告前,评估师应得到委托人的书面意见或书面确认报告的细节,避免误解。评估师应当进行勤勉的询问与调查，以确保评估报告中用于分析的数据正确可信。在评估业务完成后，评估师应对每项业务准备一份纸质或者电子形式（合适的备份）的工作底稿（及复件），内容包括所有的书面报告、信函、备忘录，并附适当的文件说明；这些文档用于证明评估师通过调查、客观比较、推论和计算而得到的价值意见；每项业务的工作底稿应在评估业务完成后保留至少5年。

"披露要求"对评估报告披露做出了原则规定。评估师通过评估报告向他们服务的委托人发表并交换分析、意见和结论。评估报告具有重要意义，不得误导，应当披露影响客观性的任何事项；评估报告应当对业务范围、评估目的及预期用途进行清楚和准确的描述，披露直接影响价值的假设、前提条件、限制条件，并具体说明其对价值的影响；评估报告应当提供足够的信息来描述所做的工作、得到的结论及其形成的背景；评估师应当披露个人或企业与评估对象所涉及的资产或公司之间的直接或者间接的关系以及这种关系可能导致的潜在利益冲突；当一个评估师作为内部评估师从事业务时，与控制资产的机构的关系应当在评估报告中披露；当一个评估师作为外部评估师同时以收费方式为委托人提供服务时，这种关系必须披露，以免依赖评估结论的第三方认为评估师的客观性受到影响；任何对评估师提供的服务质量有影响的限制都应当披露，不论其是外部的强行限制还是专门针对评估师或者评估业务的；如果利用了外部帮助，评估师必须披露辅助人员的身份及其参与的程度和性质；评估师必须对未经同意出版的评估报告或者评估结论予以限制，以便评估师可以对披露的评估报告的形式和内容保留采取控制措施的权利；评估师应当将与《国际评估准则》偏离的任何事项予以披露。

"评估报告"对评估报告的内容提出了最低要求。评估业务可能涉及一项或者多项资产。评估报告的格式应当在满足内容的最低要求下，符合业务性质，并满足委托人的需求。评估报告的内容应当满足下列最低要求（即必须说明以下内容）：评估师的身份和报告日期；委托人的身份；评估要求；评估基准日；评估目的；预期用途；价值基础，包括价值类型和价值定义；估价对象的权益、身份、保有状况、位置；勘查的日期和程度；用于从事评估业务的工作范围和程度；假设和限制条件；特殊的、非正常的、额外的假设；遵守《国际评估准则》所进行的评估的说明以及其他要求的披露事项；评估师的专业资格和签名；在一些国家，要求评估师出具的指定格式的特定证明。

二、《专业评估执业统一准则》

（一）美国评估行业概况

美国资产评估行业有100多年的历史，最初的估价目的主要是提供财产保险、维护产权交易双方利益、进行资产抵押贷款、防止家庭财产遭受侵害等。20世纪80年代中期，美国出现了由不动产泡沫经济引发的评估业危机。从规范评估业务与职业道德出发，1987年，美国一些协会联合成立了评估促进会（Appraisal Foundation，AF），并制定了统一的行业标准《专业评估执业统一准则》（Uniform Standards of Professional Appraisal Practice，

USPAP)。1989 年,美国国会制定《金融机构改革、复原和强制执行法令》,明确规定评估人员执行与联邦交易相关的资产评估业务时必须遵守《专业评估执业统一准则》。美国各大评估协会也都要求其会员执行资产评估业务时必须遵守《专业评估执业统一准则》,《专业评估执业统一准则》成为美国评估行业公认的评估准则。30 多年来,《专业评估执业统一准则》经过不断修订完善,逐渐发展成为国际评估界最具影响力的评估准则之一,对规范评估行为、提高评估质量、维护资产评估行业信誉发挥了重要作用。

近年来,美国评估促进会努力提高准则修订的民主性和广泛性,以便于评估执业者、评估服务使用者及监管者了解准则的最新变化和修订背景。其制定的准则因为符合评估业发展的客观需要,受到评估界的广泛欢迎和认可,很快成为美国及北美地区各评估专业团体和评估师广为接受的公认评估准则,并逐渐以立法形式被美国政府认可。《专业评估执业统一准则》(2020—2021)是目前最新版本的美国评估准则。

(二)《专业评估执业统一准则》(2020—2021)的结构体系

1. 定义

"定义"部分介绍了美国评估准则中相关的主要术语的含义、注释和说明。

2. 引言

"引言"部分介绍了美国评估准则的宗旨、目的、意义、作用、要求以及准则和评估准则说明之间的关系。

3. 职业规则

"职业规则"包括职业道德、专业胜任能力、工作范围、档案保管和管辖除外规则。

4. 10 项准则

10 项准则确定了评估、评估复核与评估咨询服务的要求及其各项结果表达的方式。这 10 项准则是 USPAP 的主要构成部分,包括:

(1) 准则 1 不动产评估。

(2) 准则 2 不动产评估报告。

(3) 准则 3 评估复核。

(4) 准则 4 评估复核报告。

(5) 准则 5 批量评估。

(6) 准则 6 批量评估报告。

(7) 准则 7 动产评估。

(8) 准则 8 动产评估报告。

(9) 准则 9 企业价值评估。

(10) 准则 10 企业价值评估报告。

5. 评估准则说明

评估准则说明是经美国评估促进会的规定程序审定的,专门用于对 USPAP 内容的澄清、阐释和说明。

此外,准则委员会也发布咨询意见,咨询意见是指引性文件。咨询意见不是新的准则,也不是对现有准则的解释,不是 USPAP 的组成部分。咨询意见只用于说明 USPAP 在具体情况下的应用,并为业务争议和疑问提出解决建议。

(三)《专业评估执业统一准则》关于评估报告的内容要求

从 USPAP 对企业价值评估报告的要求,了解美国评估报告的基本要素与披露要求。美国在对企业价值或无形资产评估的结果进行报告时,要求评估专业人员必须正确反映每项分析、意见和结论,不得误导。

USPAP 规定每份书面或口头企业价值或无形资产评估报告必须做到:第一,清晰、准确地反映评估事项,不得误导;第二,包含足够的信息,使评估报告预期使用者能够正确理解评估报告;第三,清晰、明确地披露评估项目所采用的所有假设、特定假设、逆向假设与限定条件。

USPAP 规定企业价值或无形资产评估书面报告都应当根据开放型评估报告、限制型评估报告中的一种类型进行编制,并且必须在评估报告中明确所采用的报告类型。评估报告的内容应当符合评估结果的预定用途的需要,并至少包括以下内容:①以名称或者类型明确委托方和预期使用者的身份。限制型评估报告还需说明委托方对报告使用的明显的用途限制,并应提示在没有阅读评估师工作底稿中的补充资料时,评估报告中评估师的意见与结论可能受到限制。②明确说明评估结果的预期用途。③明确并用充分的信息资料描述被评估的企业权益或无形资产。④列示被评估权益所具备的控股条件的状况,包括决定控股的依据。⑤列示被评估权益缺乏市场性/流动性的状况及其依据。⑥价值类型。⑦明确说明评估基准日和报告日。⑧明确描述评估的工作范畴的信息。⑨简要说明为支持分析、意见和结论所收集的信息、执行的程序以及相关分析过程。⑩明确说明所有特定假设和逆向假设,并阐述其使用后可能对评估项目结果产生的影响及包含经签署的誓言。

在适当和可行的情况下,口头企业价值或无形资产评估报告也应当包括上述规定的实质性内容。

在美国,每个企业价值或无形资产的书面评估报告都包括一个与下面内容相似的经评估师署名的声明,主要内容为:

(1) 报告中陈述的事实是真实和正确的。

(2) 本报告的分析、判断和推论受本报告中假设和限定条件的限制,且是我个人的、公正和无偏见的专业分析、判断与结论。

(3) 我与本报告中被评估财产没有任何现存的或将来的(或有已载明的)利益关系,也同有关当事人没有(或有已载明的)个人利益关系。

(4) 我对本报告中的所有被评估财产和评估项目报告所涉及的各方都没有任何个人倾向和偏见。

(5) 我受聘于此评估项目,绝不是对预先决定的结论进行求证和报告。

(6) 我完成本项目的报酬,绝不是求证和报告预先决定的价值或指定的迎合委托方需要的价值的结果。我的报酬与评估价值量、以评估结果为条件的约定所得、评估结果使用之后所连带发生的事件完全无关。

(7) 我根据《专业评估执业统一准则》进行分析、形成意见、结论和编写评估报告。

(8) 我已经(或没有)对评估报告中的被评估标的财产进行了个人勘查(如果有一个以上评估专业人员签署该评估报告,在声明中应清楚地说明哪些评估专业人员对被评估财产做过勘查,哪些评估专业人员未做过勘查)。

(9) 没有人对评估报告签署人提供过重要的专业帮助(如果有例外,提供重要专业帮助的每一个人的名字须列明)。

三、RICS 评估准则

(一) RICS 评估准则简介

英国最具影响力的评估准则是英国皇家特许测量师学会(The Royal Institution of Chartered Surveyors,RICS)于 1976 年发布的 RICS 评估准则,也被称为 RICS 红皮书(以下简称 RICS 红皮书),之后又经过了多次修订和不断完善。RICS 红皮书最初主要适用于以财务报告为目的的评估,自 20 世纪 90 年代中期以后,随着评估准则内容的不断丰富,其适用范围已经扩展到几乎所有的评估业务领域,成为世界范围内 100 多个国家的所有 RICS 会员从事各种评估目的的评估业务的执业标准参考。

(二) RICS 评估准则的产生与发展

1. RICS 评估准则的产生

RICS 不仅是英国最大、最具有权威性的评估行业组织,而且对整个英联邦地区的评估业都具有重要的影响,是为全球广泛一致认可的专业性学会,其专业领域涵盖了土地、物业、建造及环境等 17 个不同的行业,目前有 14 万多会员分布于 146 个国家。该学会的主要职能是制定行业操作规范和行为准则,对评估专业人员进行监管、教育和培训,保持和政府部门的联系,为会员提供服务,向会员提供覆盖 17 个专业领域和相关行业的最新发展趋势。

20 世纪 70 年代,英国出现了不动产危机,许多银行家及会计师、投资人等对不动产的贬值非常失望,对不动产评估中一些不规范、不一致的做法十分不满。与此同时,欧洲及其他地区的相关人士也开始重视准则的重要性。在这样的背景下,英国皇家特许测量师学会开始着手制定统一的评估准则,并由 RICS 的评估与估价准则委员会(AVSB)具体实施,1975 年正式向 RICS 理事会提交讨论,这也是世界范围内最早的评估准则——RICS 红皮书。

2. RICS 评估准则的发展

最初的英国评估准则主要是规范以财务报告为目的的评估行为以及测量师出具的其他公众使用的评估报告,其内容由两个单独部分组成,即资产评估指南(Guidance Notes on the

Valuation of Assets)和评估指南手册(Manual of Valuation Guidance Notes)。评估指南手册部分最早发布于1980年,并于1989年和1992年分别进行了修订。1976年正式发布的第一版评估准则是资产评估指南部分,并于1981年进行了修订(第二版),1990年又进行了修订,发布了资产评估指南第三版。随后,该评估指南就成为所有特许测量师执业的一个强制性标准。

第四版于1996年4月正式生效。随着国际和欧洲评估准则研究和制定工作取得重大进展,RICS决定尽可能采用《国际评估准则》,并将这些标准融合到英国评估准则之中,对于《国际评估准则》中未涉及的内容仅以不太严格或不太详细的形式出现的内容,仍保留在准则中并根据需要不断更新。2003年,英国评估准则第五版改名为《评估与估价准则》,于2003年5月1日起执行。该版对红皮书的结构进行了大幅度的调整,实现了与国际评估准则和欧洲评估准则的接轨。该版准则根据国际评估行业的发展趋势,在参考并借鉴《国际评估准则》重要理念和思路的基础上,形成了英国的评估实务准则。2007年RICS发布了第六版红皮书,基本结构与第五版相同。第七版红皮书于2011年发布并生效,在结构方面的主要变动是将职业规范的附录独立为一部分。

2011年版《国际评估准则》发布后,RICS又对红皮书的内容进行了相应的修订,并于2012年3月发布了新的红皮书暂行版本。该版将完整的国际评估准则作为红皮书的一个独立部分附在其后,并根据《国际评估准则》的变化对相应内容作出了适当修改。2012年1月,2011年版国际评估准则生效,为与国际评估准则保持一致,RICS又于2012年3月修订了RICS红皮书全球版《RICS评估——专业准则2012(红皮书)》先后发布了八版"红皮书"。《国际评估准则》2013年版发布后,第九版红皮书于2014年发布,第九版红皮书完整引用了《国际评估准则》2013年版。2017年,RICS发布了第十版红皮书。2019年11月发布了第十一版红皮书,自2020年1月31日起生效。2021年11月发布了最新版本的红皮书,自2022年1月31日起生效。

(三)2022年版RICS评估准则(全球版)的结构体系

RICS评估准则包括简介、术语表、职业规范、评估技术和操作准则、评估应用指南、国际评估准则,具体如下。

1. 简介

"简介"部分主要介绍了该准则的制定背景、与国际标准的关系、准则的编排、准则的主要目的、遵守本准则、生效日期、修订和补充等内容。

2. 术语表

"术语表"部分主要对评估、资产、市场价值、特殊价值、评估报告等概念进行了解释和规范。

3. 职业规范

"职业规范"部分包括对评估师遵守准则和操作声明作出规定,对评估师职业道德、胜任能力、客观性和披露提出要求。

4. 评估技术和操作准则

"评估技术和操作准则"部分对评估业务的基本程序作出规定,包括业务约定书的基本内容,勘查、调查和记录要求,评估报告内容要求,价值类型、假设和特殊假设,以及评估途径和方法等方面的规定。

5. 评估应用指南

"评估应用指南"部分根据资产类型和评估目的,对相应评估业务提供指导,包括财务报表、抵押借款、企业价值、交易相关资产、机器设备、无形资产、动产、不动产、资产组合、评估不确定性等方面的规定。

6. 国际评估准则

"国际评估准则"部分对《国际评估准则》2022年版的主要变化进行说明。

(四)评估应用指南关于评估报告的内容要求

1. 评估报告的基本要求

评估报告必须明确、准确地说明评估的结论,评估结论不得含糊或误导,不得产生错误印象。报告应清晰表述评估师的意见,并且报告中的措辞应当清晰易懂,以便对目标资产预先并不了解的人员也能够阅读和理解评估报告。报告的格式和细节将由评估师与客户在聘用条款中约定,报告描述不符合规定条款的,必须明确解决这些问题,以便根据专业标准与评估实务声明的规定进行评估。

2. 评估报告的内容

RICS评估准则遵守IVS103报告规定的条款,具体包括以下内容:

(1)评估师的身份和地位。若有必要,应当在评估报告中声明评估师的地位。评估是评估专业人员个人的责任,RICS不允许使用所在"评估机构"来发表评估意见。评估师应当说明是作为内部评估师还是外部评估师开展评估工作的。签字人具备相关的专业资质,评估师应当声明对特定的评估市场充分了解,并具备胜任评估的专业技能和理解能力。

(2)客户与任何其他目标用户的身份。报告必须邮寄给客户或者其报告使用者,如果有与收件人不符的情况,需要说明报告的提交方式及客户的身份信息,并说明已知的其他报告使用者。

(3)评估目的。评估目的必须清楚无歧义,如果没有披露评估目的,则必须说明适当的理由。

(4)明确评估对象。必须声明各项资产或负债的法定权益,资产位于多个国家或州的应当分国家或州列出资产清单。所有资产应当用所在国的货币进行评估,汇率应当选取评估基准日的收盘汇率(即期汇率)。

(5)价值类型。必须说明价值类型,且必须提供完整的定义。价值类型是市场价值,基准要反映资产最高、最佳利用情况。如果价值类型是公允价值,必须从《国际评估准则》和《国际会计准则》两个可供选择的定义中谨慎地确定正确的定义。

(6) 评估基准日。评估师必须说明评估基准日，必须说明评估基准日不同于出具评估报告的日期或调查开展完成的日期，评估报告中应区分这些日期。凡属于前瞻性的评估，必须清楚列明其适用于提供发展性意见及评估时的任何限制、条件和假设。

(7) 调查范围。评估报告中必须记录有关资产调查的日期和范围，包括参考的不可能获取的资产部分。评估师必须关注，是否存在未进行充分的检验就已经取得评估值的情况。在重估情况下，评估报告应说明双方已达成一致意见，无须对资产作进一步的检查。相当数量的资产在评估时采用这样的表述是可以接受的，不是提供误导性的意见。

(8) 所依据的信息的性质和来源。评估师必须清楚，如果已经作出了评估值，却没有搜集到通常可用的信息，则应在评估报告中说明是否需要对评估所依据的任何信息和假设进行验证，或者是否存在重要的信息材料尚未提供的情况。如果这样的信息或假设对判断评估值至关重要，则评估师必须明确指出评估值有待验证才能信赖。在重估的情况下，任何被客户告知、重大改变的陈述，或没有重大变化的评估假设，都应包括在评估报告中。评估报告还应披露一些附加信息，包括可以提供的、被评估师确认客户能够理解和从评估结果中获得的、有关该评估目的的任何重要信息。

(9) 假设和特殊假设。评估报告必须指出所有的假设以及任何可能需要保留的意见。当假设在不同的国家存在差异时，评估报告必须进行清楚地表述。当一份评估报告基于特殊假设而进行评估时，应将特殊假设连同与客户达成的一致意见全部披露出来。

(10) 使用、外传或公开限制。在正式发布的评估报告中，有必要包括一个声明对评估报告的用、外传和公开作出限制，这个声明可以作为单独的文件，也可以附在报告中。

(11) 根据 IVS 规定的声明书。评估报告中必须声明遵守了 IVS。在必需的情况下，应当说明该项评估业务遵循了 RICS 的标准，同时也符合 IVS 的要求。

(12) 评估方法与实施过程。评估值需要根据评估报告的上下文来理解，评估报告必须说明所采用的评估方法、使用的关键评估数据和得出评估结论的主要理由。如果在评估协议中约定评估报告不提供原因或其他支持信息，则此规定不适用。

(13) 一项或多项评估结论的金额。在评估报告中，评估结论要求既要有文字又要有数字。评估值包括了一定数量的不同类别的资产，将其相加形成了一个总的整体价值的做法通常是不恰当的，尽管这需要考虑评估目的的需要。

(14) 评估报告日期。评估报告日期应当包括出具报告的日期，与评估基准日有所区别。

(15) 对重大的评估不确定性的说明。对重大的不确定性的说明，目的在于帮助评估报告使用人清晰理解评估结论。

(16) 对执业责任的特别说明。对执业责任的特别说明主要与风险、责任、保险等事项紧密相关。

(五) RICS 的《行为守则》

RICS 的《行为守则》用于指导和规范测量师的执业行为。除特殊说明外，对所有的测量师都具有效力。为了与 RICS 章程和细则的变更相适应，理事会对《行为守则》也进行了修订，对原来的《行为守则》进行了简化和更新，使之更贴近会员的日常工作。《行为守则》规定了测量师与委托人、雇主的关系，包含了更广泛的对公众的责任。该守则自 2003 年 1 月 1 日起开始实施。

《行为守则》对测量师的行为规范提出的具体要求包括以下部分：总则、个人和专业标准、职业活动和经营行为、操作细节与合作、利益冲突、公正与独立性、职业保险、测量师的账户、终身学习、测量师陈述事实的失误。《行为守则》提出了测量师的核心职业道德标准，测量师的所有行为和判断必须基于下列核心职业道德标准：①行为正直；②诚实；③工作公开、透明；④对自己的行为负责；⑤了解自己的能力并在此范围内行事；⑥客观；⑦尊重他人；⑧树立榜样；⑨有奋斗的勇气。这些职业道德要求测量师对其负有专业责任的客户或其他人负责，要时刻尊重他们的个人隐私，并且在判断过程中始终考虑到社会利益。

第三节 资产评估法律规范的国内外比较

一、国外资产评估的法律规范

国外资产评估的法律规范有两种类型：一种是针对性和独立性的评估法律规范；另一种是散寓于有关法律之中的评估法律规范。

（一）针对性和独立性的评估法律规范

这种法律规范是针对评估行为而制定的，使评估规范独立于其他法律规范。马来西亚是这种类型的典范，早在 1967 年就制定了专门的《注册测量师法》，1981 年又制定了《评估师、估价师和不动产代理人法令》，并于 1984 年和 1997 年进行了修订，形成了马来西亚一部法律管理全评估行业的局面。这种法律规范模式的优势是针对性强，便于评估行为有法可依，确立了评估的法律地位，为评估摆脱各种利益的冲突，进行客观、公正的评估行为提供了法律保障。

（二）散寓于有关法律之中的评估法律规范

世界上许多国家的评估法律没有单独制定，而是混合在有关的法律中。例如，美国对评估行业的法律规范，主要是《金融机构改革、复原和强制执行法令》《证券法》《公司法》等。韩国也没有统一的资产评估法律，但相关法令却分为五大类，约近五十种，包括有关财产补偿方面、有关税收方面、有关国有财产方面的法律等等。这种类型的法律规范体系的特点是确立了评估的法律地位和相应的权力与责任，社会监督机制比较健全，但缺乏相对的独立性。

二、我国资产评估法律规范

1998 年，在总结资产评估理论研究和实践经验的基础上，中国资产评估协会开始启动制定资产评估准则的工作。2004年2月,财政部发布了《资产评估准则——基本准则》和《资产评估职业道德准则——基本准则》。2007年1月28日,财政部和中国资产评估协会发布了资产评估准则体系,同时发布包括8项新准则在内的15项资产评估准则,涵盖了业务准则与职业道德准则、基本准则与具体准则、程序性准则与实体性准则。2016年7月2日,《资产评估法》由第十二届全国人民代表大会常务委员会第二十一次会议通过,使资产评估行业进入有法可依新时代。《资产评估法》规定,评估机构及其评估专业人员开展业务应当遵守评估准则;国务院有关行政管理部门组织制定评估基本准则,行业协会依据评估基本准则制定评估执业准则和职业道德准则;评估机构和评估专业人员违反评估准则需要承担相应的法律责任。同时《资产评估法》也对评估方法、评估程序等具体内容作出了规定。可见,资产评估准则的科学制定是《资产评估法》的法定要求。2016年8月16日,中国资产评估协会召开《资产评估基本准则》修订研讨会,会议强调准则在衔接法律法规的前提下。应维护社会公众利益,注重理论研究,进一步与国际评估准则相协调,加快准则修订进程。

  《资产评估法》的正式实施确立了资产评估行业在经济社会中的法律地位。2017年4月21日,财政部发布《资产评估行业财政监督管理办法》。同年8月23日发布《资产评估基本准则》。随后,中国资产评估协会修订并发布了包括《资产评估职业道德准则》在内的26项资产评估准则。这次新发布的评估准则体系是立足于《资产评估法》,对原准则体系的全面修订和整合,保持了我国资产评估准则与国际资产评估准则理念的持续趋同,同时也顺应了供给侧结构性改革、改进治理、防范风险的要求,促进资产评估行业制度化、规范化发展。这一系列制度和准则的出台标志着资产评估行业迈入依法评估、规范执业、专业为先的新时代。

  截至2022年2月,中国资产评估行业共发布1项职业道德准则、12项评估具体准则、5项评估指南、16项评估指导意见,已经形成覆盖主要执业流程和执业领域、符合中国国情、与国际评估理念趋同、兼容性强的较为完整的评估准则体系。同时,中国资产评估协会还发布14项专家指引,作为资产评估准则体系的补充。

  法律规范一般是由国家制定或认可,体现掌握国家政权阶级的意志,由国家的强制力保证实施的行为规则。评估法律规范,实质上是法律规范在评估中的具体应用,即评估法律规范是指由国家立法机构或国家行政机关依法制定的,体现国家利益和根本意志,强迫评估人员必须实施的行为规则,其最终目标是调整评估法律关系。

  资产评估的工作性质和质量均关系到相关各方的切身利益,影响范围广且涉及面宽,因此,必须制定相关的法律和法规,从法律上来规范这项工作的开展。法律规范对于资产评估的合法地位、执业责任和自身改革不但能够起到强制约束作用,而且能够维护资产评估机构和人员的合法权益,有效地保障行业健康发展。

章节测试

班级_____ 姓名_____ 学号_____ 日期_____ 平时分_____

一、单项选择题(每小题5分,共30分)

1. 德国的资产评估管理体制是(　　)。
   A. 混合型管理模式　　　　　　　B. 行业自律型管理模式
   C. 政府干预型管理模式　　　　　D. 政府监管下的行业自律型管理模式

2. 衡量一个国家评估业务水平的标准之一是(　　)。
   A. 资产评估师的人数　　　　　　B. 资产评估机构的数量
   C. 资产评估行业发展的时间　　　D. 资产评估准则体系的成熟度

3. 我国于2001年9月颁布的第一个资产评估准则是(　　)。
   A. 无形资产评估准则　　　　　　B. 珠宝首饰评估准则
   C. 不动产评估准则　　　　　　　D. 森林资源资产评估准则

4. 美国的资产评估管理体制是(　　)。
   A. 混合型管理模式　　　　　　　B. 行业自律型管理模式
   C. 政府干预型管理模式　　　　　D. 政府监管下的行业自律型管理模式

5. 国际评估准则委员会第一次公布国际评估准则的年份是(　　)。
   A. 1985年　　　　　　　　　　　B. 1945年
   C. 1990年　　　　　　　　　　　D. 2004年

6. 由国际评估准则理事会制定的准则为(　　)。
   A.《国际评估准则》　　　　　　　B.《专业评估执业统一准则》
   C.《欧洲评估准则》　　　　　　　D.《资产管理准则》

二、多项选择题(每小题8分,共40分)

1. 世界各国对资产评估行业的管理体制各有不同,形成了(　　)三种主要的管理模式。
   A. 以德国为代表的政府干预型
   B. 以英国为代表的行业自律型
   C. 以美国为代表的政府监管下的行业自律型
   D. 以澳大利亚为代表的行业自律型

2. 行业自律型管理模式具有的优点有（　　）。
   A. 独立性强　　　　　　　　　　B. 适应性强
   C. 能动性强　　　　　　　　　　D. 约束力强
3. 《专业评估执业统一准则》的构成部分有（　　）。
   A. 定义　　　　　　　　　　　　B. 引言
   C. 档案保存规定　　　　　　　　D. 胜任能力规定
4. 《国际评估准则》的主要构成部分包括（　　）。
   A. 定义和框架　　　　　　　　　B. 准则
   C. 引言　　　　　　　　　　　　D. 胜任能力规定
5. 资产评估法律规范的实质（　　）。
   A. 体现国家利益和根本意志　　　B. 强迫评估人员必须实施的行为规范
   C. 调整评估法律关系　　　　　　D. 维护评估机构和人员的合法权益

三、判断题（每小题 5 分，共 30 分）

1. 行业自律型管理模式是指主要由民间职业团体对资产评估行业进行监管的一种模式。　（　　）
2. 政府干预型管理模式的优点是资产评估行业的独立性较强。　（　　）
3. 与英国等以不动产评估为主的国家不同，美国资产评估行业呈现出综合性的特点。　（　　）
4. 韩国没有统一的资产评估法律，但相关法令却分为五大类，约近五十种。　（　　）
5. 2016 年 7 月 2 日，《中华人民共和国资产评估法》由第十二届全国人民代表大会常务委员会第二十一次会议通过，使资产评估行业进入有法可依新时代。　（　　）
6. 市场价值是指自愿买方和自愿卖方在评估基准日进行正常市场营销后达成的非关联交易中，某项资产或负债应有的交换价值的估计数额，当事方各自精明、理性行事且未受强迫。　（　　）